준비하는 죽음
웰다잉 동향

준비하는 죽음
웰다잉 동향

It's Time To Think About Well Aging and Well Dying!

강명구 외 · (사) 웰다잉 문화운동

좋은땅

『준비하는 죽음 웰다잉 동향』을 펴내며

지금 세계는 이제까지 겪어 본 적 없는 고령화 사회에 들어서고 있다. 특히 우리나라는 저출산 흐름과 맞물려 더욱 빠르게 초고령 사회로 진입하는 중이다. 초고령 사회란 65세 이상 인구가 20%를 넘는 사회를 말한다. 고령화 속도가 가장 빠른 나라로 꼽히는 일본은 고령 사회에서 초고령 사회로 가는 데 26년이 걸렸다. 반면 우리나라는 8년(2017~2025) 만에 초고령 사회에 들어설 것이다.

이처럼 빠른 시간에 초고령 사회 진입을 눈앞에 둔 우리 사회는 노인 문제와 죽음 문제에 대한 대비가 부족한 상태이다. 우리는 2020년 출생자 수보다 사망자가 더 많아지는 초유의 현상을 맞닥뜨렸으며, 코로나19가 한창일 때 겪었듯이 화장장 부족, 영안실 부족 같은 장례 대란도 언제든지 일어날 수 있다. 또한 많은 노인들이 집에서 임종하기를 바라지만, 현실에서는 사망자의 76%가 병원에서 죽음을 맞이한다. 그리고 대다수가 유언장을 남기지 않기 때문에 최근 10여 년 사이 상속 소송이 이혼 소송을 훨씬 넘어서는 현상이 벌어지고 있다. 또한 노인 인구가 급증한 결과, 치매 환자가 100만 명에 육박하는데도 자신의 생애 말기 치료와 돌봄, 사후 돌봄 등을 관리해 줄 후견제도에 대해서, 돌봄 계약을 하는 방법에 대해서 아는 사람이 별로 없다. 「연명의료결정법」이 제정된 지 8년이 지났음에도 불구하고 전국의 보건소 중 절반이 사전연명의료 의향서 상담 기관으로 등록하지 않은 상태이고, 지방정부의 절반에 웰다잉 지원 조례가 없다.

더 늦기 전에 중앙정부와 지방정부, 웰다잉에 관심이 있는 시민사회와 생활공동체들이 협심해서 노년의 삶을 품위 있게 마무리할 수 있는 정책 대안과 실천 기반을 마련해야 한다. 한 가지 다행인 것은, 어려운 여건 속에서도 웰다잉 문화를 확산시키기 위한 노력과 활동이 여러 분야에서 활발히 이루어지고 있다는 점이다. 사전연명의료 의향서 등록, 호스피스·완화의료 확대, 장례문화 개선, 유언장 쓰기, 장기기증 서약, 자서전 쓰기, 유품 정리 준비, 후견제도 활성화 등을 위해 많은 분들이 애쓰는 덕분에 웰다잉 문화에 대한 인식이 조금씩 확산하고 있다.

이번에 출간하는 『준비하는 죽음 웰다잉 동향』은 여러 관련 분야에서 일어나고 있는 일들과 현황과 문제점을 들여다보고 정기적으로 개선 방향을 제시하려는 작은 노력의 일환이다. 특히 이 책에서는 노년의 삶과 돌봄 현장에서 어떤 일이 일어나고 있는지, 누가 어떤 요구와 어려움에 직면하고 있는지 등 현장의 분석과 당사자들의 목소리를 담고자 했다. 이를 위해 우리 단체 산하 웰다잉연구소 주관하에 웰다잉에 관심이 있는 활동가들이 모여 세 차례 준비 모임과 두 차례 공개 발표회를 거쳐 주제를 선정하고 관련 사실과 분석 내용을 다듬었다. 앞으로도 (사)웰다잉 문화운동은 웰다잉 전반의 동향을 점검하는 보고서를 지속해서 발간할 것이다.

끝으로, 시작부터 자원해서 취재와 집필에 참여해 주신 필자들과 책 발간에 재정적으로 도움을 주신 포스코공익재단과 해피빈에 감사드린다.

원혜영
(사)웰다잉 문화운동 공동대표

추천사

(사)웰다잉 문화운동이 사단법인으로 발족한 지 벌써 5년이 흘렀다. 단체가 발족했을 당시는 김 할머니 사건으로 불거진 존엄사 논의가 「연명의료결정법」이라는 열매를 맺은 직후였다. 우리 사회는 「연명의료결정법」을 계기로 죽음 문제에서 자기 결정권이 중요함을 비로소 이해하고 받아들이기 시작했다.

존엄사가 포함된 '웰다잉'이라는 개념은 우리에게 더 이상 낯설지 않은 말이다. 그렇지만 지금도 죽음 이야기를 꺼리고, 웰다잉 준비를 하고 있는지 물으면 바로 대답하지 못하고 주저한다. 우리 사회에는 여전히 자식들의 효도를 받으며 장수하는 것만이 좋은 삶이며, 죽음은 비참하고 나쁜 것이라는 인식과 죽음을 애써 외면하고 회피하는 문화가 남아 있는 것이다.

노년이 되면 일상생활을 스스로 못하고 누군가의 도움을 받아야 하는 시기가 반드시 온다. 심지어 인지 능력이 크게 떨어지는 경우에는 내 뜻은 무시된 채 살아야 할 수도 있다. 죽음도 마찬가지이다. 평소에 생각하고 준비하지 않으면 가족에게도 더 큰 상실의 아픔을 남기고 가족들은 사후 절차에서도 혼란을 겪게 된다. 그리고 연명의료, 유산상속, 장례 절차 등에서 고인과 유족은 죽음 산업의 논리에 이리저리 끌려가게 된다.

고귀한 생을 마무리하는 절차가 내 의사에 반하는 쪽으로 진행된다는 것은 불행한 일이다. 그리고 내 삶을 스스로 정리하는 시간이 주어지지 않은 채 생이 마무리된다면 그 또한 안타까운 일이다. 내 삶의 마무리는 내 의사대로 아름답게 해야 하지 않겠는가.

이 책은 노년의 돌봄에서 시작하여 죽음과 그 이후에 이르기까지 삶의 마무리 과정에서 누구나 겪게 되는 문제를 다루고 있다. 또한 돌봄과 죽음의 현장에서 벌어지는 일들을 생생하게 보여 주고, 그러한 일이 벌어지는 원인을 분석하며, 그 대안에 대해 생각해 볼 기회를 제공한다.

죽음은 언제가 될지는 모르지만 누구나 공평하게 겪는 문제이다. 이 책을 통해 내 삶을 어떻게 마무리할 것인가 생각하는 시간을 가져 볼 것을 제안한다.

최열

환경재단 이사장

목차

총론

각론

인터뷰

총론

삶의 마무리, 웰다잉 동향

● 강명구

동향 1. 지난 50년 동안 20년을 더 살게 되었지만 건강수명은 그만큼 길어지지 못했다

한국인의 기대수명은 2021년 12월 기준으로 83.6세이며 여자가 86.6세, 남자가 80.6세이다 (기대수명: 0세의 아이가 생존하는 연수를 의미). 한국인의 1970년 기대수명은 62.3세로 여자가 65.8세, 남자가 58.7세였다. 50년 만에 남녀 모두 기대수명이 20년 이상 늘어난 것이다. 다른 선진국들과 비교하면, OECD 가입 국가의 평균 기대수명보다 여자는 3.5년, 남자는 2.9년 더 길게 나타났다. 한국 여자의 경우 OECD 국가에서 기대수명이 가장 긴 일본보다 1.1년 짧고, 남자의 경우 OECD 국가에서 기대수명이 가장 긴 스위스보다 1.2년 짧다. 국제적 수준에서 한국인은 가장 오래 사는 사람들에 속하게 되었다.

〈그림 1〉 성별 기대수명 및 남녀 기대수명의 차이, 1970~2021년

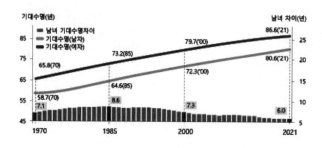

자료: 통계청, 『생명표』(2022)

그러나 한국인의 건강수명은 기대에 미치지 못한다. 기대수명이 양적인 측면에서 건강 수준을 대표하는 지표라면, 건강수명은 건강의 질적인 측면을 보여 주는 지표이다. 건강수명은 기대수명에서 질병이나 사고 때문에 원활히 활동하지 못하는 기간을 뺀 나머지 수명을 말하는 것으로, 건강한 상태로 얼마나 오래 사는지를 보여 준다. 2020년 기준으로[1] 한국인의 건강수명은 66.3세이며 남자가 65.6세, 여자가 67.2세까지 건강하게 사는 것으로 나타났다. 기대수명 83.6세에 견주면 17.3년 동안 건강하지 못한 상태로 사는 셈이다.

<그림 2> 기대수명 및 건강수명 추이, 2021년

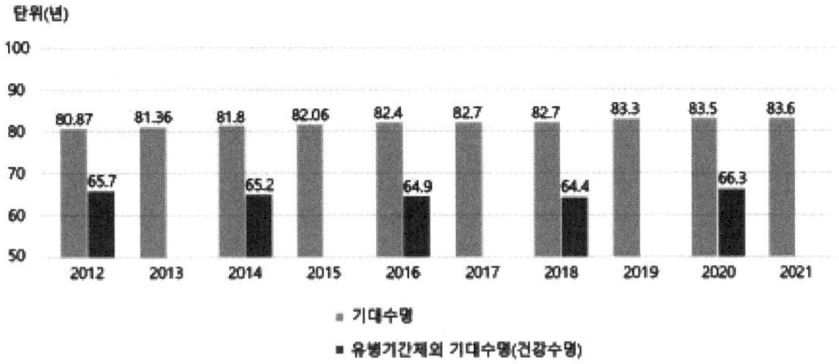

자료: 통계청, 「생명표」(2022)

2021년 기준으로[2] 건강수명을 국제적으로 비교해 보면 한국의 특징이 더 두드러진다. 우선 고령화 추세에서 한국은 향후 노인 인구가 급증할 것으로 예측된다. 한국은 노인 인구 비중이 16.6%인데, 대부분의 선진국들은 20%를 넘어섰다. 이런 추세는 일본에서 보듯 노인 인구가 전체 인구의 30%까지 증가할 것으로 보인다. 이렇게 노인 인구가 늘어나고 있음에도 불구하고, 한국인의 건강수명은 다른 선진국들과 비교할 때[유럽 주요국의 유병 기간 제외 건강 비율 그림(<그림 4>) 참고] 상대적으로 높지 않다. 스웨덴, 스페인, 독일, 이탈리아 등의 건강 비율이 한국에 비해 높은 것으로 나타났다.

1) 「생명표」(2022)에서 기대수명은 2020년도 수치를 보여 준다.
2) 건강수명을 비교하는 수치를 위해서는 「생명표」(2021)가 가장 최근 통계 자료를 보여 준다.

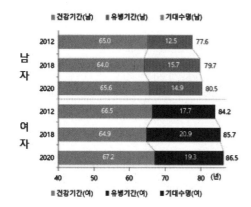

〈그림 3〉 성별 유병 기간 제외 기대수명,
2012~2020년

〈그림 4〉 유럽 주요국의 유병 기간 제외 건강 비율,
2019년

자료: 통계청, 「생명표」(2020), 그 외 국가(Eurostat)

동향 2. 사망 원인으로 암이 가장 많고, 치매가 급속히 증가하고 있다

기대수명이 높다고 해서 모두가 오래 사는 것은 아니다. 우리나라의 2021년 전체 사망자 수는 317,680명이었고, 이 중 80세 이상이 50.0%, 60세~79세가 35.7%를 차지했다. 40세~59세도 11.5%나 되었다. 사망 원인을 살펴보면, 2021년 3대 사망 원인은 암, 심장질환, 폐렴으로, 이세 가지 질병이 전체 사망의 43.1%를 차지했다. 이어 뇌혈관질환, 고의적 자해(자살), 당뇨병, 알츠하이머병, 간질환, 패혈증, 고혈압성 질환 순으로 나타났다. 〈그림 5〉에서 보듯 지난 40여 년 동안 암으로 인한 사망이 가장 크게 지속적으로 증가했고, 심장질환과 폐렴 역시 가파르지는 않지만 서서히 증가하는 것을 볼 수 있다. 뇌혈관성 질환은 다행히 지난 몇 년간 감소 추세를 보이고 자살 역시 여전히 높기는 하지만 감소 추세로 돌아선 것을 볼 수 있다. 「생명표」(2022)에 따르면 2021년 암으로 인한 사망자가 전체의 26%(10만 명당 161명)였는데, 사망 원인은 폐암(36.4명), 간암(20.6명), 대장암(17.4명), 위암(14.6명), 췌장암(13.2명) 순으로 높게 나타났다.

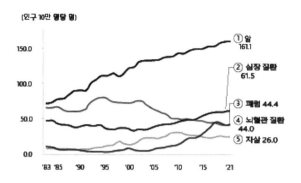

〈그림 5〉 사망 원인 순위 추이, 1983~2021년

자료: 통계청, 「생명표」(2022)

〈표 1〉 사망 원인 순위 추이, 2011~2021년(단위: 인구 10만 명당 명, %)

순위	2011년		2020년		2021년					
	사망원인	사망률	사망원인	사망률	사망원인	사망자 수	구성비	사망률	'11 순위 대비	'20 순위 대비
1	암	142.8	암	160.1	암	82,688	26.0	161.1	-	-
2	뇌혈관질환	50.7	심장질환	63.0	심장질환	31,569	9.9	61.5	+1	-
3	심장질환	49.8	폐렴	43.3	폐렴	22,812	7.2	44.4	+3	-
4	자살	31.7	뇌혈관질환	42.6	뇌혈관질환	22,607	7.1	44.0	-2	-
5	당뇨병	21.5	자살	25.7	자살	13,352	4.2	26.0	-1	-
6	폐렴	17.2	당뇨병	16.5	당뇨병	8,961	2.8	17.5	-1	-
7	만성 하기도질환	13.9	알츠하이머병	14.7	알츠하이머병	7,993	2.5	15.6	+4	-
8	간질환	13.5	간질환	13.6	간질환	7,129	2.2	13.9	-	-
9	운수 사고	12.6	고혈압성 질환	11.9	패혈증	6,429	2.0	12.5	+5	+1
10	고혈압성 질환	10.1		11.9		6,223	2.0	12.1	-	-1

자료: 통계청, 「생명표」(2022)

    질병 이외의 외부적 요인에 의한 사망 원인으로는 자살 1만 3천여 명(10만 명당 26.0명)으로 높게 나타났고, 2011년에 사망 원인 10위 안에 들었던 운수 사고는 크게 줄었다(10만 명당 7.1명). 2021년 자살자 수가 13,352명으로, 하루에 36.3명이 스스로 목숨을 끊고 있어 자살자 수가 줄어들고는 있지만, 여전히 높은 수치를 나타내고 있다. 다른 나라와 비교해도 OECD 평균 자살률이 10만 명당 10.9명인데 비해, 한국은 23.5명이었다. 자살률에서 한국은 OECD 평균의 2배로 자살률 1위 자리를 유지하고 있다.

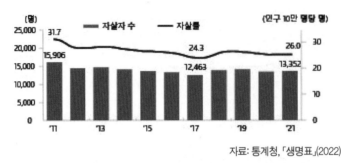

〈그림 6〉 자살자 수 및 자살률, 2011~2021년

자료: 통계청, 「생명표」(2022)

또 한 가지 주목할 만한 추세는 치매 관련 사망자(알츠하이머병이 가장 많고 혈관성치매와 기타 치매 합해서)가 약 10,350명이라는 것이다. 2021년 10만 명당 15.7명이 치매로 사망했으며, 여성(27.4명)이 남성(12.8명)보다 2배 이상 높은 비율을 보였다. 치매는 2011년 이후 가장 빠르게 증가하고 있는 사망 원인이다.

동향 3. 수명 불평등, 건강 불평등이 지속되고 있다

사는 게 불평등하듯 죽는 일도 평등하지 않음을 우리는 잘 알고 있다. 우리가 원해서 태어나는 것도 아니고 죽을 때를 알아서 죽는 것도 아닌 것처럼, 태어남과 죽음이 모두 우리 손에 있지 않음도 잘 알고 있다. 1998년 IMF 외환위기를 겪은 이후 우리 사회의 불평등은 계속 심화되었다. 경제적 불평등은 경제적 영역에만 머물지 않고 우리의 일상생활 전반에 영향을 미친다. 기대수명, 건강수명에서도 불평등은 예외 없이 드러나고 있고, 상황은 점점 더 나빠지고 있다. 앞에서 보았듯 우리나라의 기대수명은 세계적으로 최고 수준에 이르렀지만, 이런 발전의 혜택을 누구나 공평하게 받고 있는 것은 아니다.

가계금융복지조사는 통계청, 한국은행, 금융연구원이 공동으로 매년 실시한다. 전국 2만여 가구가 표본이기 때문에 매해 1년간 국민 일반의 경제 상태를 잘 보여 주는 자료라고 할 수 있다. 이 조사 자료에 따르면 2022년 3월 기준으로, 전체 가구의 평균 자산은 5억 4772만 원, 부채는 9170만 원으로 순자산이 4억 5602만 원, 2021년 가구당 평균 소득이 6414만 원, 처분가능소득은 5229만 원으로 나타났다.

〈표 2〉를 보면, 2022년 3월 말 기준, 전체 가구의 자산을 10분위로 나눠 보면, 순자산 1억 원 미만 가구가 29.5%, 1억~2억 원 미만 가구가 14.8%이며, 3억 원 미만 가구가 55.7%에 달한다. 10억 원 이상 가구는 11.4%이다. 〈그림 7〉은 이러한 자산의 불평등한 상황을 잘 보여 준다. 상위 20%인 5분위 평균 자산이 약 15억 원인 반면, 4분위는 5억 5천만 원, 3분위는 2억 9천여만 원인 데 비해 1분위는 4천여만 원에 불과했다. 또한 〈표 3〉은 순자산이 상위 10%에 속하는 10분위가 전체 순자산의 43.0%, 9분위가 19.0%를 차지하고 나머지 80%의 사람들이 전체 자산의 38%를 소유하고 있는 것도 보여 준다.

〈표 2〉 순자산 보유액 구간별 가구 분포, 2021~2022년

순자산 (억 원)		-1 미만	-1~0 미만	0~1 미만	1~2 미만	2~3 미만	3~4 미만	4~5 미만	5~6 미만	6~7 미만	7~8 미만	8~9 미만	9~10 이상	10 이상	중앙값 (만 원)	평균/ 중앙값
가구분포	2021년	0.2	2.8	27.3	15.9	12.5	8.4	6.7	4.8	4.1	3.3	2.4	2.1	9.4	22,600	1,834
	2022년	0.3	2.9	26.3	14.8	11.4	8.4	6.6	5.1	3.9	3.5	3.2	2.3	11.4	24,662	1,849
	전년차 (비)	0.1	0.1	-1.0	-1.1	-1.0	-0.1	-0.1	0.2	-0.2	0.1	0.8	0.2	2.0	9.1	0.015

자료: 통계청, 『가계금융복지조사』(2022)

〈그림 7〉 순자산 5분위별 가구당 자산 보유액, 2022년

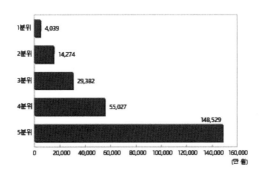

자료: 통계청, 『가계금융복지조사』(2022)

〈표 3〉 순자산 10분위별 점유율

	순자산 지니계수	순자산 점유율									
		1분위	2분위	3분위	4분위	5분위	6분위	7분위	8분위	9분위	10분위
2021년	0.603	-0.2	0.7	1.7	3.0	4.6	6.4	9.0	12.7	18.7	43.3
2022년	0.606	-0.2	0.6	1.6	2.9	4.5	6.4	9.1	12.9	19.0	43.0
전년차	0.002	0.0	-0.1	-0.1	-0.1	-0.1	0.0	0.1	0.2	0.3	-0.2

자료: 통계청, 『가계금융복지조사』(2022)

자산뿐만 아니라 소득의 불평등, 쏠림 현상도 두드러진다. 가구소득 구간별 가구 분포 자료에서 보듯이 2021년 우리나라 전체 가구의 평균 소득은 6414만 원, 중위소득은 5022만 원이다. 이에 비해 빈곤층으로 분류되는 중위소득 50%의 소득은 2500만 원이다. 상위 20%가 속하는 5분위가 1억 4천여만 원, 하위 20%인 1분위는 1300만 원에 불과했다.

〈그림 8〉 가구소득 구간별 가구 분포, 2020~2021년

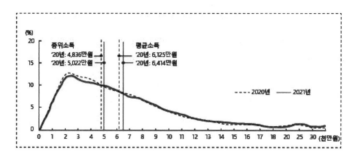

자료: 통계청, 『가계금융복지조사』(2022)

이렇게 전체 가구 수준에서 재산과 소득의 불평등과 쏠림 현상을 염두에 두면, 노년층의 경제 상태는 더욱더 심각하다. 여러 자료에서 나타나듯 한국 사회의 불평등과 쏠림은 노년층의 경제적 삶에도 그대로 이어지고 있다. 복지재정 지출이 대다수 선진국에 비해 뒤처지는 한국에서 노인 빈곤율이 OECD 국가 중 가장 높다는 사실은 잘 알려져 있다. 공적 이전 소득에 힘입어 65세 이상 은퇴한 노인의 상대적 빈곤율(중위소득 50% 이하)이 조금씩 완화되고 있지만, 〈그림 9〉에서 보듯 2020년 기준으로 65세 이상 노인 100명 중 40명이 빈곤한 상태에 놓여 있다. 이 수치는 OECD 국가 중 단연 높은 수치라 할 수 있다.

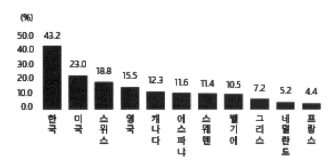

〈그림 9〉 OECD 주요국의 상대적 빈곤율(65세 이상), 2019년

자료: OECD, 「Social and Welfare Statistics」(2022. 9. 4. 기준), 통계청,
『가계금융복지조사』(2022)에서 재인용

하위 20%의 사람들 중 상당수가 생계급여, 의료급여, 주거급여, 교육급여 등 기초생활급여
를 받는다. 기초생활급여는 연령에 관계없이 1인 가구를 기준으로 월 소득이 중위소득의 30%
미만인 사람들에게 수급 자격이 주어진다. 2인 가구인 경우는 월 소득이 93만 원 미만일 때 수
급이 가능하다. 수급자 수를 보면 2021년 전체 수급자가 235만 명이었고 이 중 생계급여 수급
자는 148만 명이었다. 65세 이상 노인 수급자는 전체의 37.6%, 약 85만 2천 명이었다.

이들 기초생활보장 급여를 받는 노인들 이외에 비수급 빈곤층이 광범위하게 존재한다. 보
건복지부의 「2017년 기초생활보장 실태조사 및 평가연구」(김태완 외, 2017)에 따르면 비수급
빈곤층이 93만 명, 차상위 포함 비수급 빈곤층이 144만 명에 달했다(물론 이 수치는 국민 전체
의 수치이고 노인 수급자를 같은 비율로 적용하면 60만 명 이상의 빈곤한 노인이 기초생활보
장 급여조차 받지 못하고 있을 것이다). 비록 5년 전 분석 자료이지만 노인 인구의 증가 속도
를 염두에 두면 사정은 지금도 크게 나아지지 않았을 것이다. 따라서 지금도 극빈의 생활 상
태에서 생존을 이어 가는 노인이 200만 명에 이를 것이라고 추정할 수 있다.

이상의 극빈 노인들 이외에도 상당수 노인들이 연간 1400만 원 미만의 소득으로 생활을 영
위하고 있다. 이들 빈곤 노인들의 삶의 질, 기대수명, 경험하는 의료의 질 역시 중상위 계층 노
인들에 비해 크게 떨어질 것이라고 어렵지 않게 추정할 수 있다. 우선 계층별로 기대수명 혹
은 사망력에서 격차가 벌어진다. 통계청 「생명표」는 성별·지역별 사망력 격차를 보여 주는

자료는 생성하지만, 재산이나 소득수준별 사망 격차 데이터는 생성하지 않으므로 통계청 「생명표」에서는 이를 확인할 수 없다. 다행히 2018년 건강형평성학회가 2010년~2015년 건강보험공단의 154만 명의 사망 자료를 분석해서 소득 상위 20%와 하위 20% 집단 간 기대수명 격차를 제시한 자료가 하나 나와 있다. 〈그림 10〉에서 보듯 소득 상위 20%(5분위) 집단은 기대수명 85.1세, 건강수명 72.2세인 반면, 빈곤층인 하위 20%(1분위)에 속하는 집단은 기대수명 78.6세, 건강수명 60.9세로 나타났다. 소득수준에 따라 기대수명이 7년 정도 차이가 나고 건강수명은 12년 가까이 격차가 나는 셈이다.

한국보건사회연구원의 「국민의 건강수준 제고를 위한 건강형평성 모니터링 및 사업개발: 통계로 본 건강불평등」(김동진·채수미 외, 2017)은 이러한 기대수명 격차가 회피가능 사망률, 예방가능 사망률, 치료가능 사망률 등의 지표와 연관되어 있음도 밝히고 있다. 「한국의료패널조사」(2008~2018)가 보여 주는 소득 분위별 미충족 의료 비율(지난 1년간 병의원에서 치료를 받거나 검사를 받아야 하는데 받지 못한 경험이 한 번이라도 있는지 여부)을 보면 최하위 계층(1분위)에서는 해마다 다르기는 하지만 평균 20% 수준을 유지하는 반면, 5분위 집단에서는 10% 미만을 나타낸다.

〈그림 10〉 소득 5분위별 기대수명과 건강기대수명, 2018년

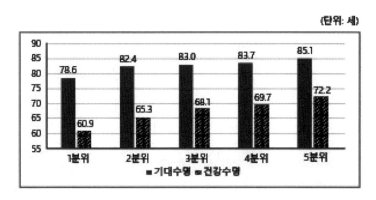

자료: 한국건강형평성학회, 「광역시·도 및 시·군·구 건강격차 프로파일」(2018)

〈표 4〉 지역 박탈 지수 분위별 연령표준화 회피가능 사망률(인구 10만 명당), 2013~2015년

	회피가능 사망률			예방가능 사망률			치료가능 사망률		
전체	127.2	상대 격차	절대 격차	106.7	상대격차	절대격차	51.5	상대격차	절대격차
1분위	160.8	1.4	46.7	135.0	1.4	39.6	60.0	1.3	12.5
2분위	143.3	1.3	29.2	121.1	1.3	25.7	57.0	1.2	9.4
3분위	128.7	1.1	14.6	108.2	1.1	12.7	52.3	1.1	4.8
4분위	114.1	-	-	95.4	-	-	47.5	-	-

자료: 한국보건사회연구원, 「국민의 건강수준 제고를 위한 건강형평성 모니터링 및 사업개발: 통계로 본 건강불평등」(2017)

〈그림 11〉 가구소득 분위별 미충족 의료 발생률 추이, 2008~2018년

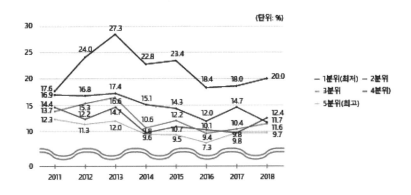

자료: 한국보건사회연구원·국민건강보험공단, 「한국의료패널조사」(2008~2018)

이상의 계층별·지역별 기대수명 혹은 사망 격차의 원인은 단순히 경험하는 의료의 질과 기회, 생활 습관, 영양, 건강 인지 능력 등 개인적 수준을 넘어 복합적인 사회적 요인에 의해 규정된다고 할 수 있다. 사망과 가장 직접적으로 연관된 의료의 질을 잠시 살펴보자.

한국보건사회연구원이 발간한 『의료 질과 격차 현황』(김수진, 2022) 보고서는 2010~2019년 동안 우리나라 보건의료 질의 변화를 보여 준다. 이 보고서에 따르면 전체적으로 우리 국민의 보건의료 질은 꾸준히 향상되었지만, 상위 5분위 계층과 하위 1분위 계층 간에 만성질환과 응급질환으로 인한 치료와 사망률 격차가 상당히 크고, 지속되고 있다. 갑자기 아파서 입원하는 사람들이(보고서에서는 '외래 민감성 질환으로 인한 계획되지 않은 입원'이라고 표현) 2016년에 10만 명당 285건으로 가장 높게 나타났는데, 2020년에는 205건으로 감소했다. 또 천식, 당

총론 **021**

뇨, 뇌전증으로 인한 입원이 2016년 입원 10만 건당 91.3건에서 2020년 55.9건으로 감소했다. 울혈성심부전[3] 환자가 응급 입원한 뒤 1년 이내 사망하는 비율도 유사하게 나타나, 국민 전체 수준에서 1년 이내 사망 비율이 2016년 15.4%에서 2019년 14.1%로 감소했다. 이런 추세는 국민 전체 건강과 질병 관리의 질이 향상되고 있음을 보여 주고, 한국인의 기대여명의 바탕이 되고 있음을 알 수 있다.

<그림 12> 울혈성심부전 응급인원 1년 내 사망 및 인원: 전체, 소득수준별, 2016~2019년

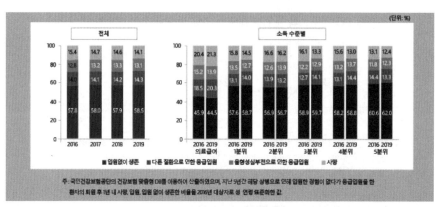

자료: 김수진·이재은·박은혜·배재용·이경회·윤난희… 이유상, 「한국 의료시스템의 혁신 성과 평가(6년 차)-2021 한국 보건의료 질 보고서」(2021), p147, p149 그림 재구성

하지만 이렇게 질적으로 향상된 의료의 혜택이 국민 모두에게 골고루 돌아가고 있는 것은 아니다. 위에서 보았듯이 '외래 민감성 질환으로 인한 계획되지 않은 입원'으로 입원한 사람들이 2016년 10만 건당 285건에서 2020년 205건으로 줄었지만 이를 소득수준으로 나눠 보면 5분위는 10만 건당 200명 아래로 떨어지고, 의료급여 수급자들과 하위 20%인 1분위 빈곤층은 약 1,200건이라는 높은 수치를 보인다. 전체 추세는 감소하고 있지만 빈곤 계층에서는 별다른 변화가 나타나지 않고 있는 셈이다. 또한 '천식, 당뇨, 뇌전증으로 인한 계획되지 않은 입원'도 국민 전체 수준에서는 2016년 10만 건당 91.3건에서 2020년 55.9건으로 감소했으나, 의료급여 수급자들과 1분위 빈곤층은 들쑥날쑥하기는 해도 2016년 이후 해마다 평균 200건에 달하

---

3) 울혈성심부전은 심장 이상으로 신체 기관에 필요한 산소를 공급하지 못할 때 일어나는 질환으로 65세 이상 성인 중 3~5%에서 나타난다.

고 있다. 울혈성심부전으로 응급 입원한 환자가 1년 이내 사망하는 비율(2019년)이 5분위에서는 12.4%인 데 반해 의료급여를 받는 사람에서는 21.3%, 1분위에서는 14.5%로 나타났다. 입원 없이 1년 이상 생존하는 비율에서도 마찬가지로 상층 20% 인구 집단에서는 62.0%인 반면, 의료급여 수급자 집단에서는 44.5%로 크게 낮았다.

이렇듯 의료급여를 받는 사람들과 하위 20% 빈곤층(이들 중 대다수가 65세 이상 노인)은 건강한 노년과 기대여명 증가의 혜택을 별달리 누리지 못하고 있다. 보고서는 이런 문제를 해결하기 위해 하위 빈곤 계층의 생활 습관 개선을 위한 교육과 별도의 대책을 제시하고 있지만, 의료의 질 개선만으로 건강 불평등이 해결되지는 않을 것으로 보인다.

다음으로, 지역별 건강 불평등 상황을 살펴보자. 〈그림 13〉에서 보듯 전국적으로 어디에 살고 있느냐에 따라 기대수명이 크게 차이가 난다. 기대수명은 서울(84.8년)과 세종(84.4년)이 가장 길고, 경북(82.6년)과 충북(82.6년)이 가장 낮아, 시도 간 최대 2.2년까지 차이가 났다. 지역별 격차가 크게 나는 까닭은 여러 연구에서 보이듯 경제적 불평등과 의료접근성, 영양 섭취 등에서 차이가 나기 때문이라 할 수 있다.

〈그림 13〉 시도별 기대수명(남녀 전체), 시도별 기대수명의 남녀 차이, 2020년

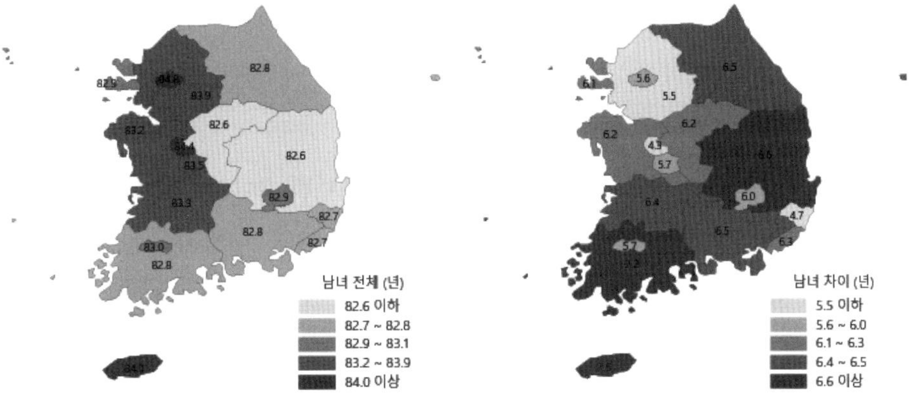

자료: 통계청, 「생명표」(2022)

동향 4. 노인돌봄의 변화 방향

1) 의료에서 돌봄으로

사람은 누군가의 돌봄에 의존해서 태어나고 자라고 늙고 죽어 간다. 아이돌봄은 미래 사회의 아이를 키우는 일이고, 노인돌봄은 육체적, 정신적 건강을 유지하게 돕거나 쇠락의 과정을 도와주는 일이다. 노인돌봄이 지니는 특성은 오랜 세월을 살아온, 주체적이고 독립성을 지닌 사람을 돌보는 일이라는 점이다. 아이는 의존적이며 독립적이지 않다. 부모는 아이들이 자율적으로, 자기 나름대로 성장할 수 있도록 정신적, 육체적으로 도움을 주고자 한다. 하지만 노인들은 돌봄을 제공하는 자식들이나 간병인들만큼 때로는 그들보다 더 강하게 독립적으로 사고하고 행동한다. 노인돌봄은 의존적일 수밖에 없는데도, 독립적이고 자기 소신이 뚜렷한 사람을 돌봐야 하는 것이다. 물론 의존의 3단계에서, 마지막 단계에 들어선 경우 즉 '자리보전' 상태에 이르면 노인은 전적으로 의존하며 살 수밖에 없다. 많은 경우 사망을 6개월, 길게는 1년 정도 앞둔 시점이다. 이 단계에서 당사자는 대부분 시간 동안 누워 지내고, 스스로 화장실을 다니지 못하고 기저귀를 차게 된다. 목욕, 세수, 손톱, 발톱, 머리카락 관리도 누구에겐가 의존해야 한다. 식사 역시 자리에서 먹고 유동식 중심의 식단이 주가 된다. 혼자서 식사를 하지 못하면 간병인이 떠먹여 주는 상태에 이르고, 상태가 더 악화되면 호스 주입이나 영양주사에 의존하는 단계로 진행된다.

이렇게 육체적으로는 전적으로 의존하는 상태라도, 주체적 자아와 의식이 또렷하게 작동하는 경우가 많다. 노인돌봄은 이러한 자존감을 유지하도록 돕는 일이기도 하다. 많은 경우 노인 환자들은 몸을 스스로 추스르지 못하는 것을 부끄러워하고 괴로워한다. 우울에 빠지는 경우도 많다. 자리보전하는 상태에서는 사회관계도 가족 구성원과 돌봄 제공자들 정도에 국한된다. 환자도 생명의 마지막 단계에 와 있다는 것을 인식하게 되며, 이때 어떤 태도와 실천의 양태를 보이는지에 따라 삶의 질이 크게 달라진다. 이 지점에서 육체적 돌봄뿐만 아니라 정서적 돌봄도 중요한 의미를 띠게 된다. 개인의 수준에서 정신적, 심리적으로 배려하고 위로하는 정서적 돌봄이 요구되고, 동시에 생애를 마무리하는 방법에 관한 문화적 수준의 지원과 의사 결정(유언, 유서 작성, 장기기증, 연명치료 중단 결정 등)을 위한 도움도 중요해지는 단계이다. 아직도 많은 웰다잉 정책과 제언에서 문화적 돌봄에 대한 논의는 거의 이루어지지 못한 실정이다.

활동적 노년을 접고 의존기에 들어서면 돌봄을 받는 일은 선택이 아니라 필수가 된다. 돌봄 단계는 초기 의존기, 절대적 의존기, 생애 말기, 임종기로 나뉜다. 이들 단계마다 돌봄의 내용과 부담 정도가 다르게 나타난다.

초기 의존기는 자신의 몸을 돌보고 일상생활을 영위하는 데 장애가 있기 때문에 누군가의 도움을 필요로 한다. 일상생활 수준에서 노년의 활동성을 측정하는 데는 흔히 두 가지 지표가 사용된다. 도구적 일상생활 능력(instrumental activities of daily living; IADL)과 일상생활의 수행 가능 정도(activities of daily living; ADL)가 그것이다. 도구적 일상생활 능력(IADL)은 가까운 거리 외출, 교통수단을 이용하여 외출, 물건 사기뿐만 아니라 집 청소와 정리 정돈, 침구 정리 및 식사 준비, 빨래하기, 금전 관리, 전화 걸고 받기, 약 챙겨 먹기 등의 활동 가능 여부를 측정한다. 일상생활의 수행 가능 정도(ADL)는 최소한의 생활 유지에 필요한 활동 즉 옷 갈아 입기, 세수하기, 양치질하기, 머리 감기, 화장실 이용하기, 대소변 흘리지 않고 보기 등의 활동을 '혼자 할 수 있다', '어느 정도 도움이 필요하다', '전적으로 도움이 필요하다' 등 세 단계로 측정한다. 이들 두 가지 활동 지표에서 전적으로 도움이 필요한 단계가 절대적 의존기라 할 수 있다.

「노인실태조사」(2020)에 따르면 7개의 일상생활의 수행 가능 정도(ADL) 항목과 10개의 도구적 일상생활 능력(IADL)에서 87.8%의 응답자는 기능 제한이 전혀 없었지만, 6.6%가 IADL에 제한을 겪고 있고, 5.6%는 ADL 기능까지 제한을 경험하는 것으로 나타났다. 누구나 예상할 수 있듯 두 가지 일상생활 수행에서 연령이 높아질수록 의존도가 높아졌다. 85세 이상 연령군에서는 최소한의 생활 유지에 제한을 경험하는 비율이 22.8%로 높게 나타났다. 그러면 돌봄 단계에서 이들은 누구에게 의존하고, 또 누가 이들의 일상생활 활동을 돕고 있는가? 신체 기능 저하자 중 55.0%가 돌봄을 받고 있는데, 이들 중 74.5%는 동거 가족들에게, 39.3%는 비동거 가족 구성원들에게 돌봄을 받고 있었다(복수 응답 가능). 돌봄을 받는 노인들 중 장기요양보험 서비스 급여를 이용하는 비율이 19.1%, 노인돌봄 서비스를 받는 경우가 10.7%로 나타났다.

절대적 의존기에 들어가면, 노인 대다수가 여러 질환을 앓고 의료적 처치를 받으며 집, 병원, 요양원을 반복적으로 오가게 된다. 그리고 생애 말기와 임종기에 들어가면 의료적 처치보다는 몸과 마음을 돌보는 일이 대부분을 차지한다. 의료적 돌봄과 비의료적 돌봄이 중첩되는 기간이 상당 기간 지속되기도 하고, 짧게 종료되기도 한다. 호스피스·완화의료의 혜택을 받지 못하는 사람들도 생애 말기에 들면(이건 1년이 될 수도 있고, 6개월, 3개월이 될 수도 있다) 집에서 혹은 병원이나 요양원에서 비의료적 돌봄을 받게 되는 것이다.

2) 가족돌봄과 사회적 돌봄의 균형

노인돌봄 장기요양보험 제도가 2008년 도입되면서 노인돌봄이 가족돌봄에서 사회적 돌봄으로 나아가는 계기가 만들어졌다. 요양병원과 요양시설의 이원적 돌봄 구조가 이때 만들어졌다고 할 수 있다. 노인의 사회적 돌봄에 여러 가지 문제가 있지만, 노인들의 삶의 마무리 단계에서 사회적 돌봄 영역이 크게 확장되었다는 것은 우리 사회에서 커다란 성취라고 할 수 있다. 가족들에게 온전히 지워져 있던 노인돌봄의 짐을 사회와 나누어지게 된 것은 큰 진전이다. 하지만 여전히 사회적 돌봄 영역이 더욱 확장되어야 할 필요가 있음은 말할 나위가 없다. 특히 노인돌봄에서 의료 서비스와 생활돌봄 서비스를 어떻게 연계 혹은 통합할 것인가, 그리고 요양병원과 요양시설의 역할과 재가돌봄 서비스를 어떻게 연결할 것인가 하는 문제는 제도적으로 시급하고 어려운 당면 과제라 할 수 있다. 노인돌봄의 이들 세 축을 어떻게 연계하고 통합할 것인가의 문제는 별도의 장에서 다룰 것이지만, 큰 방향에서는 의료와 생활돌봄을 긴밀하게 연결하고 통합해야 한다는 사회적 합의가 이루어졌다고 할 수 있다. 동시에 재가돌봄 서비스를 확대할 필요가 있다는 점에도 많은 전문가와 현장 실천가들이 합의하고 있다.

그런데 재가돌봄의 확대가 타당한 방향이기는 하지만, 재가돌봄에 따른 가족의 부담과 어려움에 대해서는 사회적 논의가 제대로 진행되고 있지 못하다. 재가돌봄을 확대하면 가족돌봄 부담이 다시 늘어날 위험이 상존하기 때문이다. 이론적으로 재가노인 서비스가 사회적 돌봄의 확대라고 해도, 현실에서는 가족돌봄의 대부분은 여성 배우자, 딸, 며느리 등 여성들의 몫인 것이다. 오랫동안 가사 노동이 대가 없이 가족을 위한 헌신으로 이뤄져 왔듯이, 노인돌봄 역시 여성 가족 구성원들의 몫으로 주어져 있다. 사회복지가 전면화한 사회에서도 노인돌봄의 상당 부분이 가족 구성원들에 의해 수행된다. 가족돌봄은 눈에 보이지 않고, 노동에 대한 대가가 지불되지 않는 무급 노동이다. '사랑'의 이름으로, '모성적 돌봄'의 이름으로 대부분 여성들의 몫으로 주어져 있다. 『초고령 사회에 대비한 장기요양 제도 발전 방향』(보건복지부, 2020)의 연구책임자 석재은에 따르면 장기요양 인정을 받은 환자(2020년 기준 77만 명)를 주로 돌보는 사람은 자녀(며느리, 사위 포함)가 39.7%, 배우자가 21.3%였다. 돌볼 사람이 없이 독거인 상태의 수급자도 7.4%였다. 주 수발자 자녀 중 여성이 85%(30만 명 중 26만 명)에 달하는 것으로 나타났다.

노인돌봄은 아동돌봄과 마찬가지로 사회화되어야 하지만, 전적으로 외부에 맡길 수만은 없다. '돌봄의 사회화를 확대하면서 가족돌봄을 생활 세계 안에서 그리고 공적으로 어떻게 인정하고 지지할 것인가'라는 어려운 문제 영역이 생겨난 것이다. 이 보고서의 연구자들뿐만 아니라 많은 전문가들이 돌봄의 부담이 여성에게 쏠리는 현실에 대해 철학적 논의와 정책적 수준의 대안을 제시하고 있다. 노인돌봄을 둘러싼 젠더 불평등과 노동가치 저평가 문제에 대한 본격적 논의는 다른 기회를 모색하기로 한다.

동향 5. 노인돌봄의 새로운 제도들

1) 노인맞춤돌봄 서비스의 활성화

노인돌봄의 또 다른 축은 2020년 여러 서비스를 통합해서 만든 노인맞춤돌봄 서비스이다. 이것은 2020년 이전에 있었던 6개의 노인돌봄 프로그램들(노인돌봄 기본, 노인돌봄 종합, 단기 가사, 독거노인 사회관계 활성화, 초기 독거노인 자립 지원, 지역사회 자원 연계)을 통합한 프로그램이다. 노인맞춤돌봄 서비스는, 프로그램들의 명칭에서 보듯 노인들의 일상생활에 필요한 다양한 도움을 제공하는 서비스로, 대상은 장기요양보험 신청에서 등급을 받지 못한 노인들이다. 65세 이상 노인으로 기초연금 수급자, 국민기초생활 수급자, 차상위자에 해당되는 사람들이 신청할 수 있다.

경기도의 사례를 보면(2022 보고서 연구책임자 황경란) 노인맞춤돌봄 서비스는 대상자의 필요와 상태에 따라 세 가지 범주로 나누어진다. 첫째, 역량강화 서비스는 생활이 부분적으로 어렵지만 그 강도가 크지 않고, 약간의 도움을 받으면 혼자서 생활이 가능한 사람들을 지원한다. 둘째, 집중관리 서비스는 생활상 문제가 있고, 정기적으로 개입이 필요한 경우(예를 들어, 경도 인지장애 노인, 알코올의존증 노인, 저장강박증 노인, 우울 및 자살 생각 노인 등)에 지원한다. 셋째, 긴급지원 서비스는 갑작스런 재해나 외부 요인으로 긴급지원이 필요한 노인, 갑작스런 경제적·신체적·정서적·정신적 위기로 즉시 개입이 필요한 노인들을 지원한다.

노인돌봄 현장에서 실제 진행되는 노인맞춤돌봄 서비스 이용 현황은 경기복지재단의 「경기도 지역사회 통합돌봄 선도사업 현황 분석 연구」(2021)에서 구체적 수치를 볼 수 있다. 이 보고서에 따르면 조사 대상자 3,732명 중에서 여성은 73.1%, 남성은 26.9%였고 연령은 80대 이상 노인이 53.7%를 차지했다. 경제 상황에서는 기초생활급여 수급자가 40.8%, 차상위 9.7%로, 최빈곤층이 절반, 나머지 계층이 절반을 차지하고 있었다. 주거 형태로는 영구임대주택, 국민임대주택, LH임대주택에 사는 사람들이 30.2%, 본인이나 자녀가 주택을 소유한 자가는 31.8%였다.

노인맞춤돌봄 서비스의 대상자가 이렇게 빈곤층이므로, 이들의 신체 건강 상태를 보면 "건강하다" 2%, "질환은 있지만 건강한 편이다"라는 응답이 30% 정도에 불과한 것으로 나타났다. "특별한 질환이 있으며 건강하지 못하다"가 37.1%, "질환으로 건강 상태가 나쁘다"가 30.8%에 달했다. 이런 건강 상태로 인해 "거동에서 도움을 필요로 한다"고 응답한 사람이 56.4%, "완전 도움이 필요하다"라고 응답한 사람이 3.3%에 달했다. 혼자서 거동 가능한 사람은 35.3%에 불과했다.

구분		빈도	비율
전반적 건강 상태	건강하다	75	2.0
	질환은 있지만 건강한 편이다	1,099	30.0
	특별한 질환이 있으며 건강하지 못하다	1,361	37.1
	질환으로 건강상태가 나쁘다	1,129	30.8
거동 상태	자립 가능	1,285	35.3
	도움 필요	2,054	56.4
	완전 도움 필요	302	8.3
총계		3,641	100.0

자료: 경기복지재단, 「경기도 지역사회 통합돌봄 선도사업 현황 분석 연구」(2021)

이들을 돕는 생활관리사는 2022년 3만 1천여 명 정도였고, 여기에 더해 사회복지사로 구성된 관리자가 약 2천백여 명에 달했다. 이들이 주로 이용하는 서비스는 방문 안전지원, 전화 안전지원, ICT 안전지원, 사회관계 향상 프로그램, 자조 모임, 신체 건강 분야 교육, 정신 건강 분야 교육, 이동활동 지원, 가사 지원 등이다.

전국적으로 2022년에 50만 명이 노인맞춤돌봄 서비스 혜택을 받았다. 2023년에는 5020억 원의 예산으로 55만 명이 혜택을 받을 예정이다.

정리하면, 노인맞춤돌봄 서비스는 장기요양보험 서비스와 함께, 삶을 마무리하는 과정에서 최소한의 존엄을 유지하면서 살 수 있게 돕는 장치라 할 수 있다. 위에서 살펴보았듯, 우리 사회는 노년의 돌봄을 위한 신체적, 정신적, 의료적 돌봄의 기본 제도를 천천히 발전시켜 왔다. 많은 재정적, 제도적 문제들이 제기되고, 현장에서 제도와 실천의 불일치와 공백이 발견되고 있지만, 꾸준히 발전하고 있다고 할 수 있다.

2) 사례관리 제도의 도입[4]

현재 장기요양 서비스를 받기 위해서는 당사자 노인이나 가족들이 건강보험공단에 이용 신

---

[4] 사례관리 제도, 케어매니지먼트 제도의 도입에 대해서는 많은 사회복지 전문가들이 동의하고 있고, 다양한 형태로 제안한 바 있다. (참고 문헌은 생략)

청을 하고, 건강보험공단은 방문 조사와 의사 소견서를 바탕으로 등급 판정을 실시한다. 이때 결정 주체는 등급판정위원회이다. 등급 인정을 받으면 이용자는 요양 서비스 제공자(요양시설, 주야간 보호센터, 방문요양센터 등)와 협약을 체결한다. 이 과정에서 건강보험공단에 소속된 장기요양 이용지원 상담직원이 이용자와 상담을 통해 급여 종류, 이용 절차와 방법을 안내해 주고, 수급자의 기능 상태에 근거해서 서비스 내용 등을 사실상 결정한다. 이때 상담직원이 표준장기요양이용 계약서를 작성하게 된다.

수급자 입장에서는 장기요양 등급을 받은 후 어떤 서비스를 선택할 수 있는지, 어떤 서비스가 내게 적절한지, 선택한 서비스를 변경할 때 어떤 선택지가 좋은지 등을 판단해야 한다. 등급을 받지 못한 경우에도 어떤 복지 서비스를 받을 수 있는지에 대한 정보를 알고 판단하고 선택할 수 있어야 한다. 예를 들어, 등급 판정 후 의료 서비스를 받기 위해 요양병원으로 가야 할지, 재가방문 서비스를 받으면서 동네 병원에 다니는 게 좋을지를 본인의 필요에 따라 판단해야 한다. 이 경우 지역에서 활동하는 방문요양센터나 주야간 보호센터 등에서 안내를 받기 때문에 실제 수급자의 욕구가 적절히 채워지고 있는지를 판단, 평가하기 어렵다. 경험 부족과 정보 부족 때문에 가족들의 판단이 적절한 선택인지 알기도 어렵다. 건강보험공단에 소속된 평가원에게 개별 수급자의 욕구와 시시때때로 변하는 상황에 대한 평가와 판단을 기대할 수도 없다. 의료 서비스와 생활돌봄 서비스가 단절된 상태인데, 이것을 연결할 제도가 없는 것이다. 동시에 아직은 스스로 관리 가능한 노인들은 자기 돌봄을 위해 무엇을 할 수 있는지, 향후 어떤 서비스가 가능한지 등에 대해 안내와 자문을 받고 계획을 세울 필요가 있는데도, 현재는 이런 요구를 충족해 줄 서비스가 없다.

이런 맥락에서 장기요양보험 시작 직후 많은 연구자와 정책 시행자들이 사례관리 전문가 제도(케어매니지먼트라고도 함)의 도입을 제안했지만 채택되지 못했다. 뒤늦게 보건복지부도 사례관리 전문가의 필요성을 인정하고 시범 제도의 도입을 준비하고 있으나 언제 시작될지 알기 어렵다. 한국보건사회연구원(2005)은 장기요양보험 도입을 앞두고 1차 시범 사업에 사례관리 전문가 과정을 다음과 같이 도입해야 한다고 제안했다.

〈그림 14〉 1차 시범 사업 실행 기간에 논의된 사례관리 전문가 과정, 2005년

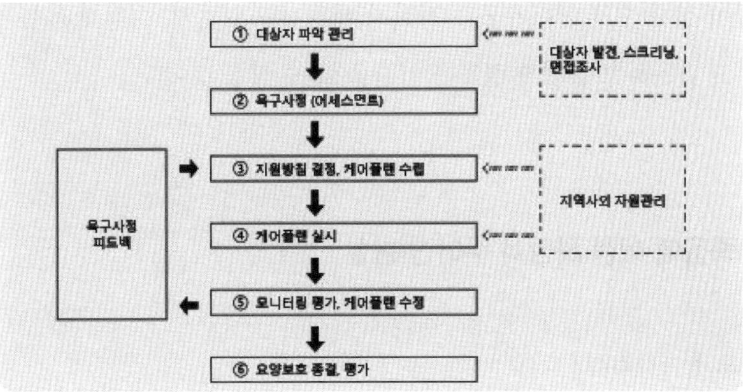

자료: 한국보건사회연구원. 「공적노인요양보장제도 평가판정 체계 및 급여수가 개발」

〈그림 14〉에서 보듯 사례관리자는 ①번 대상자 파악, 관리부터 ⑥번 요양보호 종결, 평가까지 수혜자의 케어플랜과 모니터링을 총괄적으로 기획, 실행, 평가하는 역할을 수행한다.

이런 작업의 흐름에서 핵심은 사례관리자의 역할이 중요해진다는 것이다. 예를 들어, 대상자가 장기요양 등급 판정을 신청할 때, 어떤 서비스를 선택할 수 있는지, 어떤 서비스가 내게 적절한지, 선택한 서비스를 변경할 때 어떤 선택지가 있는지 등을 판단해야 한다. 또한 의료 서비스를 받기 위해 요양병원으로 가야 할지, 재가방문 서비스를 받으면서 동네 병원에 다니는 게 좋을지를 본인의 필요에 따라 판단할 필요가 있다. 다양한 선택지에 대해 알아야 하고 필요에 따라 서비스를 변경해야 할 때 안내가 필요한 것이다.

여기에 더해 등급 인정을 받지 못한 경우, 노인맞춤돌봄 서비스로 가야 하는데 이 제도는 앞에서 보았듯이, 차상위까지의 빈곤층이나 장애인을 대상으로 하기 때문에 그 위의 계층은 돌봄을 스스로 해결해야만 한다. 이들 중하층과 중산층 노인들은 몸 상태가 더 나빠지지 않는 이상, 사회적 돌봄의 서비스 대상 바깥에 놓인다. 혜택을 받지 못하더라도 돌봄 플랜과 관련된 정보와 자문, 무엇을 할 수 있는지를 알려 줄 수 있는 사례관리, 돌봄 플래닝을 위한 안내자가 있으면 자기 돌봄에 크게 도움이 될 수 있을 것이다.

이렇게 장기요양보험이나 노인맞춤돌봄 서비스 대상자들이 어떤 선택을 할 수 있는지를 단계별로 자문해 주는 전문 인력이 있으면 노인돌봄의 질이 크게 향상될 수 있다. 지역에서 활동하는 방문요양센터나 주야간 보호센터뿐만 아니라 노인복지관 등에 이들 사례관리자들을 배치하면 이들이 실제 수급자의 욕구가 적절히 채워지고 있는지, 어떻게 돌봄 서비스를 전달할지를 판단하고 자문하고 실제 연결하는 역할을 할 수 있을 것이다.

동향 6. 좋은 죽음에 대한 희망과 주어진 현실

나 하늘로 돌아가리라
아름다운 이 세상 소풍 끝내는 날,
가서, 아름다웠다고 말하리라…

천상병 시인은 「귀천(歸天)」에서 소풍 나들이처럼 살다가 하늘로 돌아가 "아름다웠다고 말"할 수 있는 삶의 마무리를 꿈꾼다. 어떤 군더더기 수식어도 없이 "이 세상 소풍 끝내는 날"을 노래할 수 있는 시인은 행운아일지도 모른다.

21세기를 사는 대다수 한국인이 생각하는 생애 말기 좋은 죽음은 ① 내가 살던 집에서 ② 가족들에게 부담 주지 않고 ③ 가족들이 지켜보는 가운데 ④ 정신적, 신체적 고통 없이 생을 마감하는 일이다. 또한 「노인실태조사」(2020)에 따르면 한국 노인들이 생각하는 좋은 죽음은 "가족이나 지인에게 부담을 주지 않는 죽음"(90.6%), "신체적, 정신적 고통 없는 죽음"(90.5%), "스스로 정리하는 임종"(89.0%), "가족과 함께 임종을 맞이하는 것"(86.9%)으로 나타났다. 즉, 가족에게 부담을 주지 않으면서 가족과 함께 임종을 맞고 싶어 하며, 신체적, 정신적 고통이 없으면 좋겠고, 죽기 전에 스스로 주변을 정리한 뒤 죽음을 맞이하고 싶어 한다고 할 수 있다.

그럼, 이러한 희망이 잘 실현되고 있을까? 생애 말기 노인들이 맞는 죽음의 현실을 살펴보자. 많은 노인들이 "내가 살던 집에서 임종하고 싶다"고 희망하지만 2020년 기준으로 한국인들의 74.8%가 병원(요양병원 포함)에서 사망한다. 자신이 살던 집에서 사망하는 경우는 16%에 불과하다. 기타 9.2%는 요양원과 같은 공동 시설에서의 사망이나 돌연사를 가리킨다. 대다수 한국인들은 집에서 죽기를 희망하는데 현실은 왜 정반대로 나타나고 있는가? 가장 큰 까닭은 사망을 둘러싼 제도가 집에서 죽기 어렵게 되어 있기 때문이다. 집에서 사망하면 다음과 같은 절차를 거쳐야 한다.

첫째, 환자가 사망 시점에 이르렀을 때, 사망이 가까워졌음을 판단할 수 있는 의료진이 집에 없다. 그것은 의사와 간호사 방문 제도가 없기 때문이다. 우리나라에서 의료진의 방문 재가치료, 재가호스피스는 이제 시작 단계이고, 그것도 병원과 연계된 조건에서만 제한적으로 허용되고 있다.

둘째, 전문 의료 지식이 부족한 가족 구성원들은 환자가 사망 시점에 이르기 전에 119서비스를 이용해 환자를 병원 응급실로 옮기게 된다. 사망 시점을 판단할 수 없고 불안하기 때문이다.

셋째, 법과 제도에 따르면 환자가 집이나 요양원에서 사망한 경우 사망 확인부터 시신 안치까지 대단히 번잡한 절차를 거쳐야 한다. 가족들이 119구급대와 경찰(112)에 신고한 후 두 기관의 확인이 끝나면 과학수사대가 와서 다른 범죄 혐의가 없음을 확인하고, 시신 확인 의사(검시의)의 사망 확인을 받아야 한다. 이때 검시의가 집으로 올 수도 있지만, 많은 경우 의사들이 근무하는 의원 앞에 혹은 대형 병원 응급실 앞에 시신 이송 차량을 대기시키면, 담당 의사가 바깥으로 나와서 사망을 확인한다. 그제야 비로소 망자는 시신 안치실로 이동할 수 있게 된다.

이에 반해 환자가 병원에서 사망하면, 대부분 바로 의사의 사망 확인 후에 병원 장례식장에 있는 시신 안치실로 이송이 가능하다. 장례 절차 역시 병원 영안실에서 진행될 수 있기 때문에 가족들로서는 이 방법을 선택하는 게 합리적인 셈이다. 제도가 이렇게 되어 있기 때문에 한 개인이나 가족이 원한다고 해서 집에서 편안한 죽음을 맞기가 어려운 것이다.

"가족들이 지켜보는 가운데" 죽음을 맞이하고 싶다는 희망은 어떨까? "가족들이 지켜보는 가운데"라는 환자 본인과 가족들의 희망은 마땅히 이뤄질 것 같지만 현실은 녹록하지 않다. 우선 대다수 노인들이 자식들과 떨어져 살고, 대부분의 자식들이 일을 하고 있기 때문에 임종이 가까웠다고 해서 환자 곁에서 24시간 대기하기가 어렵다. 집에 머물던 환자는 상태가 나빠지면 응급실을 거쳐 병원에 입원한다. 이 경우 중환자실에 입원하지 않으면 다행이다. 만성질환으로 치료가 어려운 고령 환자의 경우 응급실에서 트리아지[5]라는 이름으로 회피 대상이 되

5) 트리아지(triage)는 환자를 분류한다는 프랑스어에서 유래했다. 전쟁이나 재난 상황에서 살릴 수 있는 환자의 우선순

거나 진료 우선순위에서 밀리게 마련이다. 집과 응급실, 요양원과 응급실 사이를 왕복하는 일은 한 번으로 끝나지 않고 수차례 반복된다.

〈그림 15〉 웰다잉을 위한 제도적 기반

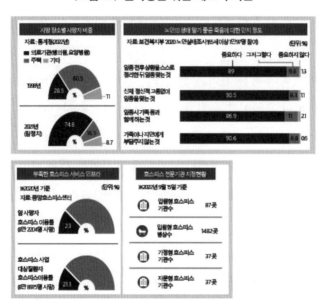

자료: 한국보건사회연구원, 「웰다잉을 위한 제도적 기반 마련 방안」(2019)

유신혜, 김정선 교수는 2022년 7월, 서울대병원 응급실에서 사망한 환자 222명(2018년부터 2020년)을 대상으로 말기 의료 현황을 분석한 보고서를 발표했다(『동아사이언스』, 2022. 7.). 임종 전 24시간 동안 응급실에서 중증 치료를 받은 환자가 39.6%로, 이들이 받은 중증 치료는 심폐소생술(27.5%), 인공호흡기 치료(36%)였고, 소수의 환자가 혈액투석과 체외막산소요법[6] 치료를 받은 것으로 나타났다. 이들 중증 치료를 받은 대부분의 환자는 혈액검사(92.3%)와 승압제 투여(62.6%)를 받은 것으로 나타났다. 반면 임종 전 24시간 동안 마약성 진통제 등 편안

위를 정하는 응급 대응을 위한 환자 분류 체계를 의미한다. 한국도 '즉각적 처치'(파랑), '빠른 처치'(빨강), '위험한 상황으로 이행 가능성'(노랑) 등 5단계로 구분하고 있다.

6) 코로나19 유행을 계기로 잘 알려진 체외막산소요법(ECMO, ExtraCorporeal Membrane Oxygenation)은 심장이나 폐의 기능이 저하되어 생명 유지가 어려울 경우, 환자의 혈액을 몸 밖으로 뽑아내 산소를 주입한 뒤 다시 몸 안으로 넣어 줌으로써 심장 및 폐의 기능을 도와주는 장치를 가리킨다.

한 증상 조절을 받은 환자는 31.5%에 불과했다. 환자가 응급실을 통해 중환자실로 옮겨지면 온갖 의료기에 둘러싸이게 된다. 가족 면회도 제한되고 가족들과 이야기를 나누기도 어렵게 된다. 이 시점에서 사전연명의료 의향서 작성 여부가 중요한데, 2022년 기준 사전연명의료 의향서 작성 비율은 전체 사망자의 5.9%에 불과하다.

대형 병원에서는 임종이 임박한 경우, 별도로 마련된 임종실이나 1인 병실로 옮겨 주기는 하지만, 임종 하루, 이틀 전인 경우가 많다. 이때 환자는 이미 의식이 희미해져 있을 것이다. 호스피스 병동에 입원한 경우, 환자의 상태를 지켜보면서 통증을 관리하므로 환자는 정신적 위안을 받으면서 죽음을 맞을 수 있다. 그러나 2022년 기준 호스피스 병동 입원율은 12% 정도에 불과하다.

"가족들이 지켜보는 가운데" 죽음을 맞이하고 싶다는 희망을 이루려면 환자, 가족, 의료진이 죽음에 대해 소통할 준비를 해야 한다. 사망에 이르기 3개월 전, 6개월 전, 임종이 임박했을 때 의식이 명료한 상태에서 가족 및 친지들과 이야기도 나누고 '못 했던 말'도 나누면서 기억을 공유하는 시간을 가지려는 의지가 있을 때만 "가족들이 지켜보는 가운데 맞이하는 편안한 죽음"이라는 희망을 실현할 수 있다. 그러나 우리에게는 환자의 임종이 임박한 시점에서 환자나 가족들이 살아온 생애와 죽음에 대해 이야기를 나누는 문화적 풍토가 없다.

대다수 사람들이 "질병과 고통 없이" 죽기를 희망하지만, 앞서 보았듯이 건강수명 이후 10년 정도는 2가지 이상의 질병을 앓고 있고, 65세 이상 노인의 45%가량이 건강 상태에 대해 그다지 좋지 않다고 스스로 평가하고 있다. "크게 아프지 않고"라는 희망도 누구에게나 찾아오는 행운은 아닌 셈이다. 또한 노인들은 고통 없는 죽음을 기대하지만 실제로는 많은 사람들이 죽어 가는 과정에 진통제를 쓰는 것에 거부감을 가지고 있다.

"스스로 정리하는 임종"의 경우, 무엇을 정리해야 한다고 생각하는지, 무엇을 정리할 계획을 가지고 있는지 불확실하지만, 현실에서는 환자의 뜻을 정리한 유언을 남기거나, 유서를 작성하는 경우는 별로 없다. 또한 의식이 명료한 상태에서 가족과 친지들과 '아름다운' 이별을 하는 경우도 아주 드물다. 생전 장례식을 치렀다는 게 뉴스로 보도될 정도이다.

이처럼 좋은 죽음에 대한 희망과 현실에서의 죽음 사이에는 커다란 괴리가 있다. 생애 마지막 단계에서 우리가 희망하는 좋은 죽음을 맞이하려면 무엇보다 임종이 가까워지기 3개월 혹은 6

개월 전에 어떻게 임종을 맞이할지, 어떤 치료와 의료적 돌봄을 받을지에 대한 환자 당사자의 인식과 자율적 결정, 가족들과 소통을 통해 본인이 내린 결정에 대한 동의가 관건이라 할 수 있다. 동시에 이러한 결정과 선택 과정에서 의료진의 정보 제공과 배려적 소통이 대단히 중요하다.

동향 7. 물질적 삶의 마무리로서 노년의 경제생활

노년에 이르러 자신이 살아온 생애를 경제적 측면에서 되돌아보면 많은 기복이 있었음을 깨닫게 된다. 취업을 통해 첫 봉급을 받은 것을 시작으로 승진, 전직, 실업 등의 사건들이 놓여 있고, 결혼, 이혼, 사별, 재혼, 별거 그리고 자녀의 출산, 성장, 결혼, 그리고 가족의 질병, 사고, 사망 등등 수많은 계기를 통해 경제적 삶에 희망과 좌절, 성공과 실패가 생겨난다. 이 사건들은 본인의 결정과 선택에 직접 영향을 받는다. 여기에 회사의 파산, 경기 침체, IMF 외환위기, 부동산 가격 급등 등과 같은 사회적 사건들은 개인 생애사를 규정하는 변수로 작용한다. 이러한 사회 공동체 안에서 개인은 여러 가지 희망과 좌절의 언덕을 오르내리면서 노년에 이른다. 50년 남짓 고도성장 이후 선진국 초입에 서 있는 한국 사회에서 900만 명에 이르는 베이비부머들의 은퇴가 시작되었고, 이들 앞에는 20~30여 년의 여생을 어떻게 보내야 하는지, 어떻게 삶을 마무리해야 하는지라는 과제가 놓여 있다.

『가계금융복지조사』(2022)에 따르면 한국인의 예상 은퇴 연령은 68.0세이고 실제 은퇴 연령은 62.9세로 나타났다. 희망하거나 예상하는 은퇴 시기보다 실제로 5년 이상 빨리 은퇴가 이뤄지는 셈이다. 이 조사에서 가구주가 은퇴하지 않은 가구(전체 조사 가구의 83.0%)에서 가구주와 배우자의 노후 준비가 "아주 잘되어 있다"와 "잘되어 있다"고 대답한 경우는 8.7%, "보통이다"라고 답한 경우가 38.7%였다. "잘되어 있지 않다"고 답한 가구가 38.6%, "전혀 준비가 되어 있지 않다"고 답한 가구가 14%였다. 가구주가 은퇴한 가구들에게 생활비 충당 정도를 물었을 때 '여유 있는' 가구는 10.3%, '부족한 가구'는 39.1%, '매우 부족한 가구'는 18.1%로 나타났다.

우리나라의 노인들의 경제 상태는 2021년 기준으로 결코 좋다고 할 수 없다. 빈곤한 노인 비율이 너무 높고, 자산과 소득의 불평등이 개선되고 있지 못한 것이다. 〈그림 16〉은 66세 이상 은퇴 연령층의 상대적 빈곤율 추이를 보여 준다. 그림에서 보듯 시장소득만으로 따져 볼 때 상대적 빈곤율이 60%에 달하고, 처분가능소득(공적 이전소득 이후)으로는 40%에 달하는 것으로 나타났다. 추세적으로도 상대적 빈곤율은 2011년 이래 조금씩 증가하고 있다. 시장소득에서 벌어진 빈곤율 격차가 연금과 복지 지원을 통해 완화되고 있음을 알 수 있다. 국제적 수준에서도 〈그림 17〉에서 나타나듯 한국은 특히 노인 빈곤율이 43.2%에 달해, 미국 23%, 영국 15.5%, 캐나다 12.3%, 프랑스 4.4%와 비교해서 압도적으로 높은 수치를 보인다. 한국 사회에서 노년층의 절반 정도가 불행한 삶의 조건에 놓여 있는 셈이다. 이렇기 때문에 많은 노인들이 늦은 나이까지 일을 하고 있다.

〈그림 16〉 은퇴 연령층(66세 이상) 상대적 빈곤율 추이, 2011~2020년

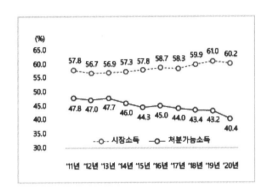

자료: 통계청, 『사회조사』(2021)

〈그림 17〉 OECD 주요 국가 은퇴 연령층의 상대적 빈곤율(중위소득 50% 이하), 2019년

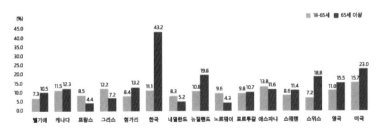

자료: OECD, 『Social and Welfare Statistics』(2022. 9. 4.)
* 주: OECD 주요 국가의 65세 이상 은퇴한 노인의 상대적 빈곤율은 2019년 기준

노인 인구의 절반 정도가 경제적으로 어려운 상태에 놓여 있기 때문에 65세 이상 노인 중 일하는 사람, 일을 하고 싶은 사람의 비율이 지난 10년간 지속적으로 늘어나고 있다. 통계청 「경제활동인구조사」(2022)의 '고령자(65세 이상) 고용 현황'에서 보듯 전체 노인 850만 명(2021년 기준) 중 약 300만 명(노인 인구의 35%)이 일을 하고 있었다. 2012년 30%에서 지속적으로 늘어나고 있음을 알 수 있다. '일하기를 희망하는 노인'의 수도 대단히 높게 나타난다. 65세 이상 79세 고령자 중 54.7%는 취업 의사가 있고, 이 중 많은 사람들이 생활비에 보탬이 되기 때문이라고 답했다.

〈그림 18〉 고령자(65세 이상)의 고용 현황, 2012~2021년

자료: 통계청, 「경제활동인구조사」(2022)

이번에는 늦은 나이까지 일하는 노인들의 노후 생활에 필요한 생활비 지출을 보자. 통계청의 「사회조사」에 따르면 65세 이상 노인들의 생활비 마련 방법은 2021년 기준 본인과 배우자가 65.0%, 자녀 및 친척 17.8%, 정부와 사회단체가 17.2%로 나타났다. 본인 및 배우자의 생활비는 근로소득과 사업소득이 48.3%, 연금과 퇴직금 35.1%, 재산소득이 10.5%를 차지했다. 이들 수치를 2011년과 비교해 보면 자녀와 친척의 도움이 가장 크게 떨어졌고, 정부와 사회단체를 통한 수입이 9.1%에서 17.2%로 늘어났음을 알 수 있다. 저소득층과 빈곤층에 대한 국가의 복지 지출이 크게 늘어난 것이다.

한국고용정보원이 2006년 이후 격년으로 실시하고 있는 「고령화연구패널 기초분석 보고서」에 따르면, 지난 15년간 노인들의 삶의 상태는 크게 나빠지지도 않고 크게 좋아지지도 않은 상태를 유지하는 것으로 보인다. 〈표 6〉에서 보듯 자신의 건강 상태는 2020년(〈표 6〉에서 8차로 표시) 59.9점이었고, 자신의 경제 상태 57.7점, 배우자와의 관계 68.6점, 자녀와의 관계

70.7점으로 나타났고, 전반적인 삶의 질은 63.5점으로 평가했다. 가족 관계에서는 낙제점을 넘어섰지만, 건강과 경제 상태에는 좋은 점수를 주지 않은 것이다.

〈표 6〉 생활 만족도 추이: 2~8차, 2022년(단위: 점)

구분	2차	3차	4차	5차	6차	7차	8차
자신의 건강상태	56.1	56.2	56.2	58.4	59.5	58.9	59.9
자신의 경제상태	50.4	52.5	54.0	53.4	56.1	56.5	57.7
배우자와의 관계	68.1	67.8	66.9	66.5	68.2	68.1	68.6
자녀와의 관계	69.8	69.6	68.8	68.2	69.7	69.7	70.7
전반적인 삶의 질	60.4	60.8	59.7	60.1	62.2	62.8	63.5

자료: 한국고용정보원, 「고령화연구패널 기초분석 보고서」(2022)

이상에서 노년층의 경제 상태와 노후 생활에 대한 만족도가 낮은 현실을 살펴보았다. 삶을 아름답게 마무리하기 위해 최소한의 인간다운 생활을 영위할 수 있어야 하는데, 이 점에서 한국의 노인들은 대체로 편안하지 않은 셈이다. 의식주와 건강한 삶을 위한 조건이 갖춰져야 물질적, 정신적 삶의 마무리를 위한 준비가 가능한 것이다.

동향 8. 노인들의 보유 자산 사용 추세

노인들은 자신이 보유한 자산을 생전과 사후에 어떻게 사용하고자 하는 것일까? 〈그림 19〉에서 보듯 보유 자산의 다소를 막론하고 50~60%의 노인들이 본인이 사용하겠다고 답했고, 45~50%의 노인들이 상속하거나 생전 증여하겠다는 의사를 가졌다. 남녀별로는 여성이 "본인이 사용하겠다"는 비율이 남자보다 높게 나타났다. 여성들이 남자들에 비해 수명이 6년 이상 길기 때문에 본인 사용이 더 많을 것으로 추론할 수 있을 것이다. 사회에 기부하겠다는 응답은 소득, 남녀, 은퇴 여부, 연령에 관계없이 2.5%라는 낮은 수치를 보였다. 이런 자산 사용에 관련된 의견 이외에 왜 상속이나 증여에 관심을 가지지 않는지를 물어보았다. 〈그림 20〉에서 보듯 "상속할 만큼 충분한 자산이 없어서"라고 응답한 사람이 58.8%, "미리 생각할 만큼 자산이 풍족하지 않아서"가 47.5%에 달했다. 그다음이 "아직 건강해서 상속에 대해 생각해 보지 않아서"가 24.4%였고, "내가 다 쓰거나 기부할 것이어서"가 8.6%였다.

자산이나 소득이 높은 노인들의 상당수가 상속할 만큼 자산이 많지 않기 때문에 상속이나 증여를 생각하지 않았다고 답했다.[7] 「고령화연구패널 기초분석 보고서」(공개 시점 2021년 12월)에 따르면 2020년 8차 조사에서 자가 가구의 집 가격은 2억 6천만 원이고, 전세금은 9천5백만 원이었다. 거주하는 주택 이외에 소유한 자산의 규모는 3억 3천만 원이었고, 금융자산은 4천8백만 원으로 나타났다. 「고령화연구패널 기초분석 보고서」는 또 노인 세대들에게 '주관적 기대감'이란 주제 아래 ① 유산 및 상속 ② 일자리 기대감 ③ 기대수명 ④ 생활수준 ⑤ 노후 안정 등의 질문을 통해 한국 사회 노인들이 예상하는 노년의 생활에 대한 기대치를 분석했다. 유산 및 상속 관련해서는 "현재 소유한 재산을 모두 합하여 생각했을 때, 나는 1억 원 이상의 유산을 남길 수 있을 것 같다", "나는 1억 원 이상의 유산을 받을 수 있을 것 같다"는 항목에 100점 만점에 점수를 부여하도록 했다. 일자리 기대감은 "나는 앞으로 돈벌이가 되는 일을 할 수 있을 것 같다" 등을 포함해서 3개 항목, 기대수명은 "나는 85세까지 살 수 있을 것 같다" 등 8개 항목, 생활수준은 "자식 세대가 우리 세대보다 더 나은 경제적·사회적 환경에서 살 수 있을 것 같다" 등 2개 항목, 노후 안정은 "나라는 혹은 국민건강보험제도는 나의 노후 생활 안정에 도움이 될 것 같다" 등 5개 항목에 점수를 매기도록 했다. 그 결과 〈표 7〉에서 보듯 2022년 기준 시점으로 유산에서 25.9점, 일자리 기대감에서 44.4점, 기대수명에서 58.2점, 생활수준에서 54.6점, 노후 안정에서 54.2점을 나타냈다. 유산 기대, 일자리 기대감, 기대수명은 지난 10년간 지속적으로 낮아지고, 생활수준은 현상 유지, 노후 안정은 지속적으로 약간 높아지는 추세를 보인다.[8]

---

7) 여기에서 조사 항목의 설문이 중복되고 애매하다는 점을 지적할 필요가 있다.

8) 왜 대부분의 노후 생활에 대한 기대감이 낮아지고 있는지에 대한 분석은 이 보고서의 몫을 넘어선다. 예를 들어 1차 조사 시점인 2006년과 8차 조사 시점인 2020년 사이에 15년 격차가 있기 때문에 수명이 길어져 고령 노인 인구가 늘어난 점도 있고, 노년층의 경제적 상태가 전반적으로 좋지 않기 때문일 수도 있을 것이다. 내밀히 복합적인 원인이 이들 조사 수치에 내재되어 있어, 별도의 세밀한 분석이 필요할 것이다.

<표 7> 주관적 기대감 추이: 1~8차, 2022년(단위: 점)

구분	평균							
	1차	2차	3차	4차	5차	6차	7차	8차
유산	32.9	33.9	32.6	35.1	22.0	23.0	24.8	25.9
일자리 기대감	78.1	43.2	44.4	42.5	44.2	43.6	45.1	44.4
기대수명	65.0	60.6	58.1	57.1	57.0	57.9	58.0	58.2
생활수준	53.9	54.5	54.9	54.4	54.1	55.5	56.0	54.6
노후안정	28.0	45.8	45.7	47.0	50.3	50.3	54.1	54.2

자료: 한국고용정보원, 「고령화연구패널 기초분석 보고서」(2022)

<그림 19> 보유 자산의 향후 사용처

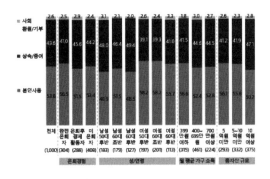

자료: 한국고용정보원, 「고령화연구패널 기초분석 보고서」(2022)

앞에서 보았듯 한국의 노인들은 순자산 4억 원 정도였고, 금융자산이 4천만 원 정도였다. 다른 조사에서 나타난 자료이기는 하지만 중년 노년층에게 현재 가지고 있는 재산을 어떻게 상속 혹은 처분할 것인지에 대해 물었다.

은퇴 여부에 관계없이, 가구소득, 총자산 규모 등에 관계없이 대부분의 한국 노인들은 본인이 사용하고 상속/증여하겠다고 대답했다. 사회 환원/기부는 연도별로 조금씩 다르기는 하지만 대체로 2.5% 안팎으로 나타났다. 남녀별로는 여성이 '본인이 사용하겠다'라는 비율이 남자보다 높게 나타났다. 조사 보고서에서는 언급이 없지만, 여성들이 남자들에 비해 수명이 6년 이상 길기 때문에 본인 사용이 더 많을 것으로 추론할 수 있을 것이다. 상속 증여계획이 없는 까닭을 물었을 때, 대다수의 응답자들이 "상속할 만큼 충분한 자산이 없어서"(58.8%), "미리 생각할 만큼 자산이 풍족하지 않아서"(47.5%)로 답했다.

〈그림 20〉 상속 · 증여 계획이 없는 이유

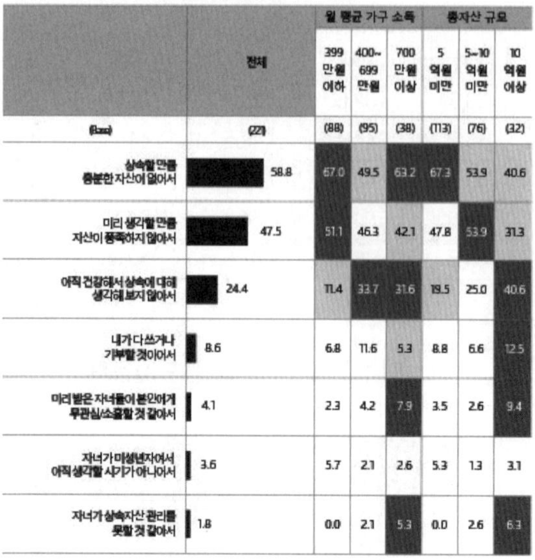

	전체	월 평균 가구 소득: 399만원 이하	월 평균 가구 소득: 400~699만원	월 평균 가구 소득: 700만원 이상	총자산 규모: 5억원 미만	총자산 규모: 5~10억원 미만	총자산 규모: 10억원 이상
(Base)	(221)	(88)	(95)	(38)	(113)	(76)	(32)
상속할 만큼 충분한 자산이 없어서	58.8	67.0	49.5	63.2	67.3	53.9	40.6
미리 생각할 만큼 자산이 풍족하지 않아서	47.5	51.1	46.3	42.1	47.8	53.9	31.3
아직 건강해서 상속에 대해 생각해 보지 않아서	24.4	11.4	33.7	31.6	19.5	25.0	40.6
내가 다 쓰거나 기부할 것이어서	8.6	6.8	11.6	5.3	8.8	6.6	12.5
미리 받은 자녀들이 본인에게 무관심/소홀할 것 같아서	4.1	2.3	4.2	7.9	3.5	2.6	9.4
자녀가 미성년자여서 아직 생각할 시기가 아니어서	3.6	5.7	2.1	2.6	5.3	1.3	3.1
자녀가 상속자산 관리를 못할 것 같아서	1.8	0.0	2.1	5.3	0.0	2.6	6.3

전체대비 ■:+3.1%p이상/ ■:-3.1%p이하

자료: 한국고용정보원, 「고령화연구패널 기초분석 보고서」(2022)

그리고 “아직 건강해서 상속에 대해 생각해 보지 않아서”라고 답한 사람들이 24.4%로 나타났다. 이런 조사 결과는 한국의 노인들이 전체적으로 자신들이 축적한 재산을 사는 동안 쓰고 자녀들에게 상속하는 걸 당연시하고 있음을 보여 준다. 부분적으로라도 사회 기부를 하겠다는 비율이 대체로 2.5% 안팎에 불과하였다. 사회적 기부에 대한 참여 의사가 대단히 낮다는 사실은 통계청이 매년 조사하는 사회조사(물론 이것은 전 연령층을 대상으로 한 자료이지만)에서도 나타난다. 2021년 사회조사에서 “기부 경험 및 향후 기부 의사가 있는가”라고 물었을 때 기부 경험이 있는 사람들이 21.6%였다. 2011년 36.4%였던 수치가 매년 줄어들어 15% 정도가 낮아진 결과이다. “기부 의사가 있는가”라고 물었을 때 2011년 45.8%가 그렇다고 답한 반면, 2021년에는 37.2%로 낮아진 결과를 보였다.

이상의 결과는 한국의 유산상속은 가족중심주의를 토대로 하고 있으며, 더불어 나누는 사회에 대한 인식은 대단히 낮은 상태에 머물러 있음을 보여 준다. 또한 노년층 전반에 나타나고 있는 자산과 소득 불평등으로 인해 상위 20%의 상층 노인들을 제외하면 대다수가 윤택한 삶을 살기 어려운 불안한 경제 상태에 놓여 있으며, 하위 40%의 노인들은 생존조차 어려운 상황에서 살아가고 있다고 할 수 있다. 이러한 경제생활의 조건에서 상속이나 유서를 쓰는 일에 대해 상당수의 노인들이 미리 준비할 여유가 부족하다고 할 수 있다.

<그림 21> 기부 경험, 2021년　　　　〈그림 22〉 기부 의사, 2021년

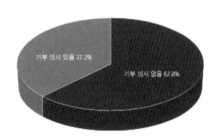

자료: 통계청, 『사회조사』(2021)

마무리하며

고령화가 급속히 진행되고 있는 한국 사회에서 우리들 모두 즐거운 노년과 편안한 죽음을 희망한다. 개개인들은 자신의 가치관에 따라 어떻게 노년의 삶을 영위하고 죽음을 맞이할 것인지 미리 준비해야 한다. 삶을 아름답게 마무리하기 위해 자신의 생애를 되돌아보고, 소중한 추억과 사랑을 기억하고 또 감사의 말을 전하는 일은 대단히 중요하다. 어떻게 죽음을 맞이하고 자신이 생애를 통해 축적한 정신적 유산과 물질적 유산을 정리하는 일도 중요하다. 이렇게 개인적 수준에서 삶의 마무리를 위한 준비를 제대로 하기 위해서는 사회적으로 노년과 죽음을 지원하는 제도를 구축해야 하고, 노년과 죽음을 회피의 대상이 아니라 삶의 의미를 성찰하는 계기로 여기는 문화적 풍토를 만들어 나아갈 필요가 있다.

이런 점에서 지난 10여 년간 우리 사회에서 진행되고 있는 고령 사회 담론은 '사회적 부담을 어떻게 덜 것인가'라는 경제적 제도적 효율성에 맞춰져 있었다. 한국은 선진국임을 자랑하지만, 개개인의 삶의 질과 삶의 의미에 대한 성찰은 부재하거나 발붙일 곳이 없다고 할 수 있다. "사회가 늙어서 큰일이다"라는 말을 거리낌 없이 하는 사회는 존중과 배려가 있는 고령 사회

를 상상할 수 없다. 개인적 사회적 수준에서 웰다잉에 대한 문화적 제도를 마련하려면 사실과
자료에 근거한 분석과 공동체 구성원들인 우리 모두의 자기 성찰이 있어야 한다.

각론

연명의료결정제도 시행, 그 후 5년

● 김경숙

우리 사회에서 죽음에 대한 자기 결정권을 행사할 수 있는 「연명의료결정법」(「호스피스·완화의료 및 임종 과정에 있는 환자의 연명의료 결정에 관한 법률」)이 시행(2016. 2. 제정, 2018. 2. 시행)된 지 5년이 되어 가고 있다. 「연명의료결정법」은 1997년 보라매병원 사건 이후 근 20년간의 논쟁과 논의를 통하여 제정되었으며, 시행 이후 2회에 걸친 법 개정을 통해 지속해서 문제점을 보완해 오고 있다. 지난 5년간 사전연명의료 의향서를 작성한 사람이 157만 명을 넘어서고 25만여 건 이상의 연명의료 중단이 시행되는 등 많은 성과를 보이고 있으나, 아직은 19세 이상 대상자의 3.6% 정도만 사전연명의료 의향서를 작성한 상태이다. 2021년에 실시한 설문 조사에 의하면, 연명의료결정제도에 대한 국민의 인지도는 82%로 비교적 높게 나타났지만, 제도에 대해 잘 알고 있다는 응답자는 34%에 불과해 아직도 많은 홍보가 필요한 실정이다.

이러한 상황에서 최근 때 이른 '조력존엄사법'이 「연명의료결정법」의 개정안으로 국회에 발의되어 향후 많은 논란과 논의를 불러일으킬 것으로 생각된다. 그러나 조력 존엄사 논의 이전에 현행법의 문제점을 파악하여 개선하는 것이 우선일 것이다. 여기에서는 그간 「연명의료결정법」의 시행 성과를 먼저 살펴본 후, 법의 주요 내용과 시행상의 문제점 및 제시되고 있는 개선점을 짚어 보고자 한다. 마지막으로 최근 발의된 조력존엄사법에 대해서도 살펴볼 것이다.

1. 연명의료 결정과 이행 성과

    연명의료결정제도가 시행된 지 5년이 되어 가는 2022년 12월 말 기준, 사전연명의료 의향서는 19세 이상 인구의 3.6%에 해당하는 1,570,336건이 작성되었다. 성별로는 여성이 1,076,968건, 남성이 493,368건으로 여성이 2배 이상 많이 작성하였다. 연령별로는 70~79세가 42.9%로 가장 많고, 60~69세가 26.1%, 80세 이상이 18.5% 순으로 60세 이상이 전체의 87.5%를 차지하고 있다. 연령대별 인구 대비 작성자의 비율은 70~79세가 17.6%로 가장 많으며, 다음으로 80세 이상이 13.0%, 60~69세가 5.6%로, 60세 이상의 인구 중 작성자의 비율도 10.8% 정도에 불과한 것으로 나타났다.

〈표 1〉 사전연명의료 의향서 등록자 수(~2022. 12. 31.)

		30세 미만	30~39세	40~49세	50~59세	60~69세	70~79세	80세 이상	계
등록자수	전체	4,288 (0.3%)	9,083 (0.6%)	42,107 (2.7%)	140,614 (8.9%)	409,918 (26.1%)	673,362 (42.9%)	290,964 (18.5%)	1,570,336 (100%)
	남	1,448	2,844	12,827	42,467	119,315	215,103	99,364	493,368 (31.4%)
	여	2,840	6,239	29,280	98,147	290,603	458,259	191,600	1,076,968 (68.6%)

자료: 국립연명의료관리기관, 『월별통계』, https://www.lst.go.kr/comm/monthlyStatistics.do

    연명의료 계획서는 병원에서 환자들이 작성하는데, 103,819건 작성되었으며, 남성이 64,696건으로 여성 39,123건 대비 1.7배에 달했다. 연령별 분포를 보면 60~69세 27.4%, 70~79세 27.1%, 80세 이상 19.5%, 50~59세 17.5% 순으로, 50세 이상 연령대에서 골고루 작성하는 것으로 나타났다. 의료기관별로는 상급 종합병원 65.7%, 종합병원 32.4%로, 98% 이상이 종합병원 이상에서 작성되었다.

<표 2> 연명의료 계획서 등록자 수(~2022. 12. 31)

		30세 미만	30~39세	40~49세	50~59세	60~69세	70~79세	80세 이상	계
등록자수	전체	401 (0.4%)	1,611 (1.6%)	6,738 (6.5%)	18,214 (17.5%)	28,444 (27.4%)	28,132 (27.1%)	20,279 (19.5%)	103,819 (100%)
	남	224	683	3,248	11,075	19,543	18,879	11,044	64,696 (62.3%)
	여	177	928	3,490	7,139	8,901	9,253	9,235	39,123 (37.7%)

자료: 국립연명의료관리기관, 『월별통계』, https://www.lst.go.kr/comm/monthlyStatistics.do

연명의료 중단 등 결정이 이행된 사례는 256,377건으로 시행 초기(2018. 2.) 1,380건에서 254,997건이 증가하였다. 이는 지난 5년간 의료기관 내 사망자의 25% 정도에 해당한다. 이 중 연명의료 계획서(83,532건, 32.6%)와 사전연명의료 의향서(15,126건, 5.9%)와 같이 본인의 의사로 결정한 비율은 38.5%를 차지한다. 본인 이외에 가족이 결정한 경우로는 의사 추정 방식(환자 가족 2인 이상의 진술)이 33.9%, 가족 전원 동의를 통한 대리 결정이 27.6%였다. 시행 초 연명의료 계획서 37.1%, 의사 추정 방식 26.4%, 가족 전원 동의 36.5%, 사전연명의료 의향서 0%에 비하면, 사전연명의료 의향서와 의사 추정 방식에 의한 결정이 증가한 반면, 가족 전원 동의에 의한 결정은 감소했다. 연명의료 중단 등 결정은 대부분 상급 종합병원(62.4%)과 종합병원(34.4%)에서 이루어졌으며, 이외 병원, 요양병원과 의원에서 이루어진 건수는 아직 미미하다.

<표 3> 의료기관 종별 연명의료 결정 방법 현황(~2022. 12.)

	상급 종합병원	종합병원	병원	요양병원	의원	계
연명의료 계획서	51,647	29,072	1,871	705	237	83,532 (32.6%)
사전연명의료 의향서	8,232	5,941	555	352	46	15,126 (5.9%)
의사 추정 방식 (가족 2인 이상 진술)	54,341	29,558	1,667	1,279	186	87,031 (33.9%)
가족 전원 동의	45,646	23,734	735	556	17	70,688 (27.6%)
계	159,866 (62.4%)	88,305 (34.4%)	4,828 (1.9%)	2,892 (1.1%)	486 (0.2%)	256,377 (100%)

자료: 국립연명의료관리기관, 『월별통계』, https://www.lst.go.kr/comm/monthlyStatistics.do

사전연명의료 의향서 등록 기관은 지역 보건의료기관 138개, 의료기관 144개, 비영리법인·단체 35개 및 공공 기관 238개(건강보험공단 지역본부, 지사 및 출장소 포함), 노인복지관 55개로 총 610개 기관이 지정되어 있다. 노인복지관은 2022년부터 새롭게 등록 기관으로 추가되었으며, 접근성이 좋기 때문에 앞으로 사전연명의료 의향서 등록 기관으로 점차 확대될 것으로 예상된다.

연명의료 계획서 작성이 가능한 의료기관 윤리위원회는 상급 종합병원 45개(대상 기관 45개), 종합병원 185개(대상 기관 327개), 요양병원 97개(대상 기관 1,447개)로 전체적으로 18% 정도 설치된 것으로 나타났다. 그러나 종합병원 이상(상급 종합병원 100%, 종합병원 56.6%)에 편중되어 있고, 요양병원에 설치된 비율이 6.7% 정도에 불과하여 요양병원 사망자의 자기 결정권이 보장받지 못하고 있다. 정부는 직접 윤리위원회를 설치하고 운영하기 어려운 중소 병원들의 참여를 돕기 위해 전국 12개의 상급 종합병원에 공용 윤리위원회를 설치·운영하여, 공용 윤리위원회와 업무 위탁 협약을 맺은 의료기관은 연명의료 중단 등 결정 및 이행에 관한 업무 수행이 가능하도록 하였다. 현재 위탁 협약 기관은 106개에 달한다.

65세 이상 노인을 대상으로 한 조사(2018년)에 따르면, 끝까지 연명의료를 받겠다는 사람은 17.3%에 불과하고 나머지 82.7%는 연명의료에 반대하는 것으로 나타났다. 그러나 60세 이상에서 사전연명의료 의향서를 작성한 비율은 아직 10.8%에 불과하다.

〈표 4〉 죽음을 맞고 싶은 장소에 대한 고령층의 의식(2018)

	최선의 치료를 받다가 일반 병원에서 죽고 싶다	만성질환을 잘 관리하는 요양병원에서 죽고 싶다	사회·심리적·영적 돌봄을 받는 호스피스 시설에서 맞고 싶다	전문적인 간병을 해 주는 장기요양시설에서 맞고 싶다	가족이나 간병인의 도움을 받고 자신의 집에서 맞고 싶다
65~74세	17.9%	22.2%	21.2%	19.0%	19.7%
75~84세	17.3%	24.5%	20.2%	16.1%	22.0%
85세 이상	13.3%	25.1%	22.3%	14.5%	24.7%
평균	17.3%	23.2%	21.0%	17.6%	20.9%

자료: 「스스로 결정하는 삶의 마무리 필요성 및 종합적 제도 지원 방안」,
『저출산고령사회위원회/서울대학교산학협력단 연구결과보고서』(2021. 12.), p.33

또한 국립연명의료관리기관에서 2회(2019년과 2021년)에 걸쳐 실시한 대국민 설문 조사 결과, 연명의료결정제도에 대한 인지도는 점점 높아지고 있다. 2021년 설문 조사에 따르면 제도에 대한 국민의 인지도가 82.3%로 2019년(74.2%)보다 상승한 것으로 나타났으나, 응답자의 33.6%(2019년 10.5%)만이 제도에 대해 잘 알고 있다고 답하여, 좀 더 적극적인 홍보가 필요한 실정이다. 연명의료 결정 방법으로는 본인이 스스로 하고 싶다는 응답이 42.3%로, 이는 2019년(20.6%)보다 대폭 상승하여 자기 결정권에 대한 인식이 높아졌음을 보여 준다. 사전연명의료 의향서 미작성자 중 향후 작성할 의향이 있다는 응답은 59.6%로 2019년(37.6%)에 비해 크게 증가했다. 그러나 아직 사전연명의료 의향서 작성률이 3.6% 정도에 그치는 등 성과가 미미한 실정이므로, 노인복지관과 보건소 등의 적극 참여로 지역 접근성을 높이고 건강보험공단의 건강 검진 시 사전연명의료 의향서에 대한 설명과 신청이 가능하도록 하는 등 제도적 보완이 필요하다.

2. 법의 주요 내용

「연명의료결정법」은 2018년 2월 시행된 이후 2번의 개정을 거쳐 보완되었다(2018. 11., 2021. 12. 개정). 「연명의료결정법」에서 연명의료 결정과 관련된 조항을 살펴보자.

제1장에서는 입법 목적을 '환자의 최선의 이익을 보장하고 자기 결정을 존중하여 인간으로서의 존엄과 가치를 보호하는 것'으로 명시하고 있다. 그리고 용어를 다음과 같이 정의하고 있다. 연명의료 결정의 시기를 판단하는 임종 과정은 '회생의 가능성이 없고, 치료에도 불구하고 회복되지 아니하며, 급속도로 증상이 악화되어 사망에 임박한 상태'이며, 임종 과정에 있는 환자는 '담당 의사와 해당 분야의 전문의 1명으로부터 임종 과정에 있다는 의학적 판단을 받은 자'이고, 말기환자란 '적극적인 치료에도 불구하고 근원적인 회복의 가능성이 없고 점차 증상이 악화되어 담당 의사와 해당 분야의 전문의 1명으로부터 수개월 이내에 사망할 것으로 예상되는 진단을 받은 환자'이다. 또한 연명의료란 '임종 과정에 있는 환자에게 하는 심폐소생술, 혈액 투석, 항암제 투여, 인공호흡기 착용 및 그 밖에 대통령령으로 정하는 의학적 시술[체외생명유지술(ECLS), 수혈, 혈압상승제 투여 및 그 외 담당 의사가 환자의 최선의 이익을 위해

시행하지 않거나 중단할 필요가 있다고 의학적으로 판단하는 시술로서 치료 효과 없이 임종 과정의 기간만을 연장하는 것'이고, 연명의료 중단 등 결정은 '임종 과정에 있는 환자에 대해 연명의료를 시행하지 아니하거나 중단하기로 하는 결정'으로, 연명의료의 중단뿐 아니라 유보를 포함했다. 연명의료 계획서는 '말기환자 등의 의사에 따라 담당 의사가 환자에 대한 연명의료 중단 등 결정 및 호스피스에 관한 사항을 계획하여 문서로 작성한 것'이며, 사전연명의료 의향서는 '19세 이상의 사람이 자신의 연명의료 중단 등 결정 및 호스피스에 관한 의사를 직접 문서로 작성한 것'이다.

제2장은 연명의료 중단 등 결정 및 그 이행에 관한 사항을 관리하기 위한 국립연명의료관리기관, 사전연명의료 의향서 등록 기관, 의료기관에 설치해야 하는 의료기관 윤리위원회 등 관련 기관과 연명의료 계획서 및 사전연명의료 의향서에 관한 내용을 담고 있다.

제3장은 연명의료 중단 등의 결정을 이행하는 과정에 대한 내용을 포함하고 있다. 연명의료 중단 등 결정을 이행하기 전에 담당 의사와 전문의 1명이 환자가 임종 과정에 있는지를 판단해야 한다. 환자가 연명의료 계획서 및 사전연명의료 의향서를 작성하지 않고, 의사를 표현할 수 없을 때는 환자 가족 2명 이상이 환자의 의사가 연명의료 중단을 원한다고 일치된 진술을 하는 경우 이를 환자의 의사로 보며, 환자의 의사를 확인할 수 없을 때는 가족 전원이 동의한 경우에 연명의료 중단 등의 결정이 가능한 것으로 하고 있다. 동의가 필요한 가족은 배우자, 1촌 이내의 직계 존비속, 2촌 이내의 직계 존비속, 형제자매의 순으로 정하고 있다. 단, 연명의료 중단 결정 등의 이행에서 통증 완화, 영양분과 물 공급, 산소의 단순 공급은 중단해서는 안 되도록 했다.

3. 제도 운영 및 개선 실태

정부는 연명의료결정제도의 확립을 위해 5년 단위로 중장기 종합 계획(1차, 2019~2023)을 수립하여, 의료기관 윤리위원회와 사전연명의료 의향서 등록 기관 설치 확대, 대국민 홍보 및 관련자 교육 등에 주력하고 있다.

의료기관의 참여를 활성화하기 위해 2022년부터 연명의료 결정 관련 수가를 정규 수가에 편입하여, 환자의 연명의료 결정 과정에서 소요되는 시간과 노력에 대해 정규 수가를 반영하게 되었다. 상급 종합병원에서 연명의료 중단이 결정된 이후 요양병원으로 전원된 환자에게 연명의료 중단 과정에서 수행되는 상담에도 수가를 신규 산정할 수 있도록 하여 요양병원 등의 참여를 유도하고 있다.

전국적으로 12개소의 공용 윤리위원회를 운영, 위탁 협약 체결을 통해 중소 규모 의료기관의 참여를 독려하고 있다. 공용 윤리위원회에서는 위탁 기관에 연명의료 중단 등 결정과 이행에 필요한 심의, 상담, 교육 등의 업무를 제공하고 있다.

2021년 12월 「연명의료결정법」의 일부 개정으로 등록 기관 유형에 노인 복지관이 포함되어 현재 55개소가 지정되어 있다. 전국의 노인 복지관은 총 357개소(2021년 말 기준)이고 접근성이 좋으므로, 노인 복지관의 등록 기관 지정은 사전연명의료 의향서 작성의 활성화에 기여할 것으로 보인다.

4. 5년간의 운영에서 제기된 문제점과 개선안

연명의료결정제도가 성공적으로 정착되고 있기는 하지만, 시행 과정에서 여러 문제점이 지적되었다. 국회입법조사처는, 2021년 11월 외국 입법정책 분석 보고서에서 아시아 최초로 임종기 환자의 연명의료에 관한 권리를 법제화한 대만의 연명의료법(「안녕완화의료조례」 및 「환자자주권리법」)과 우리나라의 연명의료결정제도를 비교하면서 제도 보완을 요청한 바 있다. 그간 꾸준히 제기되었던 문제점과 개선안에 대해 살펴보자.

첫째, 연명의료 중단이 가능한 대상자를 현행 임종 과정의 환자에서 말기환자로 확대할 필요가 있다. 의료 현장에서는 질환 말기와 임종 과정을 명확히 구분하기가 쉽지 않으며, 의료기관의 수준과 담당 의사에 따라 임종 과정에 대한 견해와 판단이 달라질 수 있다. 법 제정 당시에도 의사들을 중심으로 논란이 있었으나, 환자의 범위가 넓어지면 국민적 합의점을 찾기가 어렵고, 안락사로 발전하지 않도록 예방하는 차원에서 더 이상 논의를 진행하지는 못했다.

네덜란드, 벨기에, 룩셈부르크, 캐나다, 미국, 독일, 호주, 영국, 대만, 일본 등 대부분 「연명의료결정법」을 시행하는 나라에서는 임종 과정의 환자가 아닌 말기환자를 대상으로 법을 적용하고 있다. 대만의 경우 대상 환자의 범위를 말기환자뿐 아니라 불가역적 혼수상태, 영구적 식물인간 상태와 영구적 중증 치매, 그 밖에 고통을 참기 어렵거나 질병으로부터 회복되기 어렵고 현재 의료 수준으로는 적절한 치료법이 없는 상태까지 포함하고 있다. 미국의 경우에도 불가역적 혼수상태와 영구적 식물인간 상태 등을 포함하고 있다. 최근 보건복지부는 연명의료결정제도에 대한 의견 수렴에 연명의료 중단 결정 대상자를 말기환자까지 확대하는 안을 포함시켜 법 개정의 가능성을 타진하고 있다.

둘째, 연명의료 계획서의 작성 시기를 말기와 임종 과정으로 제한하는 것이 아니라, 좀 더 일찍 작성하도록 해야 한다. 말기와 임종 과정의 환자를 대상으로 연명의료 계획서를 작성하게 되면, 논의가 너무 늦게 이루어져 실제 환자의 자기 결정권을 존중하는 의료 결정을 내리기 어렵다. 생애 말기나 임종기에 임박하여 연명의료를 결정하기보다는 건강한 상태 혹은 경중의 질환이 있는 상태에서 연명의료 계획서를 작성할 수 있도록 하거나, 일상적으로 시작하여 생애 전 주기에 걸쳐 지속적으로 진행하는 사전 돌봄 계획을 우리 제도에도 반영해야 할 필요가 있다. 사전 돌봄 계획은 환자가 삶의 마지막 시기에 더 이상 본인의 의사를 밝힐 수 없는 상황을 대비하여, 일상적으로 환자와 가족(또는 대리인), 의료진이 참여하여, 환자의 추후 건강 상태와 치료 및 연명의료 결정에 관하여 의사소통을 하는 과정이다. 미국, 유럽뿐 아니라, 대만, 일본, 싱가포르 등 아시아권의 국가에서도 사전 돌봄 계획에 대한 가이드라인을 가지고 있다.

셋째, 품위 있는 죽음을 위해서라도 환자가 선택할 수 있는 연명의료의 범위를 확대해야 한다. 즉 중단할 수 있는 연명의료에 인공 영양 및 수분 공급을 포함하는 것이다. 연명의료는 고도의 전문 지식과 특수 장치가 필요한 특수 연명의료와 인공 영양 및 수분 공급, 진통제 투여 등의 일반 연명의료로 나뉜다. 법에는 일반 연명의료가 포함되어 있지 않다. 법 제정 과정에서 많은 논란이 있었으나 종교계의 반발 등으로 법안 통과 시 특수 연명의료로 제한되었다. 법 제정 전에 수행한 국가생명윤리정책연구원의 「의료윤리 정책 보고서」(2011)에 의하면 대상자의 95% 이상이 인공적인 영양 공급을 원하지 않는 것으로 나타났다. 미국이나 다수의 유럽 국가 및 대만 등에서는 중단 가능한 연명의료에 인공 영양 및 수분 공급이 포함되어 있다.

인위적인 영양 공급을 주장하는 사람들은 환자를 굶어 죽게 할 수는 없지 않으냐고 말하지만, 이것은 건강한 사람을 염두에 둔 것이고 죽음이 얼마 남지 않은 환자에게는 오히려 고통스러운 데다 평온한 죽음을 방해하는 행위에 불과하다고 하는 의견이 많다.

넷째, 생애 말기 인간의 존엄성을 가장 잘 지켜 주는 방법은 환자의 자기 결정권을 존중하는 것이다. 환자가 연명의료에 대한 의사를 사전에 남긴 적이 없고 의식도 없어 자기 결정권을 행사할 수 없다면 가족의 의사보다는 환자의 최선의 이익을 고려해야 한다. 아무리 가족이라고 하더라도 상속이나 치료비 부담 등을 생각할 때 이해 당사자인 경우가 많이 있다. 환자 자신도 의식이 있어 판단할 수 있을 때도 가족에게 부담이 되지 않는 선택을 했을 수도 있다. 환자의 최선의 이익을 가족의 판단에만 맡길 것이 아니라 '최선의 이익'을 판단할 위원회 등을 설치할 필요가 있다.

그리고 1인 가구의 증가, 전통적인 가족구조의 해체 등 사회적 변화로 인해 발생한 무연고자를 위한 대리 결정 허용 등 제도적인 보완이 필요하다. 독거노인이나 외국인, 환자 배우자의 치매 등의 경우, 본인의 의사를 확인할 수 없으면 이 제도를 이용할 수 없게 되어 있다. 부모가 결정하게 되는 미성년자의 경우, 부모가 경제적, 철학적 이유로 연명의료 중단을 결정할 우려가 있어, 제3자가 객관적 시야를 가지고 아이들을 위한 결정이 맞는지 확인해 볼 필요가 있다.

또한 의사가 연명의료 중단에 대해 환자나 가족과 논의하는 데는 많은 시간이 소요되는데, 현재로서는 의료진이 가족 보호자를 일일이 찾아 개별적으로 만나야 하는 어려움 때문에 의사들이 이러한 논의를 기피하기도 한다. 환자나 가족이 대리인을 선정하고 위임하면 결정 과정 절차가 간소화될 것으로 기대된다. 실제로 유럽, 미국, 일본, 대만 등의 다수 국가에서는 대리인 지정을 허용한다. 특정인을 대리인으로 지정하는 '지정대리인 제도' 또는 의료기관 윤리위원회 등이 대리 결정하는 방법을 취하고 있다. 가족주의 경향이 짙은 우리나라에서는 어려움이 예상되지만 지정대리인 제도의 도입이 필요하다고 생각된다.

다섯째, 의료 현장에서 연명의료 시행 절차의 복잡성, 임종 결정에 대한 심적 부담 등의 어려움을 호소하고 있다. 바쁘게 돌아가는 의료 현장에서 여러 가지 복잡한 절차를 검토하고 가족 관계(가족관계증명서)를 확인하고 임종 과정에 있는 환자 판단서, 연명의료 중단 등 결정

이행서 등의 서류를 작성하고 전산에 등록하는 절차는 긴급을 요하는 연명의료 결정에 큰 장애가 된다. 따라서 이러한 절차를 간소화하는 개선이 필요하다.

또한 의료기관 사망자 중 요양병원 사망자가 32.9%(2021. 12. 기준)에 달하고 있지만 요양병원의 의료기관 윤리위원회 설치율은 5% 정도에 불과하다. 정부에서는 공용 윤리위원회를 운영하여 어려움을 해결하려고 노력하고 있으나, 연명의료 중단 등 결정의 기준을 완화할 필요도 있다. 즉, 임종기 판단 시 담당 의사와 해당 분야 전문의 2인의 판단이라는 기준을 호스피스 운영 병원처럼 1인의 판단으로 하는 안이 제시되고 있다.

5. 최근 조력존엄사법 발의

2022년 6월, 「연명의료결정법」보다 자기 결정권을 한 단계 더 높인 조력존엄사법(「호스피스·완화의료 및 임종 과정에 있는 환자의 연명의료 결정에 관한 법률」 일부 개정 법률안)이 국내 최초로 더불어민주당 안규백 의원에 의해 발의되었다. 조력 존엄사란 의사 조력 자살을 의미하는 것으로, 말기 상태에서 극심한 통증에 시달리고 있는 환자가 스스로 존엄성을 유지하면서 죽음을 선택할 수 있도록, 필요한 독극물을 의사가 제공함으로써 환자가 용이하게 죽음에 이르도록 하는 것을 의미한다. 독극물의 처방은 의사가 하지만 환자 본인이 이를 복용한다는 점에서 (적극적인) 안락사보다 소극적인 개념에 속한다.

법안에 의하면 조력 존엄사의 3가지 조건으로 첫째, 말기환자이어야 하고, 둘째, 수용하기 어려운 고통이 있어야 하며, 셋째, 환자 본인이 담당 의사와 전문의 2명에게 요청하여야 한다. 대상자 심의 결정을 위해 의사와 윤리 전문가들로 구성된 조력 존엄사 심사위원회를 보건복지부 직속으로 설치하고 대상자 결정 1개월 이후에 시행이 가능하도록 했다.

법안 발의에 앞서 수행된 윤영호 교수(서울대병원 가정의학과)의 조사 연구(2021. 3.)에 따르면 국민의 76%가 안락사 또는 의사 조력 자살의 법제화에 동의하고 있으며, 2022년 7월에 시행된 한국리서치 '여론 속의 여론팀'의 조사에서도 찬성 의견이 82%로 나타나고 있어 공감대는 상당히 형성된 상황이다. 그러나 생명 경시 풍조를 조장하고 자살을 방조할 것이라는 반론도 만만치 않다. 무엇보다도 조력 존엄사 입법화에 앞서 호스피스의 확대와 남은 삶을 의미 있게 만들어 가는 '광의의 웰다잉'을 위한 법제화가 선행되어야 한다는 의견(72% 동의)이 많다. '광의의 웰다잉'은 호스피스와 취약 계층 말기환자의 사회·경제적 지원을 확대하고, 유산 기부, 마지막 소원 이루기, 정신적 유산 정리, 생전 장례식 등 남은 삶을 의미 있게 만들어 가는 것을 의미한다.

스위스는 세계에서 유일하게 외국인에게 의사 조력 자살을 허용하고 있는 국가로서 디그니타스(Dignitas) 등 3곳의 비영리 단체에서 이를 제공하고 있다. 공식적인 발표는 하고 있지 않지만, 우리나라 사람도 3명이 디그니타스를 통해 죽음을 택한 것으로 알려졌으며 신청자도 100여 명에 이른다고 한다. 최근 조력 자살을 택한 말기암 환자와 동행한 경험을 써 내려간 책 『스위스 안락사 현장에 다녀왔습니다』가 발간되어 사람들의 주목을 끌고 있다.

외국의 경우를 살펴보면, 미국에서는 1994년 오리건주에서 「의사 조력 자살에 관한 법률(The Oregon Death with Dignity Act)」이 제정된 이후 현재 워싱턴주, 몬태나주, 버몬트주, 콜로라도주, 캘리포니아주, 하와이주, 메인주 등 8개 주와 워싱턴 D.C.에서 의사 조력 자살을 합법화했다. 참고로 오리건주의 의사 조력 자살 내용을 살펴보면 다음과 같다. 적용 대상은 18세 이상 의사 결정 능력이 있으며 사망이 6개월 이내로 임박한 말기 질환자이다. 극약을 처방받기 위해서는, 환자가 15일 이상의 간격을 두고 2번의 구두 신청 후 담당 의사에게 서면으로 약물처방을 신청해야 하며 이때 2명의 증인이 입회해야 한다. 담당 의사는 환자의 진단과 예후, 의사 결정 능력 및 심리적 장애 여부를 확인해야 한다. 처방 약물은 환자 스스로 받아서 시행할 수 있어야 하며, 언제든지 구두 또는 서면으로 취소 요청을 할 수 있다.

네덜란드는 2002년 세계 최초로 적극적인 안락사를 시행한 나라이다. 12세 이상의 미성년자에게도 안락사를 허용(16세 미만은 부모 동의 필요)하며 '개선의 여지가 없는 참을 수 없는 고통'에 육체적 고통뿐 아니라 정신적 고통도 포함되어 있다. 벨기에, 룩셈부르크에서도 안락사를 허용하고 있으며, 2021년 엄격한 가톨릭 국가인 스페인에서도 종교계와 의료계의 반대를 무릅쓰고 안락사를 합법화했다. 이 외 콜롬비아와 캐나다에서도 안락사를 허용하고 있다.

「연명의료결정법」이 우리 사회에 도입된 이후 지난 5년간 상당한 성과를 거두었음에도 여러 가지 문제점을 안고 있어, 이를 개선하기 위한 법 개정 요구와 개선 방안들이 꾸준히 제시되고 있다.

이러한 상황에서 발의된 '조력존엄사법'은 아직은 시기상조인 면이 있고 많은 논란을 야기할 것으로 보이지만, 한편으로는 긍정적인 여론도 형성되고 있어 우리 사회에서 의사 조력 자살에 대한 논의를 수면에 떠올리는 계기가 될 것으로 보인다. 하지만 이에 앞서 「연명의료결정법」을 제대로 정착시키고 앞에서 지적된 문제점, 즉 말기와 임종기의 통합, 연명의료에 인공 영양 및 수분 공급 등 일반 연명의료 포함, 사전 돌봄 계획의 제도화, 지정대리인 제도의 채택, 연명의료 시행 및 연명의료 정보 처리 시스템의 복잡성 등을 해결하는 것이 우선 고려되어야 할 것이다.

| 참고 문헌 및 자료 |

1. 강덕진, 「품위 있는 죽음을 선택할 권리, 존엄사 입법화 및 지원에 대한 국민 여론은?」, 『한국리서치 여론 속의 여론』(2022. 7. 13.).
   https://hrcopinion.co.kr/archives/23566

2. 고정민, 「국민 76% '안락사·조력자살법화 찬성'… 사회 준비는?」, 『청년의사』(2022. 5. 24.).
   http://www.docdocdoc.co.kr/news/articleView.html?idxno=2023347

3. 곽성순, 「연명의료법의 미래를 묻다 '존엄한 죽음' 위해 제정된 연명의료법…시행 3년 현주소는?」, 『청년의사』(2012. 2. 13.).
   http://www.docdocdoc.co.kr/news/articleView.html?idxno=2007681

4. 곽성순, 「이대로면 연명의료법은 잊혀진 법 될 것」, 『청년의사』(2021. 2. 15.).
   http://www.docdocdoc.co.kr/news/articleView.html?idxno=2007682

5. 국립연명의료관리기관, 「2022년부터 연명의료결정제도관련 건강보험수가 편입」, 『뉴스레터』(2022. 3.).
   https://www.lst.go.kr/comm/newsDetail.do?pgNo=1&cate=&searchOption=0&searchText=&bno=2605

6. 국립연명의료관리기관, 『월별통계』(2022. 6.).
   https://www.lst.go.kr/comm/monthlyStatistics.do

7. 국민권익위원회·보건복지부, 「연명의료결정제도 발전을 위한 국민의견조사」(2022. 9. 28.~10. 11.). 국민생각함(epeople.go.kr/idea).

8. 김인진, 「연명의료, 죽음에 대한 결정권자는 누구인가」, 『원불교신문』(2020. 6. 19.).
   https://www.wonnews.co.kr/news/articleView.html?idxno=205163

9. 민태원, 「국민 10명 중 8명 "'광의의 웰다잉' 법제화 필요"」, 『국민일보』(2022. 5. 24.).
   https://news.kmib.co.kr/article/view.asp?arcid=0017109174

10. 백만기, 「인위적 영양공급, 왜 연명치료에 해당하지 않는 걸까?」, 『중앙일보』(2019. 2. 15.).
    https://www.joongang.co.kr/article/23372943#home

11. 백영미, 「안락사 허용 해외현황 살펴보니」, 『미디어데일』(2022. 6. 1.).
    http://www.mediadale.com/news/articleView.html?idxno=139393

12. 법제처 국가법령정보센터, 「호스피스·완화의료 및 임종 과정에 있는 환자의 연명의료 결정에 관한 법률」(2019).
    https://www.law.go.kr/LSW/lsInfoP.do?efYd=20190328&lsiSeq=205656#0000

13. 보건복지부, 「제1차 연명의료 호스피스 종합계획(2019~2023)」(2019).
    http://www.mohw.go.kr/react/jb/sjb030301vw.jsp?PAR_MENU_ID=03&MENU_ID=0319&CONT_

SEQ=349872

14. 보건복지부, 「2022년 노인복지시설 현황」(2022).

    https://www.mohw.go.kr/react/jb/sjb030301vw.jsp?PAR_MENU_ID=03&MENU_ID=032901&CONT_
    SEQ=371972

15. 생명윤리정책연구센터, 「연명치료 중지 및 사전의료의향서 조사연구보고서」, 『의료윤리정책연구보고서 I』
    [(재)국가생명윤리정책원, 2011. 12)].

    http://nibp.kr/xe/info4_center/1428

16. 신아연, 『스위스 안락사 현장에 다녀왔습니다: 조력자살 한국인과 동행한 4박 5일』(서울: 책과 나무, 2022).

17. 안규백 외 12인, 호스피스·완화의료 및 임종 과정에 있는 환자의 연명의료 결정에 관한 법률 일부 개정 법률
    안, 『의안정보시스템』(2022. 6. 15.).

    https://likms.assembly.go.kr

18. 안원하, 「연명의료결정법의 한계와 개정 방향」, 『법학연구』(부산대학교, 2022. 2.), 63-1, pp. 129~146.

    https://www.dbpia.co.kr/journal/articleDetail?nodeId=NODE11046817

19. 엄주희, 「대만 환자자주권리법에 대한 연구」, 『법학논고』(경북대학교 법학연구원, 2019), 64, pp. 37~67.

20. 이기헌, 「의사조력자살에 대한 고찰」, 『홍익법학』(홍익대 법학연구소, 2014), 15-1, pp. 199~224.

21. 정해진, 「대만의 안녕완화의료조례 및 환자자주권리법과 시사점-우리나라 연명의료결정제도와의 비교를 중
    심으로」, 『외국입법 정책분석』(국회입법조사처, 2002), 제13호, pp. 1~7.

    https://www.nars.go.kr/report/view.do?cmsCode=CM0163&brdSeq=36648

22. 조정숙, 「연명의료결정제도의 운영현황 및 개선과제, 시행 5주년을 바라보며-연명의료 이대로 좋은가」, 『심포
    지움 자료집』(국립연명의료관리기관, 2022. 8. 31.).

23. 한영혜, 「한국인 2명 스위스서 안락사 감행… 107명은 준비 중」, 『중앙일보』(2019. 3. 6.).

    https://www.joongang.co.kr/article/23402664#home

24. 허경대, 「연명의료법 시행 3년, 정작 전공의들은 절차 복잡성에 현장서 '울상'」, 『medicate news』(2021. 4. 2.).

    https://www.medigatenews.com/news/1548168717

25. 허대석·유신혜·김범석·유상호·고윤석, Problems Related to the Act on Decisions on Life-Sustaining
    Treatment and Directions for Improvement(연명의료결정법 적용에 따른 문제점과 개선방향). *Journal of
    Hospiece and Palliative Care*, Vol. 25-1(2022), pp. 1~11.

    https://www.e-jhpc.org/journal/view.html?doi=10.14475/jhpc.

'큰 병원'들이 꺼리는 호스피스 · 완화돌봄

● 강명구

1. 호스피스 병동 사례

충청 지역 대도시에 있는 한 대형 병원의 호스피스 병동 사례를 통해 호스피스 · 완화돌봄에서 어떤 돌봄이 이루어지고 호스피스 · 완화돌봄이 어떤 체계로 운영되는지 알아보자. 이 병원은 지방 대도시에 있는 병원이라 중규모의 호스피스 병동을 운영하고 있다.[1] 호스피스 병동에 병상은 15개이고, 병실은 4인실, 2인실, 1인실이 있다. 의료진과 돌봄 인력으로는 호스피스 전문의 1인, 팀장(간호사로 전체 병동의 운영을 실질적으로 책임진다) 1인, 수간호사 1인, 간호사 11인, 호스피스 상담 전문 사회복지사 1인, 파견 회사를 통해 근무하는 간병사(병원에서는 완화의료 도우미라는 호칭을 쓴다) 18인, 자원봉사자 15인으로 구성되어 있다. 의사가 회진을 하며 통증 조절을 중심으로 처방을 내린다. 간호팀은 3교대로 운영하는데 언제 근무하는지는 불규칙하다. 면담에 응한 이연희 간호사는 일정 조정이 어렵지만, 이제는 연차가 상당히 되어서 익숙해졌다고 했다. 간호사들이 환자의 의료적 돌봄을 주로 수행하고, 간병사들은 기저귀 교체, 식사 보조, 목욕과 이발 등 위생 서비스를 제공한다. 사회복지사들은 환자와 환자 가족들의 상담을 수시로 진행하고 자원봉사자들이 마사지, 세발, 보조 활동 등을 돕는다.

코로나19 팬데믹 이후 호스피스 병동의 풍경도 변했다. 첫째, 매일 한 차례씩 제공되던 마사지, 손 마사지 서비스가 일주일에 한 번 정도로 줄었다. 둘째, 환자 가족들이 환자와 같이 지내

---

1) 호스피스 전문간호사로 13년간 일하고 있는 이연희 간호사(가명)를 면담해서 운영 실태와 환자의 경험을 정리했다.

는 시간과 횟수가 크게 줄었다. 셋째, 자원봉사자들이 맡았던 마사지나 마사지를 하면서 환자와 대화하는 시간이 줄었고, 간병사들의 부담이 늘어났다. 넷째, 자원봉사자나 전문간병사들이 자주 드나들기 어려워지면서 원예치료, 음악치료, 미술치료 등도 크게 줄었다. 2023년 들어 조금씩 회복되고는 있지만, 코로나 전염병 이전 수준을 회복하지 못하고 있다고 한다.

환자가 이 호스피스 병동에 입원하려면(가정형 호스피스와 자문형 호스피스도 마찬가지) 의사 2인이 진료기록을 검토해서 그들로부터 입원 가능하다는 평가를 받아야 한다. 호스피스 주 대상자인 말기암 환자들의 경우, 암치료를 담당했던 의사와 호스피스 전문의사 2인이 평가를 담당한다. 평가 결과, 기대여명이 6개월 미만으로 판단되는 경우, 회복 가능성이 없으며 더 이상의 의학적 치료 효과를 기대하기 어려운 경우, 질병 과정이나 전신 상태가 악화되고 있는 경우, 환자나 환자 가족이 호스피스 처치에 동의할 때 호스피스 병원에 입원이 이뤄진다. 물론 입원할 병실이 있어야 입원할 수 있다. 대부분 현장에서는 병상 수가 적기 때문에 대기하는 환자가 훨씬 더 많다. 그리고 호스피스 병원에는 최대 60일 동안 입원할 수 있으므로 이 기간을 넘기면 집으로 가거나 병실 여유가 있는 병동으로 옮기게 된다. 중앙호스피스센터 자료에 따르면 우리나라 세 종류의 호스피스 이용 사망 환자의 평균 호스피스 이용 기간은 2020년을 기준으로 입원형은 24.1일, 자문형은 8.6일, 가정형은 29.1일이었다.

이번에는 가정형 호스피스의 사례를 살펴보자. 지방 대도시 소재 D종합병원은 입원형, 가정형, 자문형 등 3가지 호스피스 병동을 모두 운영한다. 2023년 7월 현재, 입원형은 26병상, 가정형은 12명, 자문형은 그때그때 대상 환자 수가 바뀐다. 가정형 호스피스를 담당하고 있는 김민정(가명) 간호사는 4년째 호스피스 일을 하고 있다. 입원형 호스피스 업무를 하다가 가정형 시범 사업이 생기면서 전담을 하게 되었다. D종합병원의 경우 가정형 호스피스 전담 의사는 두지 않고 4명의 호스피스 훈련을 받은 의사들이 3가지 프로그램을 담당하는 형태이다. 사회복지사도 겸임 임시직으로 운영한다. 간병사(호스피스·완화의료 도우미라고 부른다)는 병원 소속이 아니라 환자들이 필요할 경우 개인적으로 고용하는 형태를 띠고 있다. 자원봉사자는 코로나19 팬데믹 이전에는 상당히 활발했지만, 2년여 동안 거의 운영하지 못하다가, 이제 회복 중에 있다고 한다. 그리고 종교별 성직자, 요법 치료사(아로마치료사, 음악치료사, 원예치료사 등)가 가정형 호스피스에 도움을 주고 있다.

말기 진단을 받은 환자들은 입원형, 가정형, 자문형 중 어느 호스피스를 택할지 선택에 직면하는데, 이때 치료를 담당했던 의사와 호스피스 담당 의사가 환자의 상태에 따라 한 가지 호스피스를 권고한다. 환자가 통증 조절이 잘 되지 않는 경우, 호흡곤란을 겪거나 섬망이 심하면 병원에 체류하는 입원형이나 자문형을 권고한다. 그리고 필요한 시설과 장치를 설치하면 가정에서도 관리할 수 있겠다고 판단되면 가정형 호스피스를 권고한다.

김민정 간호사에 따르면 환자들은 집에서 머무는 가정형 호스피스를 선호한다. 왜냐하면 무엇보다도 자유롭게 행동할 수 있기 때문이다. 집에서는 식사 시간을 마음대로 조정할 수 있고, 텔레비전 소리를 크게 틀 수 있으며, 좋아하는 노래를 부를 때, 옷을 입고 벗을 때, 대소변 처리할 때 다른 사람의 눈치를 볼 필요가 없다. 거동이 불편한 환자들도 기본 설비만 있으면, 이런 자유로움을 좋아한다고 한다.

가정형 호스피스를 이용하는 환자들은 주 1~2회 정도 김민정 간호사의 방문을 받는다. 김민정 간호사는 통증관리, 활력 징후, 대소변 관리 등을 체크한다. 대부분 방문 전에 전화통화를 하여 환자의 상태를 확인하고, 담당 의사와 회의를 통해 결정된 처방과 약, 물품을 준비한다. 김민정 간호사는 단독으로 방문하고, 운전도 스스로 한다. 약과 물품을 챙기는 일도 대부분 혼자서 한다. D종합병원의 경우 보조 간호사의 수가 적어서 대부분 이러한 준비 활동을 단독으로 한다. 이처럼 호스피스를 운영하는 병원들에서 방문 업무를 간호사 1인에게 맡기는 문제를 해결하기 위해 건강보험공단에서는 2024년부터 2인이 팀을 이뤄 방문하는 서비스를 운영하면 그것을 기관 평가에 반영할 계획이다.

가정형 호스피스에서는 전화 대응(On call) 활동이 큰 업무이다. 가정형 호스피스로 집에 머무는 환자의 경우, 응급 상황이 발생하면(소변줄이 빠진다든지, 갑자기 통증 조절이 안 되는 경우 등) 담당 의료진에게 전화를 걸어 상담을 하게 된다. 김민정 간호사는 유일한 가정형 호스피스 간호사이기 때문에 병원에서 제공한 기관 전화기를 옆에 두고, 24시간 대기 상태로 지낸다. 김민정 간호사는 12명의 환자를 담당하는데 월 200~300회 전화를 받는다고 한다. 한밤중에 긴급 상황이 일어나면 응급실로 전원하기도 하고, 소변줄이 빠진 것처럼 간호사가 직접 처리할 수 있는 경우에는 직접 방문해서 사태를 해결한다. 물론 이때도 혼자서 차를 운전해 환자를 방문한다. 긴급 진화 응내가 쉽지 않고 긴장을 늦출 수 없기 때문에 혼자 담당하기가 어려움에도 불구하고 병원에서는 인력을 늘려 주는 대신, "환자와 가족들의 교육을 통해 응급 전화와 응급 방문을 줄이라는 지침"을 내려보낸다고 한다.

또 한 가지 가정형 호스피스에서 어려운 문제는, 집에서 해결하기 어려운 긴급 상황이 벌어지면(갑자기 복수가 차는 경우, 통증 조절이 잘 되지 않아 마약성 진통제를 처치해야 하는 경우 등), 환자가 응급실로 갈 수밖에 없다는 것이다. 가정형 호스피스에서 응급 상황이 일어나도 의사는 밤이고 낮이고 응급 방문하기가 어렵다. 그런데 현행 의료법상 방문한 간호사는 의사가 처방을 해도 복수를 조절하거나 마약성 진통제 등을 주사할 수 없으므로(이 문제가 2023년 상정되었던 간호사법에서 중요한 쟁점이 되었다) 환자는 응급실로 갈 수밖에 없다. 이런 일이 두세 번 일어나면 환자나 환자 가족들은 어떻게든 호스피스 병원에 입원하기를 희망하게 된다. 이러한 의료법 문제가 병원 사망률 세계 1위 대한민국이라는 부끄러운 상황을 만든 주요 요인이라 할 수 있다. 김민정 간호사는 응급실과 중환자실에 전문간호사가 있는 것처럼, 호스피스 간호사의 전문화를 통해 문제를 해결할 수 있을 것이라는 의견을 내놓았다.

2. 좋은 제도인데 왜 이용률이 낮을까

2016년 2월, 「호스피스·완화의료 및 임종 과정에 있는 환자의 연명의료 결정에 관한 법률」이 제정되고 2017년부터 호스피스·완화의료에 건강보험이 적용되어 자기부담 비율이 크게 감소(5%)하였다. 그 뒤 호스피스 이용률은 지속적으로 증가했다. 또한 2019년부터 '제1차 호스피스·연명의료 종합계획(2019~2023)'이 진행됨에 따라 호스피스 전문 기관과 호스피스 병상이 증가한 것도 이용률을 높이는 계기가 되었다. 연간 암 사망자 중 호스피스 서비스를 이용하는 환자의 비율(호스피스 대상 질환 사망자 대비 호스피스 이용률)은 2008년 7.3%에서 2020년 21.3%, 2021년 21.5%, 2022년 23%로 증가했다.

호스피스·완화의료 제도가 시행된 지 10년 정도 지난 시점에서 제도 자체는 성공적으로 정착하고 있다고 볼 수 있다. 그러나 2022년 「생명표」에 따르면 1년간 사망자 수는 30만 명이 조금 넘는데 호스피스·완화의료의 혜택을 받은 사람은 1만 9천여 명(중앙호스피스센터, 2022)

에 불과하다. 호스피스·완화의료는 말기환자나 임종을 앞둔 환자의 삶의 질을 크게 높이는 데도 불구하고 호스피스 이용률이 이처럼 낮은 까닭은 무엇일까?

첫째, 대형 병원의 입장에서 보면 호스피스·완화의료 병동은 수익성이 크게 떨어진다. 따라서 대형 병원에서는 호스피스 병동을 늘리려 하지 않는다. 이는 대형 병원마다 암 병동을 확장하는 추세와 크게 대조된다. 입원형 호스피스는 병상 부족 때문에 환자들이 원할 때 입원하지 못하는 경우가 많다. 말기나 임종돌봄 단계에 있는 환자나 가족의 처지에서 병원 입원실에 계속 머물거나 다른 병원으로 전원하는 것이 자연스러운 셈이다.

〈표 1〉 병원 종류별 호스피스 병상 현황

	상급 종합병원	종합병원	병원	의원	합계	요양병원 (시범사업)
기관 수	16(18.4%)	53(61.0%)	9(10.3%)	9(10.3%)	87(100%)	8
병상 수	229(15.5%)	849(57.3%)	252(17.0%)	152(10.2%)	1,478(100%)	111

〈표 1〉에서 보듯 가장 상위에 있는 대형 상급 종합병원 16개 병원에서 229개 호스피스 병상 (전체 병상의 15.5%)을 제공하고 있다. 상급 종합병원 1곳에서 고작 14개 병상을 운영하는 셈이다. 가장 많은 호스피스 병동을 제공하는 종합병원에서 16개 병상을 운영하고 있을 뿐이다.

둘째, 호스피스 병동은 응급 병동이나 입원 병동의 대기 기간에도 영향을 준다. 환자가 끊임없이 밀려드는 대형 병원(특히 수도권 '큰 병원')들은 더 이상의 의료적 처치가 불가능한 말기환자나 임종환자를 돌보는 일보다 치료 가능한 환자를 치료하는 일에 집중하고자 한다. 병원 경영진뿐만 아니라 의료진들도 그렇게 믿고 있는 경우가 많다. 호스피스를 포함해서 생애 말기 돌봄이라는 사회적 당면 과제를 사회 전체가 논의하지 않는 한, 대형 병원들이 호스피스·완화의료 병동과 대상자 수를 늘리기를 기대하기는 어렵다.

셋째, '호스피스는 치료가 안 돼서 죽으러 가는 곳'이라는 부정적 인식이 여전하다. 일반인뿐만 아니라, 대형 병원 의사들, 전공의들조차 호스피스와 완화의료에 대한 인식이 낮거나 무지한 게 현실이다. 이연희 간호사는 병원 내부에서 호스피스·완화의료에 관한 홍보 교육 프로그램에 참여하는데, 상당수의 전공의들과 간호사들이 임종과 말기 완화돌봄에 대해 제대로 알지 못한다고 말했다.

넷째, 실제 의료 현장에서 수집된 관찰과 자료를 분석한 연구에 따르면, 우리나라의 위계적인 병원 구조도 호스피스·완화의료가 수요에 맞게 제공되는 것을 어렵게 한다. 강지연(2022)의 연구를 보면, 말기암과 말기 질환 환자의 경우 상급 종합병원, 종합병원, 요양병원, 집 등에서 치료나 돌봄을 받는데, 말기환자들은 최상위 상급 종합병원으로 '전원'하고 싶어 하고 실제로 그렇게 한다. 환자 자신을 포함해서 가족들이 '최선을 다해서' '할 수 있는 모든 것'을 다해야 한다는 돌봄의 도덕적 책무가 말기 돌봄의 근간을 이루기 때문이다. 그러나 대부분 서울과 수도권에 몰려 있는 상급 종합병원 특히 빅5 병원들은 모두 암 병동을 운영하지만, 환자들이 더 이상의 치료가 불가능한 말기 단계에 접어들면, 다른 병원으로 전원하거나 집으로 가도록 '암묵적으로' 유도한다.

> 호스피스·완화의료 팀에 할당된 환자들은 가상의 컨베이어 벨트 위에서 이동한다. 응급실에서 시작해서 병동으로, 중환자실로, 혹은 외부 세계로. 응급실에서 들어오는 환자의 유입은 영원히 끝나지 않는다. 환자들은 환자들대로 응급실의 "아수라장"에 오래 대기하며 어려움을 겪은 뒤에는 가급적 퇴원을 안 하려는 경향이 생긴다. 한번 병원을 나가면 다시 들어오기가 쉽지 않다는 것을 체득하는 것이다. 만약 병동 스태프가 환자 이동에 대한 내부 규칙에 협조적이지 않다면 이것은 병목현상으로 이어져 응급실이 환자로 넘쳐나게 될 것이다. 따라서 병동의 의사들은 환자들이 병동에 필요 이상 머물지 않도록 교통정리를 해야 한다.
>
> – 강지연, 「말기의 이동 경로와 돌봄의 한 형태로서의 전원(傳院)」,
> 『한국문화인류학』(2022), p.95.

인용된 글에서 보듯 빅5 상급 종합병원을 비롯해 상급 종합병원에서 이런 말기환자 이동의 흐름이 원활하지 못할 경우(다른 병원이나 시설로의 이동) 호스피스·완화의료실뿐만 아니라 응급실, 말기 치료 병동 모두에 병목현상이 벌어지게 된다는 것이다. 끊임없이 상급 종합병원, 수도권 '큰 병원'으로 이동하는 환자의 흐름이 있는데, 그들 병원의 입장에서는, 이윤 추구의 목적이 아니더라도, 더 이상 치료가 어려운 말기환자의 체류 연장을 반가워하기 어려운 게 현실이다.

이렇게 상급 종합병원에서 말기환자들은 '집'으로 가거나, 빈자리가 있는 호스피스나 요양병원으로 전원하게 된다. 그러나 대다수 요양병원에서는 호스피스·완화의료 전문 병실을 제공하지 않는다. 요양병원 말기돌봄의 상황을 분석한 조현, 임희영(2017)의 연구에 따르면, 연구 대상이었던 요양병원은 호스피스·완화의료 침대는 별도로 두고 있지 않았지만, 많은 말기 암을 비롯한 말기 질병 환자를 수용하고 있었다. 이들 가운데 말기암 환자 12명(폐암 4명, 위암 3명, 담관암 2명, 췌장암·대장암·골암 각 1명)의 사례를 통해 의사, 간호사, 간병사, 사회복지사, 물리치료사 등으로 구성된 팀이 어떤 완화의료 돌봄을 제공하는지를 분석했다.

이 연구 분석에 따르면, 말기 완화의료 담당의사는 '회진'(임종 2개월 전까지 약 300회, 임종 1개월 전 1,152회), '보호자 면담'(임종 2개월 전까지 5~12회, 임종 1개월 전 24회), '소변줄 교체(foley catheter change)'(월 6회), '기관절개관 교체(tracheostomy tube change)'(월 10회), '수혈과 타과 진료 의뢰'(임종 6개월 전 1회), '처방 설명'(9~12회), '보호자 면담'(임종 6개월 전 1회, 임종 1개월 전 2회), '사망 선고'(12회) 등의 역할을 수행했다. 간호사(12명), 간호조무사(34명)가 가장 많은 말기돌봄을 제공했다. 이들이 수행한 업무는 다음과 같다.

'흡인(suction)'(임종 5개월 전까지 4,658~5,985회, 임종 1개월 전 8,448회), '체위 변경'(월 2,880회), '산소 공급'(임종 2개월 전 720회, 임종 1개월 전 5,190회), '심전도 검사(EKG monitoring)'(임종 1개월 전 4,951회), '라운딩'과 '환자 상태 관찰'(임종 2개월 전까지 1,080회, 임종 1개월 전 4,512회), '환자 주변 환경 및 안전 관리', '환자 위생 관리', '구강 간호'(월 1,080회), '콧줄(L-tube) 삽입'(월 720회), '소독'(월 240회), '통증 평가'(월 336회), '섭취량과 배설량(I&O) 측정'(월 90회), '얼음찜질(ice bagging)', '미온수 마사지(tepid water massage)'(23~58회), '항생제 주사'(임종 4개월 전까지 46회, 임종 1개월 전 63회), '기관지 확장제 주사'(임종 2개월 전 12회, 임종 1개월 전 56회), '응급 약물 주사'(임종 1개월 전 72회), '해열 주사'(임종 2개월 전까지 3~12회, 임종 1개월 전 24회), '네블라이즈 적용'(14~24회), '정맥주사 주입'(임종 2개월 전까지

1~12회, 임종 1개월 전 56회), '영양제 주사'(8~14회), '임종 간호(수액, 기관지관, 소
변줄 제거, 장례식 의례)'(12회), '활력 징후'(임종 2개월 전까지 1,080회, 임종 1개월
전 1,621회), '위관영양'과 '부종 사정'(3~8회), '일상생활 동작(ADL) 평가'와 '욕창 평
가'(월 12회), 그 밖에 '혈액 채취', '폐렴구균 백신접종', '욕창 평가'(1회).

– 조현·임희영, 「일개 요양병원 호스피스·완화의료 서비스의 직종별 행위 분석;
후향적 의무기록 중심으로」, 『한국산학기술학회논문지』, 18-4(2017), p.573.

그리고 이 연구는 사회복지사, 물리치료사, 간병사, 영양사의 활동은 상당히 축소되어 있다
고 보고했다.[2] 또 말기암 환자의 완화의료에서 정신적, 영적 돌봄 체계가 거의 수행되지 못하
고 있다는 것도 밝혔다.

위의 두 연구를 통해, 호스피스·완화의료가 제대로 수행되지 못하는 원인은 의료전달체계
의 구조와 호스피스·완화의료에 대한 의료진, 환자, 가족들의 오해와 정보 부족에 있음을 알
수 있다.

그런데 한국만 호스피스에서 사망하는 비율이 낮은 것이 아니다. 다른 나라들도 그다지 높
지 않다. 병원에서의 사망 비율이 20%로 가장 낮은 국가인 네덜란드도 호스피스에서 사망하
는 비율은 10% 미만이다.[3] 이런 사실로 미루어 볼 때 향후 한국에서 호스피스는 크게 늘어나
지 않을 전망이다. 왜냐하면 공공의료가 강한 유럽 국가들조차 호스피스 사망 비율이 높지 않
은데, 시장에 기반한 의료가 강한 한국에서 국가가 호스피스 예산을 크게 늘리기 어려울 것으
로 보이기 때문이다.

---

2) 이 연구의 보고에서, 필자가 보기에 간병사들이 수행할 활동의 상당 부분도 간호사와 보조간호사의 활동으로 분류했
다. 필자들이 간호사이기 때문에 나타난 편견인지, 간호사들의 활동은 보험 수가로 지원받고, 간병사들은 별도의 외
주 기관을 통해 업무에 투입되는 노동조건 때문에 생겨나는 어쩔 수 없는 편향인지는 다른 연구를 통해 재검토될 필
요가 있다.

3) OECD에서 발간한 『Health at a Glance』(2022)에 따르면, 병원에서 사망하는 비율은 한국은 78%로 세계 1위, 일본이
2위를 차지했다. OECD 국가 평균은 50% 정도이며, 네덜란드는 20% 아래로 가장 낮다. 네덜란드는 요양원과 집에서
사망하는 비율이 대단히 높다.

3. 호스피스 포함, 생애 말기 돌봄과 완화돌봄의 확대

호스피스·완화의료는 말기암 환자를 비롯해 말기환자로 진단받은 환자 또는 임종 과정에 있는 환자와 그 가족에게 통증과 증상의 완화 등을 포함한 신체적, 심리사회적, 영적 영역에 대한 종합적인 평가와 돌봄을 제공하는 제도이다. 하지만 세계보건기구(WHO)는 그 범위를 더 넓혀서, 생명을 위협하는 모든 질병을 앓고 있는 환자들을 위해 생애 말기 돌봄(end of life care)과 완화돌봄을 보편적 보건의료 제도로 도입할 것을 권장하고 있다. OECD 국가들도 국가 수준에서 완화의료 확대 심화 정책을 이미 시행하고 있다. 호스피스와 완화돌봄은 개념적으로 크게 차이가 나지 않는다. 호스피스가 더 이상의 의료적 치료를 멈춘 돌봄이라면, 완화돌봄(palliative care)은 의료적 치료와 생애 말기 돌봄, 임종기 돌봄(palliative care)을 통합한 개념이라 할 수 있다.[4] 세계보건기구는 완화돌봄의 혜택을 아래와 같이 정리했다.

- 통증과 여러 고통스러운 증상을 경감한다.
- 삶을 지지하고 죽음을 자연스러운 과정으로 받아들인다.
- 죽음을 앞당기거나 지연하려 하지 않는다.
- 환자 돌봄에서 심리적, 정신적(혹은 영적) 지지를 통합한다.
- 환자가 임종하기 전까지 가능한 한 활동적으로 살 수 있도록 지원한다.
- 환자가 질병 기간 동안과 사별 과정에 잘 대응할 수 있도록 지원한다.
- 사별 이후 상담을 포함하여, 환자와 가족의 요구에 맞는 팀 접근을 제공한다.
- 삶의 질을 높이고, 질환의 경과에 긍정적인 영향을 미칠 수 있다.
- 질환 진행 과정에서 가능하면 조기에 임상적 합병증 같은 고통스러운 증상을 관리하고 그에 대한 더 나은 이해를 도우며, 생명 연장을 위한 다른 치료(화학적 약물요법 또는 방사선치료)도 함께 제공될 수 있다.

----

4) 그동안 국내에서는 'palliative care'를 완화의료라 번역하는 경향이 있었는데, 이것은 비의료적 돌봄을 배제하거나 의료화의 위험이 있어 완화돌봄으로 번역하는 것이 타당할 것으로 판단된다.

우리나라에서도 세계보건기구와 여러 선진국의 완화의료, 완화돌봄 정책을 소개하고 도입해야 한다는 요구가 제기되고 있다. 여기서는 영국의 사례를 간략히 살펴보자. 영국은 21세기 초반부터 생애 말기 돌봄의 국가 전략과 정책을 수립하여 시행해 오고 있다. 영국의 생애 말기 돌봄 경로는 6단계로, 돌봄 주체는 사회, 환자 가족, 위임받은 돌봄 서비스(영리, 비영리 포함)가 협력하는 형태를 띤다. 1단계는 생애 말기 접근법을 결정하기 위한 토론 단계로, 개방적이고 정직한 의사소통이 핵심이다. 2단계는 평가, 치료 계획 및 검토 단계로, 환자의 자기 결정권과 요구, 가족의 요구를 평가한다. 3단계는 개별 환자에 대한 치료 조정 단계이다. 4단계는 다양한 장소에서의 질 높은 서비스 제공 단계로, 급성 병원, 지역사회, 케어홈, 호스피스, 병원 간 선택과 이동이 이뤄진다. 5단계에서는 임종 단계를 파악하는 단계로, 사망 장소에 대한 환자의 선호와 가족들의 희망과 요구를 검토한다. 이 단계에서 인공호흡기 부착, 장기기증 선택에 대해서 묻는다. 6단계는 사후 돌봄 단계로, 가족 애도와 치료를 지원한다.

영국의 생애 말기 돌봄 전략에서 주목할 만한 프로그램은, 환자와 가족의 요구, 의료진의 판단 등을 하나의 디지털 자료로 저장하고, 업데이트한다는 점이다. 구체적으로 보면, 사전 돌봄 계획(advance care planning)에서 환자가 선호하는 치료의 우선순위, 가족의 의견 등을 문서로 작성하고, 의료진과 사회복지 담당자들은 이들 문서에 접근하고 환자와 소통할 수 있다. 이것을 "묻고 기록하고 공유하고 평가하는 계획(ask, document, sharing, evaluation plan)"이라 부른다.

또 하나 주목할 만한 프로그램은 '환자 가족이나 보호자의 서비스에 대한 평가(successful views of informal carers' evaluation of services, VOICES)'이다. 이 프로그램은 생애 말기 마지막 3개월에 있는 환자들이 받은 의료 서비스 경험의 질을 체계적으로 설문 조사하여 자료를 축적하는 것이다. 시행 초기인 2012년에는 사망 전 4개월에서 11개월에 등록한 환자 4만 8천 명에게 설문지를 발송하고 2만 2천 명의 응답을 회수했다. 응답을 분석한 결과, 이 글의 관심사인 호스피스 만족도가 가장 높아 69%, 가정 만족도 54%, 케어홈 만족도 51%, 병원 만족도 33%로 나타났다. 돌봄을 제공한 사람들에 대한 만족도에서도 호스피스 의사가 87%, 호스피스 간호사가 80%로 가장 높게 나타났다. 케어홈 직원 61%, 병원 의사 57%, 병원 간호사 48%인 것을 보면, 호스피스 전문 인력의 돌봄에 대한 만족도가 대단히 높다는 것을 알 수 있다.

위에서 살펴보았듯 호스피스·완화의료는 생애 말기 돌봄과 완화돌봄으로 확대하는 과정에 있다. 국내에서는 많은 요구에도 불구하고 호스피스 서비스 제공이 제한되어 있고, 생애 말기 돌봄과 완화의료는 소개 단계에 있다고 할 수 있다. 우리 사회는 초고령 사회 진입을 눈앞에 두고 있다. 급증하는 노인들의 말기 삶의 질을 높이기 위해 생애 말기 돌봄과 완화돌봄의 혁신적 전략을 수립할 필요가 있다.

| 참고 문헌 및 자료 |

1. 강지연, 「말기의 이동 경로와 돌봄의 한 형태로서의 전원(傳院)」, 『한국문화인류학』(2022).

2. 조현·임희영, 「일개 요양병원 호스피스·완화의료 서비스의 직종별 행위 분석; 후향적 의무기록 중심으로」, 『한국산학기술학회논문지』, 18-4(2017).

3. 중앙호스피스센터, 『국가 호스피스·완화의료 연례보고서』(2022).

4. 통계청, 「생명표」(2022).

5. OECD, 『Health at a Glance』(2022).

암 말기 단계
- 환자·가족·친지·의료진 간 커뮤니케이션

● 정은주

1. 암 말기 진단('나쁜 소식 전하기')을 둘러싼 의사소통의 실제

「연명의료결정법」에 따르면, 말기환자란 적극적인 치료에도 불구하고 근원적인 회복의 가능성이 없고 점차 증상이 악화되어 수개월 이내에 사망할 것으로 예상되는 환자를 말한다. 암 의료에서 말기임을 알리는 것을 일반적으로 '나쁜 소식 전하기'라 하는데, 우리나라처럼 죽음을 터부시하는 사회에서 암 말기에 명확한 의사소통을 하기는 매우 어렵다.

1) 의료진의 배려를 받지 못하다

환자가 암 말기임에도 불구하고 의사가 이를 정확히 고지하지 않고 공격적인 치료를 한 경우는 권오균 씨 사례에서 드러난다. 권오균 씨는 사별자들의 이야기를 담은 책『나는 사별하였다』(2021)의 공저자 중 한 명으로, 아내와 사별한 지 3년 차에 접어들었다. 아내의 암은 발견 당시 이미 4기였고 원발암을 찾는 과정은 쉽지 않았다. 복부의 혹이 만져지는 증상으로 종합병원 내과에서 검사한 결과, 암이라는 진단을 받았으나, 의사는 구체적인 설명을 피했다. 이후 대형병원인 A병원으로 옮겨 암 전문의의 진료를 받았다. 그곳의 의사 역시 상세한 설명을 하지 않은 채 치료에만 집중했다. 난소암이라 추정하여 항암 치료 후 수술하기로 결정했으나 세 차례의 치료 후에 오히려 상태가 급격히 악화되었다. 그럼에도 의사는 항암제를 바꾸어 다시 치료에 들어갔고, 호전되지 않았음에도 3주 후에 한 번 더 항암 주사를 맞자고 했다. 휴지 기간 동안 머물기 위해 요양병원으로 옮겼을 때, 막상 그곳의 의사는 "호스피스로 가야 할 환자가 요양병원으로 왔다"고 잘라 말했다. 의사는 단도직입적으로 "치료는 불가능하니 임종을 도와야 한다"고 말하여 권오균 씨에게 깊은 상처를 남겼다. 당시 권오균 씨는 아내의 이른 죽음을 전혀 예측하지 못한 상태였고 요양병원이 마지막이 될 거라는 생각은 꿈에도 없었다. 주치의인 A병원 의사는 끝까지 치료에만 집중하며 마지막에 대한 언질이 없었고, 요양병원 의사는 아무런 정서적 지지 없이 냉정하게 임종기를 선언했다. 의료진으로부터 어떤 배려도 받지 못한 채 권오균 씨는 사별 후 아내에게 최선을 다하지 못했다는 죄책감에 시달려야 했다.

2) 환자가 직접 묻다

환자 본인의 요청에 따라 의사가 정보 전달을 한 사례는 다음과 같다. K 씨는 2019년 미국에서 췌장암 진단을 받았다. 그의 가족은 2003년에 미국으로 이민하여 여러 사업에 매진했고 교회에 나가 신앙생활도 열심히 했다. 그러나 K 씨가 복통으로 병원을 찾았을 때는 위염 진단을 받았고 그로 인해서 암 진단이 늦어지고 말았다. K 씨는 암 진단 직후 한국으로 돌아와 치료를 시작했다. 주치의는 세 차례 약을 바꿔 가며 항암 치료를 했지만 결국 효과를 거두지 못했다. 마지막 약을 썼을 때 암이 뇌로 전이되어 더 이상 치료할 수 없다고 했다. 대형병원이라서 10분 안팎의 진료 시간 동안 긴 얘기를 나눌 수 없었다. 환자 본인이 직접 의사에게 자신의 여명에 대해 물었고 의사는 6개월 정도라고 답했다. 의사가 임종기의 연명의료 중단에 대해 설명했고 K 씨는 연명의료 계획서에 서명했다. 병원 내 사회사업가 상담을 통해 자문형 호스피스(일반 병동에서 협진 형태로 호스피스 돌봄을 제공하는 서비스)를 소개받았다. 말기 진단을 받은 당사자의 문의에 의료진이 응답한 케이스였다.

3) 나쁜 소식 어떻게 전할까

'나쁜 소식 전하기'의 방식에 대해 숙고하는 의사들의 노력은 주로 호스피스 연관 기관에서 찾아볼 수 있다. 혈액종양내과 전문의인 유신혜 교수는 서울대학교병원 완화의료·임상윤리센터의 전담 의사이다. 환자가 얼마나 살 수 있겠냐고 물어 오면 그는 의사들도 정확한 예측이 어렵다는 입장을 취한다. 계속 답변을 요청하는 환자에게는 이렇게 답한다. "단위가 중요할 것 같습니다, 숫자는 빼고 생각해 보죠. 연(年) 단위는 아닐 듯해요. 월 단위일 것 같습니다. 그 앞의 숫자는 경과를 봐야 알 것 같아요." 환자 자신이 평균보다 괜찮은지 궁금해할 때는 그가 처한 상황에서 좋은 조건과 나쁜 조건을 말해 준다. "걷는 것이 가능하니 좋은 쪽이지만 최근 진행 속도가 빨라지는 것은 나쁜 조건입니다. 이를 종합해서 경과를 봐야 합니다." 이렇게 말하면 환자가 좀 더 쉽게 이해했다. 그는 의사로서 대화 기법이나 카운슬링 교육을 따로 받은 일은 없다. 학부 시절에 '나쁜 소식 전하기' 등이 필수 과정에 있어 체크포인트는 알고 있다. 그러나 구체적인 대화를 어떻게 이끌어 가야 하는지는 배운 바가 없어 의료 현장의 경험에 의지한다.

4) '나쁜 소식'이란 말을 새롭게 보자

은평성모병원 호스피스·완화의료센터에서 근무하는 이은경 간호사는 '나쁜 소식'이라는 용어를 새롭게 보자고 제안한다. '나쁜 소식'이라고 단정 짓기보다는 증상 치료로부터 방향을 바꾸는 '새로운 정보'로 보자는 것이다. 호스피스는 병상 수가 제한되어 있어 암 환자들 중 일부만 혜택을 받을 수 있다. 그러나 일단 들어가면 '좋은 삶과 죽음의 질'이 보장된다. 그러므로 호스피스에 대해, 힘든 증상들을 조절할 수 있는 곳이라는 '좋은 정보'로서 제시하자는 것이다. 지금의 현실에서 가장 잘 전달할 수 있는 방법이 무엇인지 묻자 그는 이렇게 답했다.

"일반 병동에서는 치료 가능한 환자에게 우선순위를 두기 때문에, 치료를 중단하는 환자에게 집중하기가 쉽지 않습니다. 그렇다면 자문형 호스피스 의사가 접근하여 정보를 주면 환자가 좀 더 잘 이해할 수 있지 않을까요? 현 상황에서는 병동 내 자문형 호스피스를 확장하고 활용하는 것이 최선이라고 생각합니다. 병원 내 시스템을 최대한 이용해서 좋은 정보를 줄 수 있는 이를 확보하면 좋겠습니다."

2. 암 말기환자와 가족, 의료진은 어떻게 의사소통을 하는가?

1) 힘이 되는 말, 힘을 빼는 말

『사기병』(2019)의 저자 윤지회 씨는 위암 4기 진단을 받고 투병하던 중 환자에게 힘이 되는 말과 그렇지 못한 말들을 정리했다. 그에게 힘이 되었던 말은, 가볍게 꾸준히 보내 주는 안부 문자와 '힘내지 않아도 돼.', '네가 얼마나 힘든지 내가 몰라서 미안해.', '말해 줘서 고마워.', '멀리서나마 항상 응원하고 있어.' 등이었다. 반면 힘 빠지게 했던 말들은 신앙 전도나, '위암은 잘 낫는대.', '억지로라도 먹고 힘내야지.', '요즘 암은 별거 아니래.', '몇 기인지가 뭐가 중요해.' 같은 말들이라고 했다. 이를 통해 주변의 말이 환자에게 어떤 영향을 끼치는지 짐작할 수 있다. 즉 겸허한 자세로 지속적인 응원을 보내는 것은 힘이 되는 반면, 상황을 잘 모르면서 함부로 병에 대해 판단하거나 조언하는 말들은 힘을 빠지게 했다.

2) 아무 말도 못 했던 마지막 24시간

실제로 투병 생활의 격랑 속에서 환자와 가족은 어떤 소통을 했는지 권오균 씨의 말을 들어 보았다. 권오균 씨는 직장 생활 외에 모든 시간을 병상에 있는 아내와 함께 보냈다. 아내는 혼자 남겨질 그를 걱정하는 마음에 강한 투병 의지를 보였다. 삶에 대한 의지가 강해서 삶의 마무리나 정리에 대한 생각이 없었고 치료받아 나아지기만을 기대했다. 상태가 악화되었을 때에도 아내가 포기하지 않았기에 권오균 씨는 무슨 말을 해야 할지 몰랐다. 돌이켜보면 해야 할 말은 안 하고, 안 해도 될 말은 한 것이 아닌가 하는 후회가 든다고 했다. 주변 사람들의 지지도 거의 받지 못해 서운함이 컸다. 주변 사람들이 볼 때 환자의 상태가 위중하니 안부를 묻기도 어려웠겠지만, 그들의 무관심이 권오균 씨에게는 큰 상처가 됐다. 처음 진단을 받고 임종에 이르기까지 7개월여 동안 주변과의 소통은 거의 끊겼다. 권오균 씨는 다른 사람들과 의논할 수 없어 혼자 모든 것을 판단하고 결정하는 것이 너무도 힘들었다. 아내가 마지막으로 말을 할 수 없게 된 24시간 동안 권오균 씨 역시 아내에게 아무런 말도 하지 않았다. 이 생각만

하면 화가 나고 서글프고 후회가 된다고 했다.

"마지막에 내가 치료를 포기했는데 아내는 포기할 생각이 없었어요. 항암제를 한 번 더 맞고 싶어 했는데 그럴 수 있는 상태가 아니라서… 요양병원 의사가 옮기지 말라 해서 그대로 따랐는데 아내의 소원을 안 들어준 게 지금은 너무 후회돼요. 환자가 그냥 마무리하겠다면 몰라도 아직 치료 의지가 있는데 보호자가 포기하는 건 잘못된 결정 같아요. 치료할수록 고통스러워진다고 하지만 이런 상황이라면 환자의 의사를 최대한 존중해서 원하는 대로 해 주는 게 좋을 것 같습니다. 당사자 의사가 가장 중요해요."

권오균 씨의 사례는 의료진이나 지인들로부터 지지가 없을 때 고립된 한 개인으로서 겪는 고통이 얼마나 큰지 보여 준다.

3) 통증 조절이 되지 않다

한편 K 씨는 췌장암으로 임종하기 전 자녀들에게 앞으로 이러이러한 식으로 살아 달라고 담담히 일러 주고 함께 대화를 나누었다. 그의 차녀가 1주기 때 아빠 앞으로 보낸 편지는 그들의 마지막 대화를 짐작케 한다.

"아빠, 항상 응원해 줘서, 사랑해 줘서 고마워요. 사랑해요!"

그러나 K 씨는 배우자와는 많은 대화를 하지 못했다. 아내는 차마 남편과 현실적인 얘기를 나눌 수 없었고, 지인이 구체적으로 준비할 것들을 알려 주어 봉안당과 그 밖의 절차들을 알아 볼 수 있었다. 그는 남편이 몸이 아파 날 선 말을 할 때 똑같이 날카롭게 반응했던 게 마음 아프다고 했다. 마지막 입원 때 자문형 호스피스의 도움을 받았으나, 주말에 담당 의사가 없어서 정해진 4시간마다 한 번씩만 모르핀을 투여받았다. 결국 통증 조절이 제대로 안 되어 K 씨는 심한 고통을 겪어야 했다. 미국 간호사인 장녀가 병원에 강력히 요청한 후에는 부르면 무조건 모르핀을 투여해 줬다. 해당 병원에는 자문형 호스피스가 충분히 자리를 잡지 못한 것으로 보였다.

4) 가장 중요한 건 소통

이은경 간호사는 말기암 환자가 입원해서 가족과 함께하는 시간이 그리 길지 않다고 말한다. 이 기간은 모두에게 중요한 마지막 선물이 될 수 있기에 가능한 한 많은 시간을 내어 환자 곁에 머무는 것이 가족의 삶에도 도움이 된다고 조언한다.

> "마지막 정거장인 호스피스에서 잘 머물다 가기 위해 하루하루 작은 희망을 찾아야
> 합니다. 큰 희망이 아니라 가족과 같이 있는 자체가 희망인 거지요."

호스피스에 와서 힘든 증상들이 조절되어 편해지면 간혹 항암 치료를 다시 계획하는 이들도 있다. 그럴 때는 잠깐의 증상 조절이라 다시 안 좋아지는 상황이 올 수 있음을 알리고 심사숙고하도록 권한다. 그럼에도 전원을 원하면 옮길 병원을 정하여 고생을 덜하면서 움직일 수 있도록 돕는다. 반면 호스피스로 늦게 온 환자 중 이곳에 와서 더 나빠졌다고 말하는 이들도 있다. 본인들이 생각하는 것보다 빨리 악화될 때 그 원인을 의료진에게 투사하여 의심하는 것이다. 어느 70대 남자 환자의 경우, 가족들이 환자는 보러 오지 않으면서 전화로 계속 불평을 늘어놓은 일이 있었다. 환자에게 섬망이 계속 나타나서 의료진이 안정시키는 약을 드리는 게 중요하다고 했음에도 가족들은 안정제는 안 된다고 주장했다. 나중에는 섬망 증상을 조절하지 않아 환자가 간병인을 해칠 지경에까지 이르렀는데 보호자는 끝까지 환자의 안정에 동의하지 않았다. 그는 결국 퇴원하여 요양병원으로 옮겼다. 호스피스를 믿지 않고 제대로 소통하지 않았던 안타까운 사례였다. 반면 연명의료와 호스피스에 대해 충분히 이해하고 오는 이들은 적응을 잘한다. 가족과 환자가 힘들 때마다 의료진과 소통하는 가운데 환자는 편안한 임종을 맞는 것이다. 이은경 간호사는 암 말기에 의료진과 가족, 환자 간의 소통이 무엇보다도 중

요하다고 강조했다.

5) 소통에서 가장 주된 요인은 당사자의 태도

유신혜 교수는 자문형 호스피스의 특성상 진행기 환자가 서서히 말기 환자로 바뀌는 시기에 의뢰되는 사례를 주로 맡는다. 환자가 현재 가진 괴로움을 파악하기 위해 묻고 듣는 것이 그의 첫 소통 내용이다. 먼저 오늘 컨디션이 어떤지, 지금 가장 힘든 게 무엇인지 묻는다. 첫 면담은 그의 앞에 앉아 있는 환자를 최대한 생생하게 파악하기 위해서 하나씩 실제 모습을 그려 가는 과정이다. 환자의 괴로움을 파악한 뒤 완화의료의 필요성에 대해 얘기한다. 완치 계획보다 잘 지내기 위한 계획이 중요하다고 설명하는 것이다. 유신혜 교수는 의료진과 환자, 환자 가족의 원활한 대화를 방해하는 요소들 중 가장 주된 것은 대화 당사자의 태도라고 했다. 대화에 얼마나 진실하게 임하느냐가 가장 기본적 요인이라는 것이다. 의료진의 경우, 중요한 얘기를 하면서도 성의 없는 태도로 임하거나 상대의 말을 끊어 버리는 것은 좋은 태도가 아니다. 보호자가 솔직하지 않거나 환자가 우울이나 불안 증상이 있어 본인의 생각을 얘기하지 않는 경우에도 대화가 원활하게 이뤄지지 않는다.

임종에 이르기까지 의사소통이 잘되었던 외래 환자로, 폐암 진단을 받은 70대 할머니가 있었다. 그는 본인의 선호도가 뚜렷하여 잘 모르거나 이해되지 않는 것에 대해 의사에게 질문했고 답변을 현실적으로 받아들였다.

> "나는 집에서 임종하고 싶어요. 하지만 의료진이 그게 어렵다고 하면 입원할게요.
> 그래도 최대한 저의 생각을 존중해서 도와주면 좋겠어요."

환자는 이렇게 말하며 연명의료에 대한 생각도 밝혔다.

> "나는 자연스레 임종하면 좋겠어요. 병원에서 계속 죽음의 문턱까지 갔다가 다시 돌
> 아오지 않길 바라요."

할머니의 가족들도 환자의 생각을 존중했고 의료진에게 가족의 역할을 알려 달라고 요청했다. 궁금한 점에 대해 명확하게 듣고 싶어 했던 그들의 태도는 의료진에게도 도움이 되었다. 환자가 의사 표현이 어려워졌을 때 가족이 적절히 역할을 대신했다. 재택의료팀이 집을 방문했고 환자는 집에서 차분히 임종할 수 있었다. 사전에 의료진이 임종 임박 징후와 장례식장에 가는 절차를 안내했다. 119를 부르면 경찰 조사를 받는 힘든 과정이 뒤따르기 때문이다. 임종 후 가족들은 장례식장으로 연락을 했고 운구차가 응급실을 방문하여 사망 선언을 받은 후 장례식장으로 고인을 모셨다. 환자와 가족이 바라는 점이 명확하면 이런 정보가 사전에 전달될 수 있다. 처음 논의할 때 시간이 많이 걸렸지만 방향이 명확해지면서 그다음에는 수월했다. 가족들 간 고민은 있었겠지만 갈등은 없었기에 매우 의미 있는 사례였다.

이와 대조적으로 소통이 어려웠던 경우는 병동에서 만난 어느 암 환자였다. 가족들의 생각이 서로 달라서 남편은 환자의 상태가 악화된 것에 화가 나 있었고, 아들은 기적을 바랐으며, 딸은 아들의 의견을 무시했다. 구체적인 결정은 가족이 모인 자리에서 해야 하는데 자녀들은 서로 자신이 핵심 역할을 하려 했고 남편은 병원에 잘 오지 않았다. 간병하는 가족이 바뀔 때마다 치료 방향이 바뀌어서 나중에 의료진은 보수적으로 기록을 남기는 데에 집중했다. 마지막에 임종실로 옮겼을 때에도 가족들의 모습은 제각각이었다. 임종실은 최후의 이별을 잘할 수 있도록 주어진 공간임에도 가족들은 앉아만 있었고 의료진이 들어가면 상태가 어떤지 물어볼 뿐이었다. 환자와 가족, 의료진과의 소통이 무척 어려웠던 사례였다.

유신혜 교수는 치료에서 환자 자신의 최종 결정에 기본을 둔다. 환자가 본인의 돌봄 목적을 생각하여 결정하도록 하고, 의료진은 가급적 환자 입장에서 쉽게 이해하도록 이야기하는 게 그의 주안점이다. 때로는 환자의 판단이 최선이 아니라는 생각이 들 때도 있고 의사의 가치관과 충돌할 때도 있다. 그러나 그는 의사로서 환자를 설득하려는 경향을 경계하면서 환자의 얘기를 진심으로 경청하여 환자가 바라는 것을 들어주는 것이 최선이라 생각한다. 만일 환자가 죽음을 직면하지 않고 죽음의 수용을 어려워한다면 거기에는 많은 이유가 있을 것이다. 환자의 희망과 관련해서 쉽게 얘기할 수 있는 것은 아니라고 생각한다. 환자의 상황을 잘 알고 환자가 신뢰하는 사람이 조심스레 환자의 감정을 살펴 가면서 접근해야 한다. 무작정 설득하려는 것은 도움이 되지 않는다.

3. 말기암 투병에 동행한 친구들

K 씨의 췌장암 진단 소식을 접하고 친구 박근 씨는 대학 시절 친구들과 함께 지속적인 모임을 이어 갔다. K 씨의 투병 과정에 친구들이 동행했던 이야기를 박근 씨가 들려주었다.

1) 투병하는 친구 곁에서

코로나 시국이라 K 씨를 만나는 것은 쉽지 않았다. 단톡방에서 응원의 마음을 전했고 K 씨가 포함되지 않은 단톡방을 별도로 운영하여 병의 경과와 컨디션을 친구들끼리 공유했다. 목사 선배와 웰다잉 강사 선배가 따로 가족과 연락했고 적절한 가이드를 했다. K 씨의 컨디션이 좀 괜찮을 때 가능하면 모임을 많이 가지려고 노력했다. 모임에서 매월 치료비를 모금하여 전달했으며, 이를 통해 '이렇게 우리가 너를 생각하고 있다'는 느낌을 주려고 했다.

2) 말기 진단 후의 당혹

K 씨의 말기암 진단 후 박근 씨는 적당한 위로의 말을 찾기가 힘들었다. 힘내라는 말, 응원한다는 말을 반복하는 것도 미안했다. 친구의 투병을 지켜보며 죽음에 대해서 그리고 여생을 어떻게 살아야 할지에 대해 많은 것을 배우고 가족 관계도 깊어지고 있어 더욱 미안했다. 박근 씨는 '만약 이런 시기에 죽음을 받아들이는 방식을 소개한 글이 있었다면 내게 도움이 되지 않았을까?' 생각했다. 여러 죽음의 사례를 소개하고 그중 공감이 가는 것에 대해 친구가 깊이 생각해 보게 하면 좋을 것 같았다. 예를 들어 죽으면 별이 된다는 이야기 같은 것들, 우주의 이런저런 원소가 모여 지금의 우리가 되었고 죽으면 흩어져서 지구라는 별의 가족과 섞여서 다시 별이 된다는 내용 같은 것들 말이다. 이렇게 죽음에 대해 구체적으로 서술한 사례집에는 죽음을 앞둔 이에게 실제로 어떤 말을 하면 좋을지, 마음을 전하기 좋은 구체적 활동 사례는 무엇인지, 시기별로 놓치지 말아야 할 일에는 어떤 것이 있는지 등이 담기면 좋겠다. 갑자기 닥친 죽음에 대한 사례를 맨 앞에 넣는 것도 괜찮다. 복잡하지 않은 사례가 맨 앞에 나오면 자

기와 같은 사례로 공감되면서 죽음에 대해 더 깊이 생각하는 계기가 될 수 있을 것이다. 이렇게 만들어진 사례집은 널리 공유될 수 있었으면 한다.

3) 죽음을 앞둔 만남

임종 한 달 전, 코로나로 어려운 상황에도 많은 친구들이 K 씨의 집을 방문하여 대면 모임을 가졌다. 거실에 여러 명이 둘러앉았고 올 수 없는 해외의 친구들은 온라인으로 연결하여 함께 했다. 왁자지껄하게 옛날얘기를 하면서 그 시절로 돌아간 심정이 되어 웃고 울었다. 모두 한마음으로 기도하고 추억을 나눴던 시간이었다. 이후 K 씨 본인이 "헛살지 않았다"고 얘기한 것을 들으며 친구들의 진심이 전해졌다는 생각이 들었다.

4) 가장 행복했던 소통

한 선배가 단톡방에 힘내라는 격려 말고도 의미 있는 일을 하자고 제안했다. 영상을 만들어서 K 씨에게 꼭 전하고 싶은 메시지를 담고 만남의 의미도 새기자는 것이었다. 이렇게 만들어진 영상을 통해 임종 전에 좋은 추억과 짧은 웃음을 줄 수 있었다. 영상 속에는 대학 시절 함께 활동했던 야학의 소식지, 야학 행사 사진들, 투병 과정에 같이 찍은 사진을 편집해 넣었다. 독일에 사는 친구가 야학의 교가를 플루트로 정성껏 연주한 영상도 덧붙였다. 마지막에 열 명이 넘는 친구들과 K 씨 자신의 카톡 메시지를 편집해서 붙였는데 그게 K 씨의 또 다른 묘비명이 아니었을까 싶다. K 씨가 가장 열심히 살았던 시절, 좋은 기억을 회상할 수 있는 기회가 되어 K 씨와 가족들이 좋아했다는 말을 들었다. 남은 사람과 가는 사람 모두 좋았다. 1주기에 K 씨의 가족들이 영상을 보며 추모했다는 얘기를 듣고, 필요한 시기에 놓치지 않고 K 씨한테도 충분히 마음을 전달하는 기회였다고 생각했다. 가장 기억에 남는 것은, 영상 속에서 K 씨와 같은 종교를 가진 이의 확신에 찬 메시지가 K 씨에게 큰 힘이 되었으리라는 점이다. 목사인 선배가 그 역할을 해 주었는데, 그것은 임종기에 굉장히 중요한 일이라는 생각이 들었다.

5) 오직 지지하는 일

췌장암 진단을 받은 후 K 씨가 선택한 방식은 병과 맞서 열심히 싸우는 것이었다. 갑자기 암 선고를 받고 처음에는 분노와 복잡한 감정을 느꼈겠지만 가족을 위해 싸워 나가는 게 그의 선택이었다. K 씨는 자신이 시한부 인생임을 모를 수 없었다. 인터넷을 검색하면 잘 정리된 내용이 제시되는데 그것을 모를 수 있었겠는가. 모든 것을 감안해서 본인이 선택한 것이고, 딸들에게 끝까지 잘 싸우는 아빠의 모습을 보여 주겠다는 의지였다. 그러니 주변 사람들은 치료 방식이나 죽음 준비에 대해 쉽게 조언하지 않고 K 씨 본인의 선택을 지지해 줄 뿐이었다. 다만 아쉬운 건 K 씨가 죽음에 대해 이전에 관조할 기회가 있었다면 다른 생각을 해 볼 여지가 있었을 것이라는 점이다. 미리 죽음을 생각해 보는 것은 후에 가족과 본인을 위한 좋은 선택을 할 기반이 된다.

6) K 씨의 가족이 전한 이야기

K 씨의 아내가 영상을 본 이야기를 전했다.

> "친구들이 만든 영상을 받았습니다. 톡으로 보낸 글귀를 읽어 주니 잠결에 알아듣고 한동안 흐느꼈어요. 영상을 보여 주자 친구들의 이름을 부르더군요. 사흘 만에 의식이 또렷해졌어요. 영상 속 선배가 교통사고로 목 보조기를 한 모습을 보고는 한마디 하더군요. '잘났어, 정말.' 딸들이랑 울다가 빵 터졌어요. 친구들 모습을 보고 편지글을 듣고 행복한 시간이었습니다."

일주일 후 K 씨는 영면했다. 아내는 후에 이렇게 고마움을 전했다.

> "주변에서 도움을 주는 손길이 고마웠습니다. 마지막 순간이 다가올 무렵, 의식이 돌아왔을 때, 친구들이 이렇게 잊지 않고 있다는 것이 큰 위로가 되었습니다."

생전의 K 씨는 친구들에게 잊힐까 봐 두렵다는 말을 했었다. 그 말을 새긴 친구들이 영상을 만들었고, 이를 통해 서로에게 영원한 기억으로 남았다.

4. '좋은 의사소통'을 위한 노력들

1) 구체적인 의사소통 가이드라인이 많아져야

유신혜 교수는 의료진에 대한 의사소통 교육의 중요성을 강조했다. 누구나 알 만한 좋은 말 교육이 아닌, 우리말과 정서에 맞는 의사소통 가이드라인이 많아졌으면 좋겠다는 것이다. 외국 문헌에는 돌봄 계획에서 가장 중요한 것이 '환자의 핵심 가치 파악'이라고 했다. 문헌에 나온 대로 환자에게 "지금 당신께 가장 중요한 것이 무엇인가요?"라고 물어봤지만 환자는 답하기 어려워했고 묻는 이도 어색해했다. 고민 끝에 그는 질문을 바꿔 보았다. "객관식 보기를 드릴게요. 아프지 않은 것, 오래 사는 것, 독립적으로 사는 것 중 뭐가 가장 중요한가요?" 이렇게 물으면 대화를 좀 더 끌어갈 수 있었다. 또한 그간 치료를 받아 온 관성이 있어서 환자는 병 치료가 중단되는 데에 두려움을 갖는다. "치료를 안 하면 내 삶이 없는 것 같다"고 얘기하는 이들도 있다. 치료 중단을 희망을 버리는 것으로 생각하는 것이다. 항암 치료를 안 한다고 삶이 끝나는 건 아니라고 안심시키면서, 희망을 지지하되 대안을 갖자고 말한다. '내가 피하고 싶은 최악의 상황'이 무엇인지 묻고 희망을 유지하면서도 현실을 바라볼 수 있도록 했다. 가족들에게도 환자와 얘기를 나눠 보라고 권하지만 구체적으로 무슨 말로 시작할지는 잘 모른다. "아빠는 어떻게 죽고 싶어?" 이런 식으로 말할 수 없다는 것은 안다. 그러나 아무도 제대로 된 대화법을 가르쳐 주지 않는다. 이에 대한 적절한 지침이 부족한 것이 우리의 현실이다.

2) 현실 개선의 첫 단추

환자와 충분히 소통하기 어렵게 만드는 제도적 난관을 개선할 첫 단추는 무엇일까? 유신혜 교수는 결국 시간과 돈의 문제라고 말한다. 진료할 때 중요한 논의가 필요한 경우 시간을 더 줄 여지가 있으면 좋겠다는 것이다. 의료진들이 모든 외래를 3분씩 봐야 하니 원활한 논의가 어렵고, 시스템이 획일화돼 있어서 질적인 부분에 대한 고려가 없다. 서울대학병원에서 '15분 진료' 시범 사업을 했는데, 특히 초진 환자들은 시간이 많이 필요하기에 이런 사업이 확산돼야 할 것이다. 소통의 질을 평가하는 제도가 없고 의료인의 기본 자질에 맡기는 형편이라 의사들 간 편차가 클 수밖에 없다. 기관 또는 나라 차원에서 소통을 잘하는 의사에게 보상을 하는 등 제도적인 변화가 필요하다.

3) 호스피스의 '행복한 동행'

이은경 간호사는 호스피스 환자 중에 30대 미혼자로서 모친과 동생의 간병을 받았던 사례에 대해 말했다. 환자 본인이 스스로 호스피스를 선택했고 가족들의 지지도 잘되고 있었다. 증상이 편하게 조절되어, 보고 싶은 사람들을 만나고 병동 행사에도 적극 참여했다. 환자가 원하는 소원을 들어주는 '행복한 동행' 프로그램을 통해 뜻깊은 추억도 만들었다. 그의 소원은 가족사진을 찍는 것이었다. 인근 사진관의 기사를 불러서 가족사진을 촬영했고 큰 액자에 넣기 전, 위 폐쇄로 코줄을 하고 있는 모습을 보정하여 사진에서 코줄을 지웠다. 환자는 마지막까지 행복해했고 가족들도 사별 후 사회적 적응을 잘하는 모습을 보였다. 좋은 소통이 불러온 좋은 결과였다.

4) 임종기의 의사소통

이화여대목동병원 자문형 호스피스의 전담 간호사인 이남교 씨는 절망과 위기에 처한 말기 환자들을 만난다. 환자와 가족이 겪어 온 치료 상황과 현재의 상태에 대한 말을 귀 기울여 듣는 경청으로부터 의사소통이 이루어진다. 그는 이들과 의사소통할 때 항상 김수지 박사의 사람돌봄 이론(interpersonal caring theory)을 염두에 둔다. 김수지 박사는 국내 간호학에 호스피스를 처음으로 소개한 전문가이다. 그의 이론은 연민에 기반을 둔 치료적 돌봄 활동으로서,

협력적인 파트너십에 따른 의사소통 기술이다. 그것은 알아봐 줌, 동참함, 공유함, 경청함, 동행함, 칭찬함, 안위를 제공함, 희망을 불어넣음, 용서함, 수용함의 열 가지로 구성되며 종합적이고 역동적인 의사소통을 통해 표현된다.

자문형 호스피스에서 말기임을 수용하지 못하고 첫 상담에서 서비스를 거부하는 경우가 많다. 이제껏 항암 치료를 견뎌 온 것도 정말 힘든 일이지만 더 이상 치료를 하지 못하고 호스피스를 생각해야 할 때라고 듣는다면 누구나 부정하고 싶고 분노가 표출될 것이다. 초기 상담에서 말기임을 부정하고 호스피스팀의 방문을 거부하더라도, 대상자의 현 마음 상태를 들어 주고 표현할 수 있도록 시간을 준다. 이남교 간호사는 여러 번 방문하여 부정, 분노, 우울 등의 감정 표현을 들어 주면 오래지 않아 환자나 가족들의 마음이 열리는 것을 많이 경험했다. 지속적인 경청과 관심이 있으면 시간이 지나고 적절한 순간, 말기임을 수용하면서 호스피스팀에 감사 표현을 하는 환자와 가족을 볼 수 있다. 더 많은 환자와 가족이 너무 늦기 전에 호스피스를 알고, 호스피스의 사랑을 충분히 경험하면 좋을 것이다.

임종기의 경우 대부분의 환자가 의사소통이 잘되지 않지만, 대상자는 모든 것을 느끼며 알고 있다. 그래서 이남교 간호사는 임종돌봄 교육을 할 때 환자가 기운이 없어서 응답을 못 할 뿐 모든 것을 듣고 있다고 알린다. 가족들이 하고픈 말, 감사의 말을 다 표현하고 심지어 사망 후 입관할 때도 마지막 인사말을 하라고 격려한다. 실제로 마지막 순간까지 가족에게 중요한 메시지를 전했던 환자를 보면서 임종기에도 의식이 있으며 끝까지 경청해야 한다는 것을 실감했다. 임종 이틀 전, 최선을 다해 자신의 사랑을 전한 위암 말기의 남자 환자도 있었다. 호스피스팀에서 아내에게 선물하고 싶은 것이 있으면 말씀해 달라고 했더니 아내가 꽃을 좋아해서 꽃다발을 선물하고 싶다고 했다. 원내에서는 감염 관리 때문에 생화를 준비할 수 없어 드라이플라워로 된 카드를 준비했다. 기력이 없는 환자에게 "아내에게 가장 전하고픈 말을 해 주시면 대신해서 카드에 써 드리겠다"고 했더니, 환자가 펜을 달라며 그림으로 하트를 그렸다. 이런 모습을 이남교 간호사는 잊지 못한다.

호스피스는 현장 경험과 말기환자에 대한 돌봄 철학이 풍부하게 축적되어 있는 곳이다. 일반 병동에서 이들의 경험에 귀 기울이고 호스피스 철학을 도입한다면 소외된 환자나 난관에 처한 의료진에게 시사하는 바가 매우 클 것이다.

| 참고 문헌 및 자료 |

1. 윤지회, 『사기병』(웅진지식하우스, 2019).
2. 이정숙 외, 『나는 사별하였다』(꽃자리, 2021).

21세기 '죽음 이야기', 안락사

● 한수연

1. 이미 시작된, 하지만 낯선 '죽음 이야기': 안락사

2022년 6월 안규백 의원이 「호스피스 · 완화의료 및 임종 과정에 있는 환자의 연명의료 결정에 관한 법률」 일부 개정 법률안(일명 조력존엄사법)을 발의하였다. 언론과 미디어, 시민사회는 개정안의 주요 내용보다는 안락사, 존엄사 등 자극적 용어들에 집중했고, 의료계와 학계, 종교계 역시 건설적인 의사 조력 자살에 관한 논의보다는 논쟁을 부추겼다. 하지만 논쟁의 중심이었던 법률안의 개정 배경은 매우 단순하다. 우리 사회가 「연명의료결정법」을 제정했던 2016년에 비해 '존엄한 죽음'에 대한 관심이 높아졌다는 사실과 법에서 정하는 환자의 자기 결정권 행사 범위가 매우 제한적이어서 개정이 필요하다는 것이다.[1] 윤영호의 연구와[2] 한국리서치 여론 조사 결과, 일반인의 조력 존엄사 선호도 및 입법화 찬성 비율이 80% 이상으로 높았으며, 특히 60세 이상에서는 86%로 타 연령층과 비교해 유의미한 차이를 보였다.[3] 개정 발의안의 내용도 간결하여, 제2조 10호 '조력 존엄사 대상자'를 말기환자에 해당하는 사람으로서 심사를 거쳐 신청이 인용된 사람으로, 11호 '조력 존엄사'는 본인의 의사로 담당 의사의 조

---

1) 안규백 의원 대표 발의 일부 개정 법률안, http://likms.assembly.go.kr/bill/billDetail.do?billId=PRC_D2T2G0V5I2T6
   C1U1L3E1I2D8W5Y4Z2&ageFrom=21&ageTo=21
2) 윤영호, 「안락사 논쟁 다시 시작하다」, http://www.monews.co.kr/news/articleView.html?idxno=312726
3) 「품위 있는 죽음을 선택할 권리」, 존엄사 입법화 및 지원에 대한 국민여론(한국리서치 주간리포트, 2022. 7.) 188-2,
   https://hrcopinion.co.kr/wp-content/uploads/2022/07/188-2

력을 통해 스스로 삶을 종결하는 것으로 정의한 내용을 신설했다. 또한 제3조 2호, 제20조 2, 3호를 신설하여 신청 대상자를 심의, 결정할 수 있는 보건복지부장관 소속의 '조력 존엄사 심사위원회'를 구성하도록 했다. 그리고 조력 존엄사를 도운 담당 의사에 대해서 「형법」제252조 제2항 자살 방조죄의 적용을 배제하는 조항을 신설(제20조의 7 「형법」적용 일부 배제)하도록 했다.

외국에서 안락사를 제도화하는 과정에서 나타나는 현상과 비슷하게 한국에서도 안락사를 논쟁의 장으로 올리면서 의견이 찬반으로 갈리는 양상을 보였다. 강한 반대 의견을 보인 대한의사협회,[4] 호스피스·완화의료학회,[5] 가톨릭 생명윤리연구소는[6] 성명서를 통해 개정안에서 명시한 '의사 조력 존엄사'는[7] 안락사이며 생명 존중 가치를 훼손할 수 있다고 주장했다. 반대 의견 중에는 의사 조력 존엄사의 제도화에 앞서 현행법의 문제점을 개선하는 일이 우선되어야 한다는 의견도 있었다. 허대석은[8] 연명의료 결정을 임종기 환자로만 제한하는 현행법의 문제점을 인정하면서도 안락사 논의는 시기상조라고 주장했다. 국회의 김상희 의원실과[9] 신현영 의원실도[10] 세미나를 통해, 안락사를 논의하기에 앞서 연명의료 결정과 호스피스 시스템을 확충할 수 있도록 지원 방안을 마련해야 한다고 의견을 모았다. 국회입법조사처도 보도 자료를 통해 의사 조력 존엄사를 제도화하기에 앞서 한계점을 엄격히 규율해야 한다는 의견을 밝히면서도, 인간의 존엄성에 근거하여 환자의 삶과 죽음에 대한 자기 결정권 및 죽음 선택권을 인정해야 한다는 고무적 태도를 보였다.[11] 하지만 개정안을 발의한 안규백 의원은 현행

---

4) 대한의사협회, http://www.newsthevoice.com/news/articleView.html?idxno=27846

5) 한국호스피스·완화의료학회, 「존엄한 죽음을 위해서는 질 높은 생애 말기 돌봄이 선행되어야 한다」, https://www.hospicecare.or.kr/board/list.html?code=conference&num=1114

6) 가톨릭 생명윤리연구소, 「의사조력존엄사 법안에 관한 한국천주교주교회의 생명윤리위원회 성명서」, https://www.cdcj.or.kr/helper/lesson/723

7) 본 글에서 인용되는 '의사 조력 존엄사', '조력 자살', '의사 조력 자살' 등은 내용적으로 안락사와 비슷한 의미로 사용되고 있는 용어들이다.

8) 허대석, 「조력존엄사는 현대판 고려장」, https://www.medigatenews.com/news/3017168916.

9) 김상희 의원실, 「연명의료결정제도 이대로 좋은가」, http://www.dhns.co.kr/news/articleView.html?idxno=289315

10) 신현영 의원실, 「안락사 허용보다 생애 말기 돌봄 체계화」, https://www.doctorsnews.co.kr/news/articleView.html?idxno=145731

11) 국회입법조사처 보도 자료, 「조력존엄사」논의의 쟁점과 과제」, https://www.assembly.go.kr/portal/preveew/docsPreview/previewDocs.do?atchFileId=7866e57685ce40c29934da339e703b0f&fileSn=3&viewType=CONTBODY

법을 개선하려는 소극적 자세보다는 '광의의 웰다잉'에 대한 개념을 정의하고 정책적으로 지원할 수 있도록 새로운 법을 발의해야 한다고 주장했다.[12]

신문과 방송 매체들 역시 해외 안락사법을 소개하며 일반인의 관심을 모았고, 전문가와의 릴레이 인터뷰를 통해 찬반 논쟁의 재생산에 활기를 더했다. 그 과정에서, 과열된 이해관계 당사자들 간의 불필요한 오해와 다른 이해 수준, 사회 편견을 최소화하고, 일반인을 대상으로 한 객관적이고 설득력 있는 의견을 정리하여 발전적인 총의를 모을 필요가 있다는 지적이 많았다.

이 글은 안락사 제도에 집중된 지나친 관심이나 거부감을 부각하거나 편을 나누어 주장하는 의견을 정리하기보다, 안락사를 결정한 환자의 생각과 이야기를 중심으로 그들의 어려움을 정리하는 데 초점을 맞추고자 한다. 즉 호스피스 환자의 자살 사례를 통해 죽음을 앞둔 말기환자가 왜 스스로 생을 끊어야 했는지 그의 마지막 고뇌를 살펴볼 것이다. 또한 미국 오리건주의 존엄사법과 유럽의 네덜란드를 중심으로 하는 안락사법에서의 의사 조력의 범위, 제도와 현황을 소개하고자 한다. 또한 안락사법에서 요구하는 두 가지 원칙인 '의사의 설명 의무'와 '환자 조건'에서 필요로 하는 균형점을 설명하고, 마지막으로 우리에게 아직은 낯설지만 이미 시작된, 그래서 너그러운 관심이 필요한 안락사 이야기로 글을 마무리하려고 한다.

2. 죽음 침대의 고뇌: '생을 끊음'과 '생을 마감함'

말기환자가 죽음 침대에서 견뎌야만 하는 '참을 수 없는 통증'은 단지 그의 삶에서 추구했던 생명의 질, 죽음의 권리 같은 대전제적이고, 철학적인 고민만으로는 설명할 수가 없다. 영국의 노인내과 의사인 데이비드 재럿은 지난 30여 년간 노인성 중증 지속 병동에서 많은 환자를 치료해 왔다. 환자들이 그에게 원했던 단 한 가지 소원은 빠르게 죽음으로 갈 수 있도록 도와달라는 것이었고, 만약 그런 일을 가능하게 하는 마법의 검은 알약이 있다면 환자에게 주고 싶

---

12) 안규백 의원실, 「조력존엄사 토론회」, https://www.medifonews.com/mobile/article.html?no=169460

었다고 그는 고백했다. [13] 박충구는[14] 연장된 수명으로 '견딜 수 없는 고통'을 동반하는 죽음은 필연적이며, 안락사는 일종의 합리적 자살, 즉 '자발적이며 이성적 죽음'에 이르는 방법이라고 주장했다. 그는 오히려 사회가 애써 외면하고 버려둬 환자를 자살하게 하는 것이 도덕적인지, 죽기를 원하는 이를 따뜻하게 돕는 것이 도덕적인지 진지한 고민을 시작해야 한다고 말한다.

필자는 10여 년 전 미국 메디컬센터, 노인성 중증 지속 병동 사회사업팀으로서 호스피스 입원 환자의 자살 이후 3년에 걸친 법적, 행정적 어려움을 감당했다. 이 글에서 그의 죽음 이야기를 공유하려는 이유는 단지 그가 자살한 동기를 이해하고 싶어서라기보다는 오랫동안 해결하지 못한 필자의 질문, '왜 그는 이미 가까이 와 있는 죽음 앞에서 스스로 생을 끊어야 했을까'에 대한 답을 찾고 싶은 마음에서이기도 하다. 사례를 소개하면 다음과 같다. [15]

〈사건의 발생〉

환자 A 씨(남, 88세)는 중증 암 질환 말기의 호스피스 환자로 고통이 시작되면 진을 뺄 정도였고 수면이 불가능했다. 몸을 움직이지 못한 채 침대에 매여 있으면서, 반복적이고 지속적이며 참을 수 없는 질환성 통증 때문에 병실에서 신발 끈으로 목을 매 스스로 생을 끊었다(믿을 수 없는 일이었지만, 그의 자살은 실패하지 않았다).

〈환자의 상태〉

A 씨는 사건 발생 12개월 전 장염과 탈진으로 응급실을 거쳐 중증 장기요양 병동에 입원했다. 입원 시 보행 보조기의 도움을 받으면 혼자 걸을 수 있을 정도였고, 인지 능력은 초기 치매 단계라는 의사의 소견이 있었지만, MMSE [16]검사 결과 20점으로 의사소통이 가능한 상태였다. 입원 후 계속되는 발열과 탈진으로 2번의 응급실 방문과 중환자실 입원을 경험했다. 8개월 전 의사의 권유로 장루 영양과 간헐적 구강

---

13) 데이비드 재럿, 『이만하면 괜찮은 죽음』(윌북, 2020).
14) 박충구, 『인간의 마지막 권리』(동녘, 2019).
15) 본 사례는 환자 개인의 일 사례가 아닌 정부, C.M.S., 병원, 의료팀이 법정까지 갔던 사건이어서 사례 소개는 환자의 상태로 시작하지 않고 사건의 발생으로 시작했다.
16) MMSE는 '간단한 인지기능 검사'로 30점 만점에서 15점 이하이면 인지기능 저하로 의사 결정이 어려운 상황으로 판단된다.

섭식을 병행했으나 점차 100% 장루 영양으로 전환되었으며, 저녁 7시부터 다음 날 오전 10시까지 15시간 동안 침대에 누워 영양을 공급받았다. 체중은 감소하여 32kg 이었으며, 공장루관의 염증이 심해져 항생제를 복용했다.

A 씨는 3개월 전 정밀 검사로 위암 말기 진단을 받은 뒤, 자문형 호스피스 서비스를 받고 있었으며, DNR, DNH 상황이었다.[17] 통증을 호소하는 횟수가 늘고, 통증 시간 도 길어졌으며, 통증 조절의 실패로 "죽고 싶다, 죽여 달라, 장루 영양관을 빼 달라" 고 소리쳤다.

3. '의사 조력'의 범위: 미국 오리건주 존엄사법과 네덜란드 안락사법

1) 소극적 의사 조력, 미국 오리건주 존엄사법과 의사조력자살법들

미국 오리건주의 「존엄사법(Death with Dignity Act)」을 설명하려면 먼저 캘리포니아주 의 「자연사법」을 이해해야 한다. 캘리포니아주는 1976년 미국에서 처음으로 「자연사법」을,[18] 1983년 「지정의료대리인법」을[19] 제정했다.[20] 제정 초기에는 의료 현장의 의료인들 사이에서 조차 환자에게 어떻게 자연사를 설명하고 적용해야 하는지,[21] 자연사가 안락사나 의사 조력 자살과는 무엇이 다른지를 두고 논쟁이 계속되었다.[22] 하지만 분명한 차이점은 환자가 연명

---

17) 자문형 호스피스는 환자가 있는 병동으로 호스피스팀이 방문하여 환자에게 프로그램을 제공하는 서비스이며, A 씨 는 DNR(심폐소생술 거부), DNH(응급실 전원 거부)를 결정했다.

18) California Natural Death Act, http://www.US%20act/Califonia%20EOL%20option%20act/Califonia%20limit%20 to%20refuse.pdf

19) 법 제정 이전에는 의료 현장에서 환자를 대신하여 가족(next-of-kin)이 자동적으로 의료결정을 할 수 있는 대리인으 로 선임되었다.

20) California Natural Death Act, http://www.clrc.ca.gov/pub/Misc-Report/TR-L4000.pdf

21) California's Natural Death Act, Medical Staff Conference, 1978, https://www.ncbi.nlm.nih.gov/pmc/articles/ PMC1238103/pdf/westjmed00260-0066.pdf

22) Redleaf, Schmitt & Thompson, The California Natural Death Act: An Empirical Study of Physicians'Practices, https://

의료를 거부할 수 있게 되었으며, 사망진단서에 자살이 아닌 '연명의료 중단 또는 유보 결정에 따른 자연사'로 기록되었다는 점이다. 물론 의사도 자살 조력 및 방조로 인한 형사처벌을 면제받을 수 있게 되었다.

오리건주는 1994년 주민의 1차 투표를 통해 미국에서 처음으로 존엄사법을 제정하였으며, 1997년 2차 투표를 거쳐 법을 시행하게 되었다. 시행 초기에는 존엄사와 의사 조력 자살을 혼용하여 사용했고,[23] 2006년 연방 정부의 패소로 법을 유지할 수 있게 되었다. 2019년 1차 개정에서 숙려 기간을 단축했으며, 2021년 2차 개정을 통해 거주 규정을 삭제하여 타주 주민들도 존엄사를 신청할 수 있게 되었다.[24]

존엄사법은 의사가 직접 안락사를 이행하기보다는 환자에게 약을 처방하여 먹도록 하는 '의사 조력 자살'로 의사의 조력 범위를 축소했다. 법은 총 6장으로 구성되며, 제1장과 제2장은 대상자의 조건 및 요청, 이행 절차를 규정했다. 환자의 조건은 18세 이상이어야 하며, 법에서 규정하는 모든 요건을 충족해야 한다. 이행 절차는 환자의 두 번에 걸친 구두 요청과 서면 요청, 그리고 환자가 의사로부터 처방 약을 받아 직접 먹는 이행 절차로 규정했다. 제3장은 의사의 역할과 의무로는 환자의 조건을 확인하고, 이행 절차 및 예상되는 결과를 설명하며, 약물처방과 사망까지 모든 과정을 기록하여 심의위원회에 보고하도록 규정했다. 제4장, 제5장, 제6장은 의사의 형사처벌 면제 규정과 요청 양식 등에 관한 규정이다.[25]

1998년~2019년의 20년 위원회 결과 보고서에 의하면 오리건주에서 안락사로 사망한 환자는 총 1,662명이며, 이 중에서 81%는 65세 이상, 95%는 백인, 중간 나이는 75세, 46%가 대학 졸업자였다. 안락사 사망자의 사망 장소는 95%가 집이며, 98%가 호스피스 서비스를 받았고, 99%가 의료보험을 갖고 있었다. 사망 질환으로는 암(75%), 신경성 질환(11.2%), 심장 및 호흡기성 질환(10%) 등이다.[26]

---

www.jstor.org/stable/1228530

23) A year of dignified death, US%20act/Oregon_DWDA/one%20year%20after%20Act.pdf

24) 오리건주 안락사법, https://www.compassionandchoices.org/in-your-state/oregon

25) 오리건주 안락사법, http://www.US%20act/Oregon_DWDA/Oregon%20death%20w%20dignity%20act.pdf

26) 2021 Oregon Death with Dignity Act, Data Summary, https://www.oregon.gov/oha/PH/PROVIDERPARTNERRE-SOURCES/EVALUATIONRESEARCH/DEATHWITHDIGNITYACT/Documents/year24.pdf

미국에서는 오리건주를 포함한 9개 주와 워싱턴 D.C.가「존엄사법」을 제정했다.[27] 몬태나 주는 존엄사를 이행한 의사의 형사처벌을 면제하고 있지만, 현재 법을 제정하지는 못하고 있으며, 뉴욕주는 법을 발의한 상황이다. 각 주의 법은 오리건주「존엄사법」의 목적, 원칙, 이행 절차와 비슷하지만, 이름은 존엄사법 외에도 생애말기선택법, 의료조력죽음법 등 조금씩 다르다. 각 주의 법 이름과 제정 연도, 특이 사항을 간략하게 소개하면〈표 1〉과 같다.[28]

〈표 1〉미국 존엄사법 제정 현황

순서	주	법 이름(영어명)	제정 연도	기타
1	오리건	존엄사법(Death with Dignity Act)	1994	- 2회 투표 - 2차 개정
2	워싱턴	환자의생애말기선택과조정법 (Patient Choice and Control at End of Life Act)	2013	
3	버몬트	생애말기선택법(End of Life Options Act)	2015	
4	캘리포니아	생애말기선택법(End of Life Options Act)	2015	- 개정
5	콜로라도	생애말기선택법(End of Life Options Act)	2016	- 투표
6	워싱턴D.C.	존엄사법(Death with Dignity Act)	2017	
7	하와이	우리의돌봄우리의선택법 (Our Care Our Choice Act)	2018	- 개정
8	뉴저지	말기의의료조력죽음법 (Medical Aid in Dying for the Terminally Ill Act)	2019	
9	메인	존엄사법(Death with Dignity Act)	2019	
10	뉴멕시코	생애말기선택법(End of Life Options Act)	2021	

2) 적극적 의사 조력, 유럽의 안락사법들

네덜란드는 2001년 국민투표로「요청에 의한 삶의 종결 및 조력 자살법(Termination of Life on Request and Assisted Suicide Act)」을 제정했다.[29] 정부 공식 문서에서는 '안락사법'으로도

---

27) Death with Dignity, In your States, https://deathwithdignity.org/
28) 주별 법의 특성을 이해하기 쉽게 법 이름에 영어명을 병기했다.
29) 네덜란드 안락사법, Netherlands,Termination of Life on Request & Assisted Suicide Act, https://www.euthanasiecommissie.nl/

쓰인다.[30] 2016년 데이크스트라(Dijkstra) 의원이 '생애말기완성법'을 발의했지만, 제정에는 실패했다.[31]

「안락사법」은 의사가 직접 개입하여 환자의 삶을 적극적으로 종결하도록 하는 등 의사 조력 범위를 최대화했다. 의사협회의 안락사 강령에서는[32] 의료 행위란 환자에게 직접 약물을 주입하거나 약을 건네주고 먹는 모습을 확인하는 것으로 정의하고 있다. 「안락사법」의 목적은 타자에 의하여 의도적으로 삶을 종결하도록 하는 것과 자살을 도울 수 있도록 했으며, 환자의 요청은 의사 앞에서 작성한 문서로만 가능하도록 규정했다. 안락사를 이행한 환자의 사망 원인은 자연사로 표기할 수 있으며, 안락사를 이행하는 의사의 형사처벌을 면제하도록 했다. 법은 총 4장으로 구성되어, 제1장과 제2장은 용어 정의와 안락사 이행 조건 및 절차, 제3장은 심의위원회, 제3장 A는 네덜란드령 카리브를 포함하여 법 적용을 명시했다.

2021년 안락사 제도 20주년 위원회 보고서에 의하면 네덜란드의 안락사 사망자는 2012년 4,000명, 2016년 6,000명, 2021년 7,666명으로 증가했지만, 아직 전체 사망자의 4.5% 수준이다. 사망 장소는 집(6,224명), 호스피스 기관(511명)이며, 사망 질환 중 치매(118명), 정신질환 환자(98명), 말기 노인성 질환(307명) 사망자도 조금씩 증가하고 있다.[33]

4. 균형이 필요한 무게중심: 의사의 설명 의무와 환자의 자기 결정 조건

1) 의사의 설명 의무

「안락사법」에서 규정하는 의사의 의료 행위는 두 가지다. 상담을 통해 환자의 의사를 확인

---

30) Government of the Netherlands, Euthanasia, https://www.government.nl/topics/euthanasia/euthanasia-assisted-suicide-and-non-resuscitation-on-request

31) 네덜란드 정부가 발의한 안락사법 개정안과 생애말기완성법은 그 배경이 비슷하지만, 세부 조항에서 차이를 보인다. 이 글에서는 논의 내용을 생략한다.

32) Euthanasia code 2018 | Regional Euthanasia Review Committees (euthanasiecommissie.nl)

33) FCEE Report Euthanasie 2022, https://overlegorganen.gezondheid.belgie.be/nl/documenten/fcee-verslag-euthanasie-2022

하고 정보를 제공하면서 함께 논의하는 설명 행위와, 직접 혹은 간접적으로 안락사를 이행하는 행위로 구분된다. 미국 오리건주 「존엄사법」 제3장에서는[34] 의사의 설명 의무를 다음과 같이 규정한다. 병명과 병세, 대안 치료 방법 여부, 처방 약의 위험성 및 복용 후 예상되는 결과(죽음, 고통 가능성, 다시 깨어남 등)에 관한 정보를 제공하고, 호스피스, 생애 말기 돌봄, 완화 의료를 권유하는 행위로 규정한다. 의사는 모든 설명 과정에서 정확한 정보를 제공해야 하며, 중단하거나 철회할 수 있음을 공지하고, 환자가 본인의 결정을 가족, 친지, 지인 등과 공유하도록 권유할 의무가 있다.

네덜란드 「안락사법」도 제2장에서[35] 안락사 이행 과정에서 의사가 준수해야 하는 6가지 의료 행위를 규정했다. 우선 의사는 상담을 통해 환자가 자발적으로 숙고를 거친 결정을 했는지 확인하고, 고통 조절 및 회복 가능성 유무를 설명하며, 병명과 병세에 관한 정보를 제공하고, 안락사 이외의 대안이 있는지 함께 확인해야 한다. 또한 의사는 최소 1명 이상 다른 의사의 자문을 연계하여 환자를 진료하고, 진료기록을 환자에게 설명해 주어야 한다. 마지막으로 의사는 환자에게 직접 안락사를 이행하거나 혹은 환자가 스스로 약을 먹도록 도움을 제공하며, 모든 절차를 자세하게 설명해야 한다.

2) 환자의 자기 결정 조건

환자가 안락사를 요청하려면 법에서 정하는 환자의 조건을 모두 충족해야 하지만 무엇보다 자발적인 결정이었음을 의사에게 설명할 수 있어야 한다. 또한 환자는 의사의 설명을 충분히 이해하고 의사 결정을 할 수 있어야 하며, 구두 요청과 서면 요청 사이 숙려 기간에도 지속적으로 의사에게 본인의 의사를 확인해 주어야 한다. 오리건주 「존엄사법」 제1장은 환자의 존엄사 요구 조건을 18세 이상 성인으로 한다. 또한 법원, 의사, 자문의, 정신과 의사, 심리학자의 의견을 참고하여 환자의 의사 결정 능력을 확인하도록 규정했다. 구체적으로 환자는 의사와 자문 의사의 진단 결과, 치매 등 인지기능 장애가 없어야 하며, 약물을 인지하고 처방전에 따라 직접

---

34) 오리건주 안락사법
35) 네덜란드 안락사법

약을 먹을 수 있어야 하고, 의사 앞에서 직접 서명할 수 있을 정도의 기능을 유지해야 한다.

네덜란드 「안락사법」도[36] 환자의 조건을 의사 결정 능력 보유 여부와 나이로 규정하였다. 우선 환자가 자발적이며 의사 결정이 가능하다면, 환자의 나이가 12~16세인 경우 부모나 보호자의 동의를 얻어, 16~18세인 경우 부모나 보호자와 논의하여 안락사를 요청할 수 있다. 하지만 환자가 자발적 의사 결정을 할 수 없는 경우, 16세 이상이라면 과거 의사 결정이 가능한 시점에 서면으로 본인의 의사를 밝혀 놓았을 때 안락사를 요청할 수 있도록 규정했다. 안락사 강령에서는 치매 환자의 경우 환자가 본인의 의사를 표현하고 결정을 내릴 수 없는 경우, 의사는 사전 지시서가 있는지, 참을 수 없을 정도의 고통이 있는지, 안락사를 원하지 않는다는 명백한 의사가 있는지 확인하고, 이 분야 전문의의 자문을 연계하여 진행하도록 안내한다. 정신질환을 앓고 있는 환자인 경우에도 의사는 환자의 안락사 요청이 질환으로 인한 증상의 일부분인지, 고통을 줄일 수 있는 대안은 없는지 확인하고 정신과 의사의 자문을 연계하도록 했다.[37]

5. 안락사 이야기: 논쟁이 아닌 고민을 나누며

최근 인간의 생명 존엄성을 중시하는 영국의 란셋 위원회(The Lancet Commissions)가[38] 인간의 죽음도 사회, 문화, 경제, 종교, 정치, 환경문제와 소통하여 만들어 가는 경험으로 받아들여야 하며, 그런 의미에서 안락사도 죽음 이야기의 일부분이 되어야 한다는 의견을 밝혔다. 이는 21세기 죽음 이야기가 안락사로 이동하기 시작하였음을 알리는 무음의 신호이다. 물론 안락사로 움직임이 시작되었으니 돌이킬 수 없으며 받아들여야 한다고 주장하려는 것은 아니지만, 세계 여러 나라에서 안락사 법제화가 널리 확산하고 있는 것도 엄연한 사실이다. 유럽의 네덜란드와 북유럽 국가들, 스페인, 포르투갈이 「안락사법」을 제정하였고, 영국 의사협

---

36) 네덜란드 안락사법
37) 네덜란드 의사협회는 안락사 이행 과정에서 자문을 연계하고 진료를 받기 위하여 자문의사 홈페이지를 별개로 운영하고 있다. https://www.knmg.nl/advies-richtlijnen/scen-steun-en-consultatie-bij-euthanasie/voor-scen-artsen.htm
38) The Lancet Commissions, Report of the Value of Death, https://www.thelancet.com/pdfs/journals/lancet/PIIS0140-6736(21)02314-X.pdf

회의 옹호적 입장 전환으로 스코틀랜드도 「안락사법」을 발의했다. 프랑스는 마크롱 대통령이 2024년 「안락사법」 제정을 국민투표로 결정하겠다고 선언한 후, 담당 위원회를 구성했다. 최근 위원회는 2023년 3월에 실시하는 국민 토론회에 앞서 안락사 관련 용어들을 정의하고 정리하는 작업을 진행 중이다.[39] 아메리카 대륙의 미국, 캐나다, 콜롬비아, 코스타리카와 오세아니아 대륙의 호주도 「안락사법」을 제정했다. 특히 캐나다는 2016년 「죽음에서의 의료 조력법」을 제정한 후, 최근 개정을 통해 말기나 임종기가 아닌 환자도 포함되도록 대상을 확대했다. 또한 기존의 말기나 임종기 환자의 경우 의사의 재량으로 최종 서면 동의서 및 숙려 기간 10일도 단축할 수 있도록 절차를 완화했다.[40] 다만 정신질환을 앓고 있는 환자는 충분한 연구와 시스템을 마련하는 조건으로 2023년 3월까지 시행을 유보했다.[41]

죽음을 이야기하면서 그 방법의 어려움을 비교하는 일은 온당치 않다. 하지만 호스피스 환자 A 씨는 왜 이미 가까이 와 있는 죽음 앞에서 기다리지 못하고 스스로 생을 끊어야 했을까 하는 질문은 여전히 남는다. 안락사를 결정해도 죽음에 이르는 과정은 매우 복잡하고 다음 단계로 넘어가는 일은 쉽지 않다. 환자가 안락사를 결정하는 이유는 단지 참을 수 없는 고통 때문만은 아니다. 자율성이나 존엄성을 잃게 되는 것이 두려워서, 더는 삶의 즐거움을 누리지 못해서, 신체적 기능을 상실해서, 가족이나 부양자에게 주는 부담이 싫어서 등 죽음을 택하는 이유는 다양하다.

「안락사법」에서 규정하는 환자의 조건은 엄격하고, 이행 절차를 감독하는 체계는 전문적이고 복잡하여 특정 의료인에게만 허용될 수 있도록 했다. 환자는 안락사법의 모든 이행 과정에서 약자이며, 사후에도 심사위원회에서 문제를 제기하면 보험 청구 소송을 거쳐 채무자가 될 수 있는 취약한 위치에 있다. 이런 제도의 문제점으로 법 제정 후 20여 년이 지난 현재, 안락사로 사망한 환자의 수는 매우 적으며 증가 속도도 더디다. 다만, 캐나다는 2016년 법 제정 당시 안락사 사망자가 1천 명이었지만 2021년에는 1만여 명으로 증가하여 그 증가 추세가 주목된다.[42]

39) Assisted dying, euthanasia, end of life, https://www.lemonde.fr/en/france/article/2022/12/31/assisted-dying-euthanasia-end-of-life-french-experts-to-develop-glossary-ahead-of-legislation_6009793_7.html

40) Canada's new medical assistance in dying(MAID) law, https://www.justice.gc.ca/eng/cj-jp/ad-am/bk-di.html

41) Canada delays right to physician assisted death for mentally ill people, https://www.theguardian.com/world/2022/dec/18/canada-medically-assisted-death-delay

42) Canada MAID, 3차 보고서(2021), https://www.canada.ca/en/health-canada/services/medical-assistance-dying/

그렇다면 우리의 과도한 관심과 엄격한 절차만으로 환자가 원하는 안락사 이야기의 방향을 바꿀 수 있을까? 스위스 안락사 동행을 제안받은 신아연 작가는 정작 단 며칠 안락사 현장에서 안락사를 기다리는 제안자와 마주칠 때마다 다른 치료 방법을 찾아보자고 권유했다고 고백했다.[43] 필자도 환자 A 씨가 모두를 향해 죽여 달라고 소리 지르던 모습을 기억한다. 하지만 "조금만 더 참으세요, 약이 곧 효과가 있을 거예요"라는 약속된 말과 방임으로 일관했음을 고백한다. 그가 견뎌야 했던 죽음 침대에서의 고뇌를 외면하여 부끄럽다. 그에게도 필자에게도 8개월은 너무 긴 시간이었다.

안락사 이야기를 정리하면서 필자는 「안락사법」을 제정하고 운영하는 해외 사례를 통해 환자의 눈과 귀가 되려고 노력했다. 왜 안락사가 그나마 나은 선택이었는지, 언제 결정해야 하는지, 어떤 조건을 유지해야 하는지, 안락사를 선택한 후 단계별로 무엇을 해야 하는지, 의사에게 어떤 설명을 듣고 무엇을 요구할 수 있는지, 어떤 종류의 의료보험이 필요한지, 어떻게 처방 약을 받고, 어디에서 먹을 것인지, 마지막 시점에 누구에게 함께 있어 달라고 부탁할 것인지, 문제가 발생하면 어떻게 알릴 것인지 등을 법 규정과 연구 및 지침서를 통해 중점적으로 분석했다. 마지막으로 글을 마무리하면서, 환자 A가 삶의 마지막 순간, 힘들고 지친 기억으로만 떠나지 않았기를 바라는 마음으로 다음과 같은 몇 가지 고민을 나누고자 한다.

고민 1. 안락사를 선택하면 편안한 죽음을 보장받을 수 있을까?

안락사를 선택한 환자에게 투약하는 처방 약은 편안한 죽음을 보장하는 유일한 도구이므로, 환자의 반응에 민감한 약물 조합 연구와 개발이 우선되어야 한다.[44] 미국 오리건주는 존엄사가 완화의료와 다르며, 처방 약물도 일반 독성이 강한 약물이 아니라 의약품으로 정의하고 있다.[45] 그러나 환자가 약을 먹고 의식을 잃기까지 걸리는 평균 시간과 사망에 이르기까지 걸리는 평균 시간은 각각 5분, 30분으로 길게 느껴지지 않을지 몰라도, 실제로는 104시간이 걸

annual-report-2021.html

43) 신아연, 『스위스 안락사 현장에 다녀왔습니다』(책과나무, 2022).

44) Dobscha, Heintz, Press, & Ganzini, 「2004 Oregon Physicians' to Requests for Assisted Suicide」, https://pubmed. ncbi.nlm.nih.gov/15265355/

45) Government of the Netherlands

리는 경우도 있었다. 또한 약물 복용 후 다시 의식을 찾은 사례도 9건이나 되었지만 이유를 밝히지는 못했다. 그 외에도 법에서 입으로만 먹도록 규정하여, 약을 삼키기 어렵거나 구토를 하여 이행하지 못하는 문제점도 발견되었다. 하지만 환자에게 어떤 문제점이 있었는지 알 수 없다는 비율도 높게(약 50%) 보고되어[46] 죽은 자의 문제는 쉽게 묻히고 밝혀지지 않았다.

안락사를 선택한 환자에게 호스피스 이용 가능성과 실제 이용률 역시 편안한 죽음을 보장할 수 있는 필수 조건이다. 네덜란드는 병원이나 호스피스 기관보다는 집에서 호스피스 서비스를 받으며 안락사를 이행하는 환자 비율이 가장 높았다. 미국 오리건주는 98%가, 캐나다는 88%가 안락사를 결정하고 호스피스를 이용했으며, 이용 기간도 점차 길어지고 있다.

고민 2. 안락사 선택 환자는 의사의 도움을 보장받을 수 있을까?

최근 네덜란드에서 치매노인의 안락사를 도운 의사를 기소한 사례에서, 법정 싸움을 통해 의사가 과거의 환자와 현재의 환자를 두고 고민하면서 끝까지 사랑으로 돌본 행위가 인정되어 무죄판결이 내려졌다.[47] 하지만 의사가 기소된 사례는 일반 의사들에게 치매환자의 안락사 이행을 거절하거나 치매환자를 다른 의사에게 보내려는 빌미를 제공했다.[48] 노인 치매환자의 안락사 이행을 돕기 위하여 의사는 물론 전문 간호사, 심리 전문가를 생애 말기 코디네이터로 확대하려는 노력도 있었지만, 의사협회의 의료윤리적 문제 제기로 법 제정에 실패했다. 특히 사전 지시서에 의해 안락사를 이행한 환자가 1% 미만에 불과하므로, 환자 조건을 충족하기 어려운 치매 및 노인성 말기 질환 환자는 의사의 도움을 받기 어려울 수 있다.[49] 미국 하와이주는 지역적 이유로 의사가 부족하여 전문 간호사가 안락사 이행에 참여하고 있으며, 캐나다도 의사 외에 전문 간호사가 안락사 이행을 돕고 있다.

법에서 규정하는 의사의 조력 범위에 따라서 환자가 원하는 도움도 달라질 수 있으며, 실제 많은 도움이 필요하다. 오리건주 존엄사법은 의사의 감독 없이 환자가 직접 처방 약을 먹을

---

46) Oregon Death with Dignity Act, 2021 Data Summary, DWDA 2021 (oregon.gov)

47) Asscher & Vathorst First prosecution of a Dutch doctor since the Euthanasia Act of 2002, https://jme.bmj.com/content/46/2/71

48) Oregon Death with Dignity Act, 2021 Data Summary, DWDA 2021 (oregon.gov)

49) 2021년 안락사 연간 보고서, https://www.euthanasiecommissie.nl/de-toetsingscommissies/uitspraken/jaarverslagen/2021/maart/31/jaarverslag-2021

수 있다. 하지만 약을 먹을 시점에 누구와 함께했는지 알 수 없는 비율도 40%나 되고, 사망 시점에 의료인이 아닌 자원봉사자나 가족을 포함한 비의료인이 함께한 비율도 60%나 된다. 따라서 의사 외에도 환자에게 도움을 줄 수 있는 사람들을 대상으로 전문 훈련이 필요한 것으로 보인다.[50]

고민 3. 안락사를 선택한 환자는 모든 조건과 절차에서 평등한가?

안락사를 선택하는 사람의 80% 이상이 65세 이상 노인이며, 80세 이상 노인의 치매 진단 비율은 매우 높다. 인지기능이 약화한 노인은 환자 조건을 충족시키기 매우 어렵다. 네덜란드에서는 이를 반영하여 의사소통이 어렵거나 스스로 의사 결정을 내리지 못하는 70세 이상 노인을 대상으로 사전 지시서에 따라 가족이나 대리인이 대신 안락사를 요청할 수 있는 법을 발의했지만 노인 인권 침해 우려로 법 제정에 실패했다.[51]

임종이 임박한 환자에게 숙려 기간을 두는 절차도 비합리적이다. 환자의 구두 요청 후 이행까지 최소 1개월에서 길게는 3개월이 걸려, 임종이 임박한 환자는 처방 약을 받고도 먹지 못하고 사망하기 쉽다. 미국 오리건주에서는 1998년부터 2021년 사이 의사의 처방을 받은 총 3,280명 중 2,159명만이(66%) 약을 먹고 사망했다.[52] 2019년 법 개정으로 의사는 구두 요청과 서면 요청 사이 숙려 기간 15일, 서면 요청 후 약을 처방받기까지 숙려 기간 48시간을 단축할 수 있게 되었다. 하와이주도 숙려 기간을 20일에서 15일로 단축하고, 임종이 임박한 환자를 위해 의사에게 이 기간도 단축할 수 있는 자율성을 허용했다. 캘리포니아주도 2022년 숙려 기간을 15일에서 48시간으로 줄이고, 모든 의료기관 홈페이지에 안락사 관련 병원 정책을 게시하도록 하여 환자가 일찍 결정할 수 있도록 돕고 있다. 캐나다도 말기 및 임종기 환자에게 최종 동의서 제출 의무를 유보하고, 숙려 기간 10일도 단축할 수 있도록 법을 개정했다.

- 추신: 지난 8개월 안락사를 생각하고, 나에게 아름다운 죽음을 생각하게 해 준 두 개의 유

---

50) Oregon Death with Dignity Act, 2021 Data Summary, DWDA 2021 (oregon.gov)
51) T. J. Holzman, The final act, https://bioethicalinquiry.com/the-final-act-an-ethical-analysis-of-pia-dijkstras-euthanasia-for-a-completed-life/
52) Oregon Death with Dignity Act, 2021 Data Summary, DWDA 2021 (oregon.gov)

튜브 영상을 소개한다.

- Yunchan Lim(임윤찬), MOZART Piano Concerto No. 22 in E-flat Major, K. 482 - 2022
  Cliburn Competition
- Simons, All Is Beauty

|참고 문헌 및 자료|

1. 데이비드 재럿, 『이만하면 괜찮은 죽음』(월북, 2020).

2. 박충구, 『인간의 마지막 권리』(동녘, 2019).

3. 신아연, 『스위스 안락사 현장에 다녀왔습니다』(책과나무, 2022).

4. 안규백 의원 대표발의 일부 개정 법률안, http://likms.assembly.go.kr/bill/billDetail.do?billId=PRC_D2T2G0V 5I2T6C1U1L3E1I2D8W5Y4Z2&ageFrom=21&ageTo=21

5. 네덜란드 안락사법, Netherlands, Termination of Life on Request & Assisted Suicide Act, https://www.euthanasiecommissie.nl/

6. 오리건주 안락사법, https://www.compassionandchoices.org/in-your-state/oregon

7. Assisted dying, euthanasia, end of life, https://www.lemonde.fr/en/france/article/2022/12/31/assisted-dying-euthanasia-end-of-life-french-experts-to-develop-glossary-ahead-of-legislation_6009793_7.html

8. Asscher & Vathorst First prosecution of a Dutch doctor since the Euthanasia Act of 2002, https://jme.bmj.com/content/46/2/71

9. California Natural Death Act, http://www.US%20act/Califonia%20EOL%20option%20act/Califonia%20limit%20to%20refuse.pdf

10. Canada MAID, 3차 보고서.

11. Dobscha, Heintz, Press, & Ganzini, 「2004 Oregon Physicians' to Requests for Assisted Suicide」, https://pubmed.ncbi.nlm.nih.gov/15265355/

12. Euthanasia code 2018 | Regional Euthanasia Review Committees (euthanasiecommissie.nl).

13. FCEE Report Euthanasie 2022.

14. https://www.knmg.nl/advies-richtlijnen/scen-steun-en-consultatie-bij-euthanasie/voor-scen-artsen.htm

15. Oregon Death with Dignity Act, 2021 Data Summary.

16. T. J. Holzman, The final act.

17. The Lancet Commissions, Report of the Value of Death, https://www.thelancet.com/pdfs/journals/lancet/PIIS0140-6736(21)02314-X.pdf

우리나라 자살 현황과 예방 대책

● 양두석

한국은 여전히 OECD 국가 중 자살률 1위라는 불명예스러운 기록을 갖고 있다. 우리 사회가 높은 자살률과 자살 시도에 부끄러워하기는 하는지, 부끄러운 현실을 외면하고 있는 것은 아닌지를 돌아봐야 할 때이다. 정부도 많은 제도와 정책을 제안하고 실행하고 있지만, 자살 현황은 좀처럼 변하지 않고 있다. 어디에서 잘못되고 있는 것인가?

한 개인의 자살은 당사자의 귀중한 생명 손실에 그치지 않고 가족, 친지, 이웃, 사회 공동체 모두에게 깊은 상처를 남긴다. 유족들의 충격과 정신적 상처는 오래 지속되고, 고인과 자신들에 대한 회한과 수치심에 유족들은 정상적 생활을 유지하기도 어렵다. 높은 자살률이 지속되면 사회 공동체 수준에서 자살은 금기의 대상이 되며, 정신적, 심리적 어려움을 겪는 당사자들이 문제를 공개적으로 드러내는 것조차 문화적 금기가 된다. 문제가 드러나는 것은 회피해야 할 수치스러운 일이기 때문에 문제를 말하지 못하고, 다시 문제가 드러나지 못하는 악순환의 고리가 생겨나는 셈이다.

자살은 정신적, 심리적 문제에 앞서 우리 삶의 조건으로부터 온다. 높은 자살률이 청년기, 장년기, 노년기를 가리지 않고 전 세대에 걸쳐 나타나는 게 좋은 예증이라 할 수 있다. 압축 근대화가 지속되면서 극심한 경쟁과 생존의 문화가 풍토처럼 자리 잡았다. 입시 경쟁과 입시 지옥, 기업과 시장에서 살아남아 성공해야 하는 성취 문화, 준비되지 않은 노년의 빈곤 등. 이런 사회적 삶의 조건은 실패에 대한 두려움, '나'부터 살아야 한다는 개인적 생존주의, 실패와 배제로 인한 외로움과 고립 등을 낳게 되는 것이다.

진단이 더 필요한 것이 아니라 조금씩이라도 자살률을 낮춰 가는 실질적 조치와 공동체의 노력이 필요하다. 웰다잉 동향의 목적에 맞춰서 노인 자살에 초점을 모아 현황과 대책을 살펴보고자 한다.

1. 우리나라의 높은 자살률

〈그림 1〉에 따르면 1998년 외환위기 이후, 10만 명당 18.6%였던 자살률은 2012년까지 급상승해서 30%를 넘었다가 이후 조금씩 감소하여 2019년 26.9%를 기록했다. 지난 10여 년간 추세로 보면 2011년에 15,905명, 2021년에 13,352명이 자살로 사망했다. 그리고 성별 자살 현황에서는 남자 자살 비율이 여성에 비해 2배 이상 높게 나타나 전체 자살 사망자 중 남성이 69%, 여성이 31%였다.

〈그림 1〉사망률 추이 및 사망 원인, 1998~2019년(단위: 인구 10만 명당 명, %)

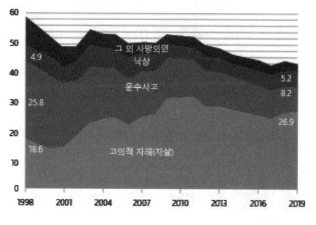

자료: 통계청, 「사망원인통계」(2020)

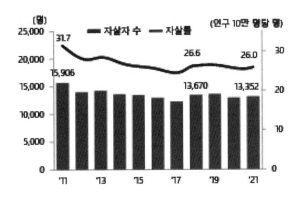

〈그림 2〉 자살자 수 및 자살률 추이, 2011~2021년

자료: 통계청, 「사망원인통계」(2022)

〈표 1〉 2020년 성별 자살 현황(단위: 인구 10만 명당 명, %)

성별	자살자 수	백분율	자살률
남자	9,093	68.9	35.5
여자	4,102	31.1	15.9
전체	13,195	100.0	25.7

자료: 통계청, 「사망원인통계」(2020)

　　연령별로는 〈그림 3〉에서 보듯 연령이 높아질수록 10만 명당 자살자 비율이 높아지는 것이 확연히 보인다. 60대가 10만 명당 30.1명, 70대가 38.8명, 80대가 62.6명으로 나타났다. 80대 이상의 자살자 비율이 62.6명으로 다른 연령대에 비해 아주 높은 것이 눈에 띈다.

〈그림 3〉 2020년 연령대별 자살률(단위: 인구 10만 명당 명, %)

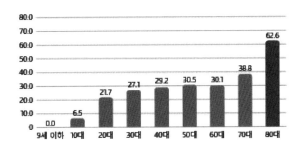

자료: 통계청, 「사망원인통계」(2020)

65세 이상 노인층의 10만 명당 자살자 수는 2016년 3,615명에서 2020년 3,392명이 되었고, 차츰 감소하는 경향을 보인다.

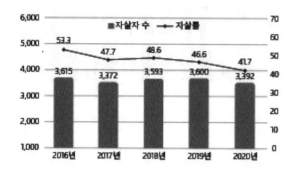

〈그림 4〉 노인(65세 이상) 자살 현황(단위: 인구 10만 명당 명, %)

자료: 통계청, 「사망원인통계」(2016~2020)

자살 사망 뒤에는 많은 자살 시도자들이 존재한다. 자살 시도자의 수를 직접 파악하기 어렵기 때문에 응급실 내원 환자 데이터를 통해 자살 시도 건수를 파악한다. 2020년 응급실 내원 환자 중 자살 시도자가 34,905명이었고, 이 중 여성이 21,176명, 남성이 13,729명으로 나타났다. 여기서 자살 사망자에서는 여성의 비율이 낮지만 자살 시도자에서는 남성의 1.6배에 육박함을 볼 수 있다. 또 하나 주목할 만한 것은 연령별 자살 시도 비율에서 20대가 가장 높고 노인층에서는 오히려 자살 시도 비율은 낮다는 사실이다. 이것은 노인 자살 시도 비율은 낮지만 자살을 통해 사망에 이른 사람의 수는 대단히 높은 것을 나타낸다.

〈표 2〉 2020년 성별 자해 · 자살 시도 응급실 내원 현황(단위: 건, %)

성별	시도 건수	백분율
남자	13,729	39.3
여자	21,176	60.7
전체	34,905	100.0

자료: 중앙응급의료센터, 「2020년 국가응급진료정보망 자료」

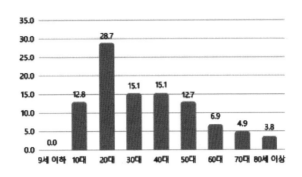

〈그림 5〉 2020년 연령대별 자해·자살 시도 비율(단위: %)

자료: 중앙응급의료센터, 「2020년 국가응급진료정보망 자료」

우리나라 자살률은 1990년대 초 인구 10만 명당 9.4명으로 그리 많지 않았으나 1993년부터 증가하기 시작하여 1998년 IMF 외환위기 사태와 2009년 금융위기를 겪으며 기업 도산과 자영업자의 폐업 등 대량 실직과 실업 등으로 어려움에 처한 사람들이 스스로 목숨을 끊는 일이 많이 발생했다.

2021년에는 자살자가 13,352명으로, 매일 36명이 자살했고, 자살 유가족은 8만 명이나 발생했다. 이에 따른 경제적 손실도 6조 5천억 원에 달했다. 자살하는 사람은 엄청난 고민과 번민 속에 자살을 결행하지만 유가족은 죄책감과 사회적 낙인으로 뼈를 깎는 고통 속에서 평생을 살아가게 된다. 때때로 이들 유가족의 슬픔은 암 등 질병이나 또 다른 자살로 이어질 수 있다. 이러한 비극적이고 재난적인 상황을 줄이려면 사회 전체가 나서야 하며, 이는 곧 국가의 책무라고 볼 수 있다.

2. 자살 예방을 위한 정책과 대안 모색

지난 20여 년간 정부는 나름대로 많은 제도와 법, 예산 집행을 통해 많은 노력을 경주해 왔다. 2018년부터 2022년까지 제4차 자살 예방 대책이 실행되었고, 2023년에는 제5차 자살 예방 대책이 실행 중이다. 제4차 자살 예방 대책에서 심리 부검 제도를 도입하여 7만 명에 달하는 자살자의 심리 부검 분석을 시행한 것은 큰 성과라 할 수 있다. 이 분석 결과에 근거해서 자살 고위험군 관리와 자살 예방을 위한 국가 행동 계획이 만들어졌다.

하지만 우리는 사회와 정부의 많은 노력에도 불구하고 OECD 국가 중 자살률 1위라는 오명을 벗지 못하고 있다. 그동안의 노력에도 불구하고 자살 예방에 실패한 이유는 무엇일까? 그 이유는 다음과 같이 정리할 수 있다. ① 자살을 지나치게 개인적 차원에서 접근하고 사회적 이슈로 접근하지 못하기 때문에 자살 예방 대책들이 제대로 효과를 발휘하지 못한다. ② 노동 시장의 불안정, 극심한 경쟁과 생존의 문화라는 사회적 조건을 어떤 형태로든 개선하려는 노력과 정책 실행이 부족하다. ③ 자살 시도자, 가족, 친지와 이웃에 대한 지원과 연대, 그리고 그들을 지원하는 시스템이 부족하다. ④ 개발된 정책과 제도를 뒷받침하는 인력과 예산이 부족하다. ⑤ 자살 예방 정책과 프로그램의 시행에서 지방자치단체와 지역사회의 협력과 연계가 부족하다(한국보건사회연구원, 「노인 자살의 사회 경제적 배경 및 대응 방안 모색」, 2023).

이런 한계점을 어떻게 넘어설 것인가를 생각하면 대안도 도출된다.

첫째, 총리실 산하에 자살예방대책위원회를 실질적 기구로 내실화(현재는 분기별로 1회 회의를 하는 것이 전부이다)하거나 대통령 직속으로 상설화해야 한다. 자살 예방 사업은 현재 보건복지부에서 관장하고 있으나, 자살 위험군 관리 사업의 경우, 학생은 교육부, 군인은 국방부, 직장인은 고용노동부, 농어민은 농림축산부, 예술인과 연예인은 문화체육관광부, 노인은 보건복지부가 담당하는 식으로 분산되어 있다. 이 위원회가 실질적으로 여러 부처의 업무를 연결하는 역할을 수행할 수 있어야 한다.

둘째, 자살 예방 대책 관련 예산을 대폭 증액할 필요가 있다. 우리나라의 2023년 자살 예방 대책 관련 예산은 546억 원인 데 비해, 일본은 8300억 원 정도이다. 우리나라도 최소 3000억 원 정도로 대폭 증액해야 하는데 증액을 위해 아래와 같은 기금에서 출연하는 방안을 고려해 볼 수 있다.

① 주세 활용: 자살자 중 30~60%가 음주 후 자살을 하고 있어 음주 폐해 예방 사업이 곧 자살 예방 사업이기에 3조 원 정도의 주세 중 일부 금액을 충당할 수 있을 것이다.

② 복권 기금 활용: 복권은 대부분 서민이 사고 있는데, 기금의 65%를 저소득층 복지 사업에

쓰고 있으므로 6조 4864억 원의 복권 기금 중의 일부를 활용할 수 있을 것이다.

③ 응급의료 기금 활용: 매일 720명(연간 26만 명)이 자살을 시도하고, 이 중 36명이 자살로 생을 마감하고 있으며 이로 인한 긴급 출동, 응급 치료 등 사후 처리에 많은 예산이 소요되고 있다. 현재 도로교통법상 범칙금과 과태료의 20/100을 응급의료 기금으로 활용토록 하고 있는데, 2021년 응급의료 기금은 1600억 원에 달한다. 응급의료 기금 중 30/100, 약 500억 원을 자살 예방을 위한 제반 활동에 사전 투자하도록 개선할 수 있을 것이다.

3. 시도 지방자치단체 및 경찰청과 소방서에 자살예방정책과 신설 필요

2021년 교통사고 사망자는 2,916명이다. 전국 17개 시도와 228개 시군구 지자체에 교통안전과나 교통시설과가 설치되어 있으며, 18개 시도 경찰청과 258개 경찰서에 교통안전과가 설치되어 교통사고 예방 대책을 시도 지자체와 경찰 등이 함께 추진하고 있다. 하지만 2021년 자살 사망자는 13,352명으로 교통사고 사망자보다 4.6배나 더 많다. 자살 예방을 위해 대부분의 지방자치단체들이 지역 기반 자살 예방 프로그램을 운영하고 있지만, 자살 예방을 전담하는 조직은 미흡한 실정이다. 보건복지부에 자살예방정책과만 설치되어 있을 뿐 시도 지자체와 경찰청과 경찰서에 자살 예방을 담당하는 부서가 별로 없다. 시도 지자체와 경찰관서는 물론 소방서에 '자살예방정책과' 신설이 매우 시급한 과제이다.

4. 지자체의 자살 예방 프로그램 운영 사례: 자살률 1위라는 불명예를 벗게 된 충청남도

위에서 말했듯이 대부분의 지방자치단체들이 지역 기반 자살 예방 프로그램을 운영하고 있으며, 성과도 상당히 나타나고 있다. 〈표 3〉이 우수 사례를 보여 준다.

<표 3> 2020년 자살 예방 사업 우수 사례

지자체명	세부 사업명	주요 내용
강원도	응급개입팀 구축	자살 응급대응을 위한 모의훈련을 통해 자살시도자 개입에 있어 경찰-소방-정신건강복지센터 각 기관별로 맡은 역할을 충실히 수행하여 자살시도자를 신속하고 안전하게 구조했으며, 향후 지역 내 민관기관과의 협조적이고 안전한 자살 응급대응 시스템 기반을 마련함.
서울특별시	코로나 비대면 온라인 생명지킴이 교육 콘텐츠 'S-생명지기' 개발 및 활용	생명지킴이 교육을 온라인 동영상으로 제작하여 자살 예방에 관심이 있는 누구나 쉽게 생명지킴이 활동 전략을 배우고, 자살 예방을 실천할 수 있도록 함.
서울특별시	코로나 블루로 인한 현안에 자살 예방 접근 강화	자살 예방과 코로나19를 접목하여 다학제적 자문단(복지, 법률, 예술, 소셜마케팅 등)과 다양한 심리방역 공감 콘텐츠 개발을 통한 선제적 역할을 수행했으며, 자살 예방 사업의 효과성 증대를 위한 비대면 플랫폼(모두다/누구나)을 개발하여 발 빠르게 대응함.
울산광역시	취약 계층 자살 예방 체계 마련	코로나19 장기화로 인해 경제 취약 계층의 우울, 불안, 수면 문제, 자살 사고의 위험성이 증가함에 따라 신용회복위원회 울산지부와 협업하여 찾아가는 정신건강·자살예방 이동상담을 실시하여 취약 계층 정신건강 서비스 접근성 제고 및 자살 고위험군 조기 발견과 연계 활성화를 도모함.
인천광역시	포스코 협력 자살 예방 안전난간 설치 사업	교량 투신 자살 예방을 위한 시설물 설치를 통해 자살 수단에 대한 접근성을 제한하고 자살 위험 환경을 개선, 생명존중 문화 조성에 기여함.
제주특별자치도	자살 예방센터 설치	광역정신건강복지센터 부설 자살 예방센터 설치를 통해 자살 및 정신 응급위기에 대한 적극적 대응과 효율적 추진을 도모함.

자료: 한국생명존중희망재단, 「자살 예방 백서」(2023)

전국 17개 시도 중 자살률 1위였던 충청남도는 2021년 10만 명당 자살자가 32.2명으로 줄어들어 '자살률 1위'라는 불명예를 5년 만에 벗어났다. 2018년 도지사가 새로 취임하여 자살 예방 사업을 도정의 최고 과제로 선정한 후 자살 예방 전담 조직 신설, 맞춤형 시책 추진, 자살 유가족 생활 지원·법률 지원·상담과 자조 모임 지원을 한 번에 처리하는 원스톱 서비스 체계 구축, 자살 예방 대책 협업 과제 추진 상황 보고회 등 자살 예방을 위한 전방위 활동을 적극 시행하여 거둔 성과였다.

2021년 충청남도의 자살자 수는 679명으로, 2020년 732명에 비해 53명이 감소했다. 이에 따라 10만 명당 자살자 수는 2020년 34.7명에서 2021년 32.2명으로 2.5명 감소했다. 자살률 순위도 2위가 되어 '탈꼴찌'에 성공했으며, 10만 명당 자살률도 2018년 35.5명, 2019년 35.2명,

2020년 34.7명, 2021년 32.2명으로 3년째 감소세를 유지하고 있다.

부여군에서도 좋은 사례를 찾아볼 수 있다. 부여군은 충남 15개 시군 가운데 자살률이 가장 낮은 곳이다. 10만 명당 자살률이 2017년 43.5명에서 2021년 26.5까지 줄어들었다. 충청남도는 이를 위해 자살 위험 대상을 세분화하고, 생애 주기별 대책을 마련, 자살 위험 사각지대를 최소화했다. 그리고 부여군 보건소는 초·중·고등학교 학생을 대상으로 정신 건강 증진 교육을 실시하고, 독거노인을 대상으로 전화 방문 서비스를 제공하여 우울감과 고독감 감소를 위해 노력했으며, 등록 임산부와 관내 여성단체 회원들의 우울감을 조사하는 사업을 실시하여 다양한 원인을 가진 고위험군을 발굴한 후 병원 치료와 상담 서비스를 제공했다. 무엇보다 2019년부터 부여군 내에 자살 예방 협업 과제를 시작, 2021년에 협업 과제 30건을 발굴하여 대책을 추진한 데 이어 2022년에도 협업 과제 35건을 발굴하여 대책을 추진했다.

공주시의 경우, 남성 독거노인 자살 예방을 위한 요리 프로그램을 운영하고 있는데, 사전에 참가자 전원을 대상으로 자살 위험 정도, 노인 우울 정도, 고독감 정도 등을 검사하여 대책을 마련한다.

보령시는 독거노인의 생활 실태를 파악한 후 협의체를 통해 대상자 120가구를 발굴하여 반려 물고기를 전달했고, 이후 정기적인 방문과 사후 모니터링을 통해 독거노인의 정서적 안정감이 향상된 것을 확인할 수 있었다.

이 밖에 아산시는 농약에 의한 충동적 음독자살 예방을, 서산시는 복지 사각지대 발굴을 위한 모니터링 강화를, 논산시는 100세 건강위원회 중심 마을 안 돌봄 강화를, 계룡시는 독거노인 유제품 배달 지원 사업을 추진했다. 또한 당진시는 청소년 상담 전화를 홍보하고, 금산군은 자살 유족을 대상으로 자조 모임 숲힐링 캠프를 시행했고, 서천군은 어르신 종합상담센터를, 홍성군은 찾아가는 상담 치료를, 태안군은 산후 우울증 예방을 위한 조기 검진 및 관리 등을 추진했다. 이렇게 충청남도의 15개 시군은 각양각색의 자살 예방 사업을 시행하여 자살률을 낮추었다.

이상 충청남도 사례는 지자체 수준에서 지역의 필요와 상황에 부응하는 다양한 정책을 현장에서 시행하면 자살 예방 조치들이 성과를 낼 수 있음을 보여 주고 있다.

| 참고 문헌 및 자료 |

1. 한국보건사회연구원, 「노인자살의 사회경제적 배경 및 대응방안 모색」(2023).

2. 중앙응급의료센터, 「2020년 국가응급진료정보망 자료」.

3. 통계청, 「사망원인통계」(2016~2020).

4. 한국생명존중희망재단, 「자살 예방 백서」(2023).

치매노인 돌봄 제공자로서
가정에서의 가족돌봄 경험

● 윤서희

장수의 꿈을 꾸어 온 인류에게 100세 시대도 더 이상 꿈만은 아니게 되었다. 그러나 오래 살고 싶다는 꿈이 '유병장수'를 뜻하는 것은 아닐 것이다. 의학의 발달로 수명은 증가했지만, 우리는 질병 때문에 기대수명을 온전히 누리지 못하고 살고 있다.

질병과 함께 사는 기간이 길수록 타인의 돌봄에 의존하는 기간도 길어진다. 완치를 기대할 수 없는 질환의 증가와 초고령 인구의 증가는 우리에게 '돌봄'이라는 숙제를 던진다. 돌봄이란 무엇일까? 돌봄은 인류가 살아가는 과정에 가장 근원적인 삶의 존재 양식이다(공병혜, 2013). 그러나 돌봄의 과정은 노동집약적 성격이 매우 강하다. 자기 스스로 일상생활을 하지 못하는 환자는 일상생활의 모든 과정에 돌봄이 없으면 생존하기가 불가능하기 때문이다. 공적 돌봄 정책의 시행으로 가정에서의 돌봄 부담이 줄어들기는 했으나, 가족돌봄은 여전히 중요한 부분을 차지하고 있다. 그렇다면 인류에게 두려운 질병 중 하나인 치매 환자를 집에서 돌보고 있는 가족은 어떤 경험을 하고 있는지 살펴보자.

치매는 뇌의 퇴행성 변화 또는 뇌혈관질환 등 때문에 기억력, 언어 능력, 일상생활 수행 능력이 저하되는 질환이다(Arai, Ozaki, & Katsumata, 2017). 65세 이상의 노령 인구가 급증함에 따라 치매 발병 위험도가 높은 후기 고령 인구가 증가하는 결과를 낳았다. 우리나라의 65세 이상 노령 인구는 8,137,675명으로 전체 인구 51,349,259명 중 15.8%를 차지하며, 2030년에 136만 명, 2050년에는 300만 명을 넘을 것으로 추정한다(중앙치매센터, 2022).

1. 치매 환자 돌봄 비용

치매는 치매노인과 치매노인을 돌보는 가족의 삶의 질에 절대적인 영향을 미친다. 그러므로 의료 지원 및 사회적 돌봄 지원을 위한 전반적인 사회보장이 요구된다.

「노인실태조사」(보건복지부, 2018)에 의하면, 2017년 노인 부부 가구의 비율이 2004년에 비해 2배가량 증가했다. 노인 부부 가구에서는 한쪽 배우자가 돌봄이 필요한 경우 다른 배우자가 돌봄을 제공하게 되는데, 이처럼 배우자가 돌봄 제공자인 경우가 가족돌봄 제공자 중 43.7%를 차지하는 것으로 나타났다. 치매 환자의 61.2%가 80세 이상임을 고려할 때(중앙치매센터, 2020), 치매노인을 돌보는 가족이 성인 자녀라 하더라도 장·노년층에 해당하므로 돌봄을 제공하는 가족이 점차 고령화되고 있음을 알 수 있다.

치매 환자를 돌보는 관리 비용도 가계소득에서 상당한 비중을 차지한다. 치매 환자 1인당 연간 관리 비용은 2061만 원으로, 가구당 월평균 소득을 이용하여 산출한 연간 가구소득 6193만 원의 33.2%를 차지한다(통계청, 「가계동향 조사」, 2020).

〈그림 1〉 치매 환자 1인당 연간 관리 비용의 구성[1]

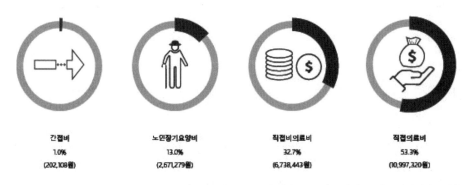

간접비	노인장기요양비	직접비의료비	직접의료비
1.0%	13.0%	32.7%	53.3%
(202,108원)	(2,671,279원)	(6,738,443원)	(10,997,320원)

자료: 「치매노인실태조사」(보건복지부·분당서울대병원, 2011)를 바탕으로 중앙치매센터 재산출

노인 부부 가구의 경우 일반 가구에 비해 월평균 소득이 적기 때문에 노인 부부 가구에게 치매 환자 1인당 연간 관리 비용은 큰 경제적 부담이 된다. 2020년 치매 환자 1인당 연간 관리

---

1) 중앙치매센터, 「대한민국 치매현황 보고서」(2021). 중앙치매센터에서 연 1회 발간하고 있다.

비용 2061만 원의 세부 지출 내역을 보면, 직접 의료비의 비중이 가장 크다. 직접 의료비란 치매 치료를 위한 비용으로 국민건강보험 급여와 환자의 비급여 본인 부담금, 본인 부담 약제비를 말한다(통계청, 「가계동향 조사」, 2020).

치매 환자 돌봄의 궁극적 목표는, 경도 치매 환자의 독립적 생활과 사회참여를 촉진하여 향상하고, 중고도 치매 환자의 일상생활을 도와 삶의 질을 높이는 것을 의미한다(Rabins et al., 2016, 중앙치매센터, 2017). 가족으로서 치매 환자에게 돌봄을 제공하는 것은 치매 발병과 함께 시작한다. 치매 진단 이후 병이 진행되는 과정에서 입소 시설을 이용하거나 가정에서 돌봄을 시작하면서 돌봄 제공자로서 다양한 역할을 수행하게 된다. 노인 단독 가구가 증가했지만, 우리나라 노인들은 효 사상과 가족주의 때문에 가족으로부터 부양받기를 선호하여 자연스럽게 가족이 치매노인을 돌보는 주된 돌봄 제공자가 된다.

2. 치매노인 돌봄 제공자와 면담 진행

치매 환자를 위한 국가 정책이 10년 이상 추진되어 왔으나 현장에서 돌봄을 담당하는 가족들은 많은 어려움을 호소하고 있다. 이에 치매노인과 함께 살아가는 가족의 경험을 이해하고자 가족돌봄 제공자의 진솔한 이야기, 생생한 실제 경험과 생각, 느낌 등을 들어 보았다. 구체적으로 어떤 어려움을 안고 있는지 파악하고자 가정에서 치매 환자를 돌보는 가족 중 주 돌봄자를 만나 면담을 진행했다. 면담을 진행하기 전에 연구의 목적과 취지를 충분히 설명했고, 그 취지와 목적에 동의한 사람을 면담 참여자로 선정했다.

2022년 7월부터 11월까지 진행된 면담의 최초 참여자로 5명을 선정했으나 면담 도중 1명이 본인이 겪은 어려운 경험을 말하기를 꺼리며 면담 참여 거부 의사를 표현하여 그를 제외하고, 4명의 참여자로 진행했다.

면담 참여자의 특성은 다음과 같다.

<표 1> 일반적 특성

참여자	성별	연령	치매노인과의 관계	치매 대상자 장기요양 등급	돌봄 기간	돌봄 서비스 종류
김미영	여	73	딸	2등급	15년	주간보호센터, 가족요양 (딸이 요양보호사 자격 취득)
이은희	여	52	며느리	4등급	3년	방문요양(요양보호사가 방문)
진달래	여	49	딸	3등급	2년	주간보호센터
홍소영	여	58	딸	이용하지 않음	1년	이용하지 않음

※ 성명은 참여자의 요구 및 정보 보호를 위하여 가명으로 표기하였음

주 돌봄자가 겪는 어려움을 알아보기 위해 치매 환자의 기본적 특성에서부터 관심을 두었다. 치매 진단 시기, 돌봄 기간, 투약과 돌봄 서비스 이용 현황부터 주 돌봄자가 느끼는 심리적, 신체적인 어려움이 무엇인지, 어려움에 어떻게 대처하고 있는지에 대해 심층 면담을 통해 자료를 수집했고, 세부적인 질문은 상황에 맞추어 탄력적으로 진행했다. 심층 면담은 반구조화된 면담지를 준비하여 참여자와 자유로운 대화 형식으로 수행했다. 면담 방법으로는 직접 찾아가 만나기도 하고, 보충이 필요한 경우 화상과 전화를 이용하여 일대일로 진행했다.

3. 면담 분석 결과

면담 참여자들이 진술한 내용을 반복하여 읽으면서 전체적인 의미를 파악했다. 어떤 상황에서 어려움을 겪고 있으며 무엇을 언급했는지를 정리하여 주요 의미들을 추출한 후 최소 의미 단위로 코드명을 붙였다. 코딩된 최소 의미 단위들을 비슷한 주요 의미 단위로 묶어 보다 넓은 범주로 주제를 정하고, 이를 다시 상위 범주로 묶는 범주화 작업을 거쳐 최종적으로 주제를 도출했다. 선정된 주제가 수집된 자료의 특성을 잘 설명하고 있는지 원자료를 재확인했다. 그리고 코드 그룹을 최종 5가지 주제로 줄여 나갔다.

<표 2> 분석을 통해 추출된 주제

주제	하위 주제
조기 발견의 어려움	- 치매 증상과 진단 과정에 대한 지식 부족 - 치매 환자라는 두려움
치매돌봄에 관한 지식 부족	- 치매 증상에 따른 대처 방법 이해 부족 - 인지 자극 훈련 자원의 부족
공적 제도 미이용 시 소외되는 치매돌봄	공적 제도 미이용 시 소외되는 치매돌봄
돌봄 인력 부족으로 인한 소진	돌봄 인력 부족으로 인한 소진
기약 없는 돌봄에 대한 불안	기약 없는 돌봄에 대한 불안

1) 조기 발견의 어려움

(1) 치매 증상과 진단 과정에 대한 지식 부족

치매노인들은 일상생활에서 자신의 기억이 점점 흐려지고 있다는 것을 인식하지만 최근에 일어난 일들을 종종 잊어버리는 증상이 치매로 인한 것이라는 사실을 인식하기는 쉽지 않다. 노화에 따른 자연스러운 증상으로 치부되기 때문이다.

> "깜빡 잊어버리시곤 해도 나이 들면서 그런 거라 생각했어요. 시아버님 간병을 시어머님이 하셨으니까, 챙기는 건 잘하셨어요. 아버님을 오래 돌보셨거든요…. 그러니까 생각도 못 했어요. 병원에 가서 진단을 받을 때는 확실하게 기억이 안 좋아지셨을 때였어요."
>
> – 이은희

> "처음엔 엄마와 떨어져 살았어요. 매일 보는 게 아니니까 깜빡하시는 것이 나이 들어 그럴 수도 있다고 생각했어요. 치매라고는 생각 못 했어요. 대부분 다 그럴 거라고 생각해요."

> "엄마가 혼자 살고 계셔서 잘 몰랐어요. 언젠가부터 집 밖으로 나가는 것을 두려워

하시더라고요. 자주 깜빡깜빡하셔서 (치매) 검사를 받고 싶었는데, 혼자서 가시기 어려우니까 가족이 함께 가야 하는데, 거리도 멀고, 쉽지 않았어요. 어디로 먼저 가야 하는지 모르겠더라고요. 치매센터에 가야 하는지 아니면 병원에 가야 하는지, 병원에 가면 어느 과를 가야 하는지 같은 것들이요. 검사는 어떤 것들을 하면 더 잘 알 수 있는지, 혈액검사만으로 알 수 있다고도 들었는데 정말 그런지 궁금했는데, 어디로 전화하면 잘 알 수 있는지 잘 몰랐어요."

– 진달래

혼자 사는 노인의 경우 치매 증상이 나타나더라도 떨어져 사는 가족이 치매 증상을 신속하게 알아차리기는 어렵다. 기억력이 감소했다는 것을 알았다고 해도 이러한 증상이 치매인지, 건망증인지 구분하기 어렵다. 또한 지역의 치매센터, 다른 질병 때문에 다니던 병원 등 어느 기관을 방문해야 가장 신속하고 정확하게 진단을 받을 수 있는지에 대한 정보를 얻고 싶어 한다.

(2) 치매 환자라는 두려움

치매의 부정적인 사회적 인식으로 인해 자신의 증상이 치매 때문일 것이라는 생각은 하지 않으려고 한다. 치매 환자의 가족 또한 자신의 부모나 배우자가 치매라고 진단받는 것을 두려워한다.

치매 환자는 기억력 저하를 경험하면서 물건을 잃어버리거나 시간, 장소, 사람에 대한 혼란을 자주 겪지만, 개인에 따라 진행 속도가 차이가 있고, 노화 현상으로 쉽게 치부되기 때문에 자신에게 치매 증상이 있다고 인정하는 것이 쉽지 않다. 또 가족이 치매노인과 동거하는지, 자주 연락하는지, 치매 관련 정보에 접근이 쉽게 가능한지 등에 따라 치매 증상 파악 여부가 달라진다. 노인과 함께 살고 있다고 해도 익숙한 환경에서 나타나는 기억력 감소가 치매 증상이라고 처음부터 인지하기는 쉽지 않다. 떨어져 사는 가족은 더욱 일상에서 나타나는 치매 증상을 알아차리기는 어려운 것이 현실이며, 치매 정보가 많더라도 그 상황에 알맞은 치매 정보를 제공받는 것이 쉽지 않다고 호소한다.

"내가 보기엔 기억력이 떨어진 것 같은데 바로 치매 검사를 받으러 가자는 말을 꺼내기가 힘들었어요. 엄마가 치매라는 것을 인정하기는 싫었지만 의심되었거든요. 엄마가 먼저 가자고 하면 좋겠는데, 그게 쉽지 않았어요."

– 진달래

"아무리 머리를 굴려 봐도 치매라는 단어를 빼고는 치매 검사를 받을 수 있는 방법이 없어요. 치매라는 게 나도 이렇게 싫고 무서운데, 어머님은 어떻겠어요. 치매라고 하면 이제 세상이 끝났다고 생각되기도 하고, 남들이 어떻게 볼지 두렵기도 하고. 치매 환자가 된다는 두려움 때문에 검사가 늦어 증상이 더 나빠진 게 아닐까 자책이 들기도 해요."

– 홍소영

치매 진단을 받은 노인은 치매에 대한 과장되고 부정적인 인식 때문에 치매 환자라는 사실을 받아들이려 하지 않는다. 자신에게 나타나는 치매 증상을 축소하거나 괜찮다고 위안하면서 방어적으로 행동한다. 치매에 대한 사회의 부정적인 인식과 치매 환자의 방어적인 태도는 치매 진단과 치료를 어렵게 한다. 치매 증상을 알게 된 가족이라도 치매가 의심되니까 검사를 받으러 가야 한다는 말을 꺼내는 것은 상당한 부담이라고 말한다.

2) 치매돌봄에 관한 지식 부족

(1) 치매 증상에 따른 대처 방법 이해 부족

치매 증상이 시작되고 가족으로서 돌봄을 시작할 때 돌봄 경험이 전무한 상태인 경우가 많다. 치매를 받아들일 준비가 되지 않은 채 치매노인과 살아가면서 매일 새롭게 돌봄에 대해 배워 간다. 하지만 시간이 지날수록 치매 증상이 심해지는 치매노인에게 새로운 증상이라도 나타나면 가족들은 매우 당황한다.

"처음부터 증상이 심각한 것이 아니니까 돌봄이 어렵지는 않았어요. 시간이 갈수록 증상이 나빠지니까 힘들죠. 배변 실수까지 하실 줄은 몰랐어요. 다리가 아프고 나서 누워 계시니 화장실도 힘들어요."

- 홍소영

"자꾸 어디를 가시겠다고 하니까 힘들었죠. 세 번을 (혼자) 나가셨어요. 다행히 모두 찾았지만, 처음 집을 나갔을 때는 얼마나 놀랐던지…. 거동이 쉽지 않은데도 나가세요. 팔찌에 주소도 새겨 두긴 했지만, 소용이 없어요. 나중에는 경찰서나 주변에 찾아다니면서 부탁을 해 두었어요. 혹시나 엄마를 보시면 알려 달라고."

- 김미영

치매노인이 예전과 다른 언행을 보이거나 예전에 하지 않았던 행동을 보일 때, 곁에서 돌보는 가족은 당황스럽다. 새로운 증상이나 다른 변화가 나타날 때 가족들이 그때마다 적절한 돌봄을 제공하기란 어렵다. 나름의 방법을 터득하는 과정에서도 자신이 돌보는 방법이 옳은지, 더 나은 방법이 있는지를 확인하기란 쉽지 않다.

(2) 인지 자극 훈련 자원의 부족

가족들이 치매노인의 일상생활을 돌보는 것보다 더 어렵다고 호소하는 것이 인지 자극 훈련이다. 치매 초기, 경도 인지장애 단계에서 인지 자극 훈련 지원이나 서비스는 대부분 돌봄 종사자에게 제공된다. 그래서 가족이 인지 자극 프로그램에 접근하기가 쉽지 않다. 또한 치매노인이 학력 배경이 높은 경우 돌봄 요구가 높아 요양 보호사가 어려워하는 경우가 있다고 한다.

"어머님이 예민하고 요구 사항이 많다 보니 치매 환자가 아닌 것 같다는 말도 하더라고요. 많이 배우신 분이라 많이 아시는 것일 뿐인데, 요양 보호사가 어머님의 치매 증상을 잘 이해하지 못하는 것 같기도 했어요."

"처음에 어머님이 증상이 심하지 않았을 때는 인지 활동을 해 주는 요양 보호사가 왔었어요. 어머님이 너무 까탈스럽게 하셨지만, 요양 보호사가 감정을 맞춰 주면서 했었는데, 증상이 심해지고 요양 3등급을 받으면서 인지 활동보다는 신체를 돌보는 것만 해 주고 가시더라고요. 그건 우리가 원하는 게 아니었지만, 인지 지원 등급만 인지 활동을 해 주신다고 하더라고요."

– 이은희

"치매 증상을 좀 늦춰 보려고 인지 활동을 해 보고 싶었는데, 매일매일 다른 활동을 찾기가 쉽지 않았어요. 몇 분 하다가 싫다고 하시고, 잘하고 싶은 의욕은 있지만, 의욕만 가지고 되는 게 아니더라고요…. 주간 보호센터를 이용하시다가 거동이 힘들어 집에 계시고 치매 증상이 더 나빠지니까 인지 활동을 할 수 있는 게 없는 것 같기도 했어요."

– 김미영

가족들은 치매 초기에 인지 자극 활동을 하려는 의욕을 보였지만, 장기간 돌봄을 맡아야 하는 가족 입장에서 인지 자극 활동을 매일 새롭게 제공하기란 쉽지 않다고 말한다. 건강보험공단에서 제공하는 인지 활동형 프로그램 자료는 노인 장기요양보험공단 홈페이지에서 내려받을 수 있다. 중앙치매센터 홈페이지에서는 '두근두근 뇌운동', '반짝활짝 뇌운동', '나답게 하루하루 프로그램'을 내려받을 수 있으나 치매 환자 가족들은 이것을 모르고 있었다. 이러한 정보를 치매 진단을 받을 때 제공받지 못하는 것이다.

치매노인의 지식 배경에 따라 인지 활동의 요구가 달라질 수 있는데 요양 보호사가 치매노인의 요구를 파악하고 인지 활동을 제공하기에는 한계가 있다고 가족들은 말한다. 또한 시간이 갈수록 환자의 증상이 나빠지고, 돌발 행동으로 예측할 수 없는 상황에 놓일 때, 상황에 맞는 대처 방법을 제공받을 수 있는 자원이 풍부하지 않다고도 한다.

3) 공적 제도 미이용 시 소외되는 치매돌봄

치매 가족은 치매 진단을 받고 돌봄을 시작하기까지, 공적 돌봄 제도에 대한 선택권이 자유롭지 않다고 호소한다.

> "치매 진단을 받더라도 요양 등급을 신청하지 않으면 돌봄 서비스를 이용할 수 없어요. 환자에게 선택의 여지가 없다는 생각이 들었어요. 등급을 받지 않아도 이용할 수 있는 돌봄 제도가 있으면 좋겠어요."
>
> – 진달래

> "엄마는 가족이 아닌 다른 사람이 집에 오는 것을 너무 싫어하셨어요. 그런 엄마를 이해했고, 나도 집에 있으니 돌봄을 맡는 것은 크게 문제가 되지 않았어요. 남들은 요양 보호사 자격을 따고 엄마를 모시면 얼마라도 나온다고 했지만 알고 보니 너무 적은 금액이었고, 그것 때문에 돌봄을 한다는 말도 듣고 싶지 않았어요."

> "엄마가 등급을 받지 않다 보니 내가 꼭 외출이 필요할 때 서비스를 신청할 곳이 없어요. 단기보호 서비스인가도 알아보니까 노인 장기요양제도를 이용하지 않으면 (단기보호 서비스도) 이용할 수가 없더군요. 나 같은 사람은 어떤 서비스를 이용할 수 있죠?"
>
> – 홍소영

치매 환자가 노인 장기요양보험을 이용하지 않은 경우가 적긴 하지만, 가족돌봄을 하는 경우 단기보호 서비스, 24시간 방문요양 서비스 등에서 제외되고 있다는 것은 노인 장기요양보험료를 내고도 돌봄서비스를 보장받지 못하는 셈이다. 우리나라는 치매 국가책임제와 함께 치매돌봄 정책이 증가했지만 치매 환자 자신이 받을 치료와 돌봄을 선택할 기회가 부족한 게 현실이다.

4) 돌봄 인력 부족으로 인한 소진

치매노인과 산다는 것은 창살 없는 감옥과 같은 생활의 연속이다. 치매 가족은 매일 최대한의 에너지를 쏟아붓는, 과도한 책임을 지고 있다. 기억상실로 인한 물건 잃어버림, 잦은 배변 실수, 의심 증상으로 인한 심리적 고충 등 치매 증상으로 인해 가족들은 점점 에너지가 소진되는 상황에 놓이게 된다.

"욕창이 그렇게 쉽게 생기는지 몰랐어요. 피부가 많이 상하지는 않았지만 붉게 올라오는 피부를 보면서 깜짝 놀랐죠. 누워 계신 지 며칠 안 되셨거든요. 누워 계신 상태로 대소변을 받아 내고 시간마다 이리저리 몸을 움직여 드리고, 엄마가 또 가만히 안 계시니까 말하는 것은 다 들어드려야 하고…, 쉴 틈이 없어요."

"처음에는 오래 하게 될 줄 몰랐죠. 그냥 막연하게 엄마니까 돌봄을 시작했어요. 한 해, 두 해 가고 일 년에 한 번씩은 중환자실에 입원했죠. 치매 엄마를 돌보면서 나도 늙어 버렸어요. 엄마가 돌아가시면서 내 돌봄도 끝났어요. 10년이 뭐예요. 15년이 넘었어요. 이제 내가 돌봄을 받을 나이가 돼 버려서…. 엄마가 돌아가시고 나서 불안감이 없어졌어요. 엄마가 계실 때는 일 년에 한 번 쉬었네요."

"동생들이 멀리 떨어져 살아요. 코로나 상황에서는 오는 것도 부담스러웠어요. 면역이 약한 엄마가 다른 병이라도 생길까 봐요."

– 김미영

"돌봄 서비스를 이용하지 않으니까 단기보호나 휴가 제도를 쓸 수 없다고 그러더라고요. 사용할 수 있어도 내가 집에 없는 것을 심하게 불안해하시니까 나갈 수도 없었어요. 나는 뭔가 싶어요. 나도 휴식이 필요해요."

– 홍소영

"치매센터에서 가족 프로그램이 있다는 말은 들었는데, 내가 원하는 시간에 갈 수가 없어요. 요양 보호사하고 시간 맞춰야 되고, 이래저래 쉬운 게 없어요."

- 이은희

24시간을 치매노인과 같이해야 하는 상황에 처하는 돌봄 가족은 고된 육체적 노동과 심리적, 정서적 노동에 시달린다. 치매노인의 상태에 따라 노동의 강도는 달라진다. 치매노인의 거동이 힘들거나, 돌발 행동이 많거나, 치매노인이 돌봄 가족에게 의존을 많이 할수록 돌봄 강도는 높다. 치매노인을 돌보는 가족은 때때로 독박 돌봄이라는 고립 상황으로 내몰린다. 형제자매가 있어도 돌봄 일손을 대신할 수 없는 상황에서 주 돌봄자는 점점 지쳐 간다. 한정된 돌봄 자원은 주 돌봄자를 치매 환자에게 더욱 얽매이게 한다.

5) 기약 없는 돌봄에 대한 불안

가족돌봄에 관한 질문에 가족들 대부분 우울과 지속적인 스트레스를 느끼고 있었다. 돌봄이 언제 끝날지 모르는 상태인데 사회에서는 제한적인 서비스만 지원하기 때문이다. 가족들은 치매노인을 돌보면서 자신의 삶이 환자에게 매이고, 치매 증세가 악화하면서 끝을 알 수 없는 돌봄으로 불안한 하루하루를 보내고 있다.

"돌봄이 끝나지 않을 것 같았지. 엄마가 계셔서 마음이 놓이기도 하지만 언제까지 해야 하나 그런 생각도 들었지…. 막상 엄마가 돌아가시니까 돌봄을 하지 않아서 불안한 마음이 사라졌어요. 15년을 사셨어요. 돌봄이 이렇게 길어질 줄 몰랐어."

- 김미영

"엄마가 딴소리할 때면 숨이 막혀요. 불안해하는 엄마를 언제까지 모실 수 있을까. 자신이 없어져요."

- 진달래

"남들이 부모님을 모시니 대단하다고 하는데, 막상 점점 심해지는 증상을 접하니까
언제까지 해야 할지 모르겠어요. 엄마를 보면 안타깝고, 나를 보면 한숨만 나오고,
기간을 정해 놓은 게 아니니 막연한 시간이 더 불안해요."

– 홍소영

알츠하이머성 치매 환자의 기대여명은 증상이 처음 나타난 시점에서 평균 12.6년, 알츠하이머성 치매로 진단을 받고 나서는 평균 9.3년인 것으로 나타났다.[2] 치매 환자마다 건강 상태가 다르므로 개인차가 있다. 또한 가족돌봄을 하는 주 돌봄자가 느끼는 부담감은 사람마다 다른 무게로 다가온다. 치매 진단 초기 사랑하는 마음으로 돌봄을 시작했지만 끝이 보이지 않는 돌봄에 불안이 커지면서 가끔은 숨쉬기가 어렵고 심장이 빨리 뛰면서 신체적인 불안 증상이 나타나기도 했다고 호소한다.

면담 참여자 김미영과 이은희는 코로나 시기에 사별을 겪었다. 이은희는 가족돌봄을 통해 노년의 삶에 대해 많이 생각할 기회가 있었다고 말하지만, 날이 갈수록 나빠지는 어머니의 상태에 따라 돌봄의 양도 늘어나면서 아주 힘든 시간을 보냈을 것이다. 김미영은 15년이라는 긴 치매돌봄을 끝내며 불안감이 사라졌다고 말한다. 불안감이 사라지면서 동시에 신체적 긴장감이 풀린 탓인지 한동안 몸살을 앓으며, 긴 시간에 쌓인 피로가 한꺼번에 몰려와 힘들었다고 전한다. 김미영은 이제 자신의 노년을 살아간다.

4. 마치며

치매는 완치를 기대할 수 없는 질병이니만큼 조기 검진이 치매 증상을 늦출 수 있는 유일한 방법이라고 전문가들을 말한다. 전문가들은 치매 가족돌봄에 필요한 교육을 받을 것을 권한다. 교육을 통해 환자의 상태 및 추이에 따라 어떻게 환자를 돌볼 것인지 도움을 받을 수 있다는 것이다. 그런데도 가족돌봄의 부담은 여전히 크다. 치매 시기에 따라, 증상에 따라, 환자의

---

2) 대한치매학회, 국제학술지 「치매와 노인 인지장애」 발표자료, 홈페이지.

기저 질환에 따라 달라지는 치매는 시간이 갈수록 돌봄 의존도가 높아진다. 가족돌봄 의존도를 낮추고 가족돌봄의 공백을 유기적으로 대체할 수 있는 공적 서비스의 선택지가 다양해지길 바란다.

| 참고 문헌 및 자료 |

1. 공병혜, 「실존적 현상학과 돌봄의 실천」, 『간호행정학회지』, 19-1(2013), pp. 138~145.

2. 보건복지부 중앙치매센터, 「치매안심센터 종사자를 위한 치매 소양기초공통교육」(2017).

3. 보건복지부 중앙치매센터, 「대한민국 치매현황 보고서」(2021).

4. 보건복지부 중앙치매센터, 「일반인을 위한 치매공통교육」(2022).

5. 통계청, 「가계동향 조사」(2020), kostat.go.kr

6. Arai, A., Ozaki T., & Katsumata, Y. Behavioral and psychological symptoms of dementia in older residents in long-term care facilities in Japan: a cross-sectional study. *Aging & Mental Health*, 21-10(2017), pp. 1099~1105.

7. Rabins P. V., Lyketsos C. G., Steele C. D., *Practical dementia care* 3rd ed. (New York: Oxford University Press, 2016).

한국 사회에서 임종기 돌봄의 현실과 전망

● 손주완

한국 사회는 초고령 사회를 향해 매우 빠른 속도로 달려가고 있다. 통계청의 「장래 인구추계」(2021. 12. 9.)에 의하면 한국 사회는 이미 저출산과 고령 사회라는 인구 위기 상황에 직면했고, 2025년 65세 이상의 인구가 전체 인구의 20%를 넘어서는 초고령 사회에 들어설 것으로 예상된다. 초고령 사회가 지나면 다사(多死) 사회로 진입할 것이며 혼자 사는 노인의 수는 급격히 증가할 것이다. 이러한 사회 변화는 필연적으로 노년기와 임종기에 있는 노인 돌봄의 문제를 만들어 내고 있다. 한국인의 기대수명인 83.5세와 건강수명인 73.1세의 사이에는 10년 정도의 차이가 있으며, 그것은 우리가 노후에 10년 정도 의존적 삶을 살 수밖에 없음을 의미한다. 주체적이고 독립적인 삶을 사는 것이 노인복지의 제1원칙임에도 불구하고 의존적인 삶을 살다가 임종을 맞이하는 것이다.

본고에서는 그러한 과정에서 발생할 수 있는 다양한 문제점을 제시하고, 사례를 통해 그 과정을 살펴보려 한다.[1] 또한 임종을 맞이하는 노인들을 위해 가족과 지역사회 그리고 시설과 병원의 협력을 통한 커뮤니티 케어를 실현할 수 있는 방안에 대해서도 논의해 보고자 한다.

---

1) 필자는 현재 「노인장기요양보험법」에 의한 노인요양시설을 운영하고 있으며 지금까지 요양원과 병원에서 임종하신 어르신들의 많은 사례를 보아 왔다. 본고의 사례들은 모두 그 경험에 기초하고 있음을 밝힌다.

1. 집에서 죽음을 맞이하고 싶으나 그렇게 못 하는 현실

전통적으로 사람들은 집에서 태어나고 집에서 죽었다. 그것은 농경 사회와 대가족 중심의 마을에서 살았기 때문에 가능했다. 물론 요즘처럼 의료가 전문화되고 의료 인프라가 확충된 사회가 아니었다. 그러나 현대의 우리나라 노인들 대부분은 집에서 태어났지만 집에서 죽음을 맞이하지 못하는 세대가 되었다.

요즘 노인들의 이야기를 들어 보면 100년쯤 건강하게 살다가 2~3일 정도 아프면서 마지막으로 가족들을 다 만나 보고, 가족들이 보는 가운데서 작별 인사를 하고, 고통 없이 편안하게 죽음을 맞이하고 싶다고 한다. 즉 자신이 살던 집에서 가족들이 지켜보는 가운데 품위 있고 아름다운 죽음을 맞이하기를 원한다. 하지만 현실은 그와 정반대이다. 2021년 전체 사망자의 74.8%가 요양병원을 포함한 의료기관에서 사망했다. 노인 장기요양기관인 요양원 등 공동 시설에서 사망하는 경우(8.7%)를 포함하면 83%가 넘는 사람들이 집이 아닌 다른 곳에서 사망하는 것이다.[2]

자신이 살던 친숙한 공간에서 가족들에게 부담을 주지 않으며 존엄한 죽음을 맞이하고 싶어 하지만, 현실에서는 집에서 생활하다가도 임종기가 되면 병원으로 이송되는 경우가 많다. 요양시설과 같은 공동 주거 시설에서 생활하던 경우에도 그곳에서 임종을 맞이하는 경우가 아니면 병원으로 이송된다. 죽음을 맞이하는 순간에 우리는 대부분 병원의 중환자실이나 응급실 또는 요양원에 누워 있으며, 가족은 연락을 받고 급히 달려오지만 임종의 순간을 함께하지 못하는 경우가 많다.

---

2) 병원과 공동 시설에서 사망하는 83%를 제외한 17%의 사람들이 모두 집에서 사망하는 것은 아니다. 자살, 사고사, 장소 미상 등이 포함되어 있다. 실제로 집에서 사망하는 경우는 7% 이내이다.

2. 임종기에 나타나는 여러 문제들

1) 가족들이 갖는 인식의 문제

임종기가 되면 사실상 아무런 의료 행위를 할 수 없고, 또 의료 행위가 무의미함에도 불구하고 가족들은 임종 환자를 병원으로 모신다. 죽음을 맞이하는 당사자가 그것을 결정하는 것이 아니라, 주로 가족들이 결정한다. 집에 그냥 계시면 자연스럽게 죽음을 맞이할 텐데 그러한 죽음은 가족들이 아무 조치도 취하지 않는, 불효로 여기는 것이다. 자녀들 입장에서 보면, 마지막까지 최선을 다했다는 자기만족에 빠지는 또는 자신에게 명분을 주는 행위일 수도 있다. 주변 사람들의 시선을 의식하기도 하고, 가족 구성원 간 의견 차이에 의한 갈등을 만들지 않으려는 의도도 있다. 즉 죽음을 맞이하는 당사자의 입장이 전혀 고려되지 않고 도덕적 책임감, 주변의 시선,[3] 가족들의 의견 차이 등의 이유로 병원으로 이송하기도 하는 것이다.

2) 사망진단서 작성에서 의료인의 권한 문제

통계청의 자료에 따르면 2021년 한국인의 사망 연령은 84.5%가 60세 이상의 고령층이었으며, 사망 원인의 1~4위가 악성신생물(암), 심장질환, 폐렴, 뇌혈관질환이다. 즉 임종기에 나타나는 사망 현상이 자연적인 노화 과정보다는 질병과 관련된 경우가 많기 때문에 응급 의료 처치가 필요하게 되는 것이다. 그러므로 일단 병원으로 이송하여 전문적인 의료 처치와 판단을 구하게 된다. 뿐만 아니라 사망의 확인 즉 사망진단은 의료인(의사)만 할 수 있으므로 병원으로 이송하는 것이 훨씬 절차가 편리하다. 집에서 임종을 맞이했을 경우 의사의 사망진단서를 발부받기까지 절차가 복잡하고 번거롭다. 사망진단 시 기록하는 사망 원인은 사망 이후 장례를 진행하는 데 매우 중요한 합법적인 근거이다. 사망 시간은 화장(火葬) 등 시신의 처리 시간을 결정하게 되고, 사망 원인이 어떻게 기록되느냐에 따라 경찰과의 연계 시스템을 통해 복잡

---

3) 혜민요양병원에서 근무하는 김계숙 간호사(13년 경력)에 의하면 보호자들은 주변 사람들의 시선과 자신들의 체면을 위해 "요양원에서 돌아가셨다"는 말보다는 "병원에서 돌아가셨다"는 말을 선호한다고 한다. 물론 개인마다 차이가 있을 수 있으며, 사람들의 인식이 바뀌고 있음을 전제했다.

한 과정이 수반되기도 한다.

〈사례 1〉

5년간 시설에서 생활하셨던 100세 어르신이 노화에 의해 자연사하셨다. 어르신은 임종기가 다가오자 가족들에게 어떻게 조치할 것인가 의견을 구했으며, 시설 측에서도 가능한 편안한 죽음을 맞이할 수 있도록 조언했다. 사망하기 한 달 전 가족들이 모두 참석한 가운데 100세 생신을 기념했고, 가족들은 어머니께서 언제 죽음을 맞이하시더라도 그것을 받아들일 마음의 준비가 된 상태였다. 그리고 임종 직전에 가족들 모두 마지막 작별의 시간을 가졌다. 임종 후 어르신의 시신을 의료원으로 이송하여 응급실 당직 의사에게 보이고 사망진단서를 발급받았는데, 의사는 어르신이 그 병원에서 사망하지 않았기 때문에 사망 원인을 '미상'으로 작성했다. 결국 그 사실이 경찰서에 통보되었고, 경찰은 유족 대표에게 경찰에 출두하여 조사를 받으라고 요구했다. 만약 어르신이 사망 직전에 병원에 이송되어 응급실에서 하루라도 계시다가 사망했다면 사망 원인을 '미상'으로 기록하지 않았을 것이다.

3) 사망 장소에 따른 법적인 절차의 문제

외인사, 의문사, 사고사, 자해 등에 의한 사망의 경우, 죽음의 원인과 법적인 책임의 소재를 파악하기 위해 경찰에 통보되고 그 절차에 따르는 것은 당연하다. 그러한 과정을 거쳐 한 사람이라도 억울한 죽음을 당하지 않도록 진실을 밝히고 유족들의 의문을 풀어 주어야 한다. 하지만 노화에 의한 죽음이나 질병에 의한 죽음의 경우, 단지 집에서 사망했다는 이유만으로 경찰에 통보되고 그 시신에 대해 2차적인 행위를 하는 것은 망자에게뿐만 아니라 유족에게도 상처와 고통을 주는 것으로 보인다. 물론 집에서 학대나 유기, 방임과 같은 의심스러운 행위에 의해 죽음이 발생하는 경우도 있을 것이다. 그러한 사례는 별도의 법적인 과정을 거쳐 진행할 수 있다.

독거노인의 경우 이웃과 지속적인 관계를 형성할 수도 있고 장기요양 제도와 지자체의 프로그램에 의해 돌봄 노동자가 평상시 방문하기도 한다. 노인 환자가 가족들과 동거하는 경우는 사망에 이른 과정에 대해 충분한 진술을 들을 수도 있다. 즉 사회적인 안전망과 보호망을 통해 임종의 과정을 확인할 수 있는 것이다. 그렇게 해야 당사자도 자신이 생활했던 친숙한 환경에서 임종을 맞이할 수 있고 가족들도 임종 환자가 마음 편히 집에서 죽음을 맞이할 수 있도록 도울 수 있다. 과거에는 대부분 집에서 죽음을 맞이했으며, 당사자와 가족들, 이웃들 역시 자연스럽게 죽음을 받아들였다.

결국 의료적 절차 구축과 법적 절차의 복잡성 때문에 환자는 마지막 순간에 자신의 집을 떠나 응급차에 태워져, 낯선 사람들에 의해 몸이 이리저리 뒤엎어지고, 옷이 벗겨지고, 의료 기계장치가 부착되고, 가족들과 충분한 시간도 갖지 못한 채 죽음을 맞이하게 되는 것이다. 죽음을 맞이하는 인간으로서의 존엄성은 상실되고 오직 절차와 법규 그리고 경제적 이유만 남게 된 것이다.

4) 요양시설에서 임종 이후 절차의 문제

죽음의 마지막 과정에서 돌봄의 부담을 경감해 주는 노인요양시설은 노인복지시설로 분류된다. 「노인복지법」과 그 시행세칙 그리고 보건복지부와 지자체에서 사용하는 '노인복지시설 인권보호 및 안전관리 지침'에 의하면, 시설 내에서 입소자가 사망한 경우 가족에게 즉시 통보하고 가족들로 하여금 장례 절차를 진행하도록 해야 한다. 만약 장례를 진행할 가족이나 상속인이 없는 경우 노인복지시설의 장은 사망자의 유언 등을 존중하여 시설에서 장례를 진행하고, 그러한 사항을 지자체에 신고해야 한다. 임종기가 가까워진 입소자를 가정으로 이송하거나, 병원으로 전원(轉院)해야 한다는 규정은 없다. 그러므로 현재의 제도에서 입소자는 가족들의 부양 부담, 사망 후 처리 과정에 대한 편리성 등의 이유로 대부분 시설이나 병원에서 죽음을 맞이하고 있는 것이다.[4]

---

[4] 면담: 김계숙 간호사(사회복지사)는 요양병원에서 프로그램 관리자로 근무하는데, 요양병원에는 약 70개의 병상이 있다고 한다. 면담에 의하면 요양병원에서 발생하는 대부분의 사망자는 집으로 이송하지 않고 병원에서 죽음을 맞이하며, 사망 후 요양병원장(의사)이 사망진단서를 가지고 장례식장으로 이송한다고 한다. 즉 요양병원에 입원을 하는 경우 임종기에 자신의 집으로 가는 것은 거의 불가능하다.

〈사례 2〉

　　지난 6월 말에 80대 초반의 입소자 한 분이 갑자기 의식을 잃었다. 곧바로 119 구급
차를 불러 환자를 대학병원 응급실로 이송하여 의료 조치를 취했지만 환자는 24시
간 후 사망했다. 사망 이후 응급실 의사의 사망진단과 장례식장으로의 이송 등은 정
해진 절차에 따라 빠르게 진행되었다. 가족 중 일부만이 어머니의 임종을 응급실에
서 맞이했다. 임종 몇 주 전부터 어르신은 집에 가고 싶다고 호소했으나, 가족들은
자신들의 형편과 돌봄의 어려움 등을 이유로 거부했다.

3. 임종기 돌봄에 대한 노인 장기요양보험제도 전망

　　주요 선진국의 초고령 사회 도달 속도와 비교해 볼 때 한국은 가장 빠른 속도로 초고령 사회
를 향해 가고 있다. 65세 이상의 인구 구성 비율이 고령화 사회(7%)에서 초고령 사회(20%)로
진행된 기간이 프랑스 143년, 미국 88년, 일본 35년인 데 비해 한국 사회는 25년일 것으로 예
측된다. 또한 1980년에 출생한 신생아 수는 86만 명으로 주요국 최고 출산율(2.82)을 기록했
던 한국 사회가 40여 년 만에 세계 최저 출산율(0.78)을 기록하고 있다.

　　한국 사회보다 먼저 초고령 사회에 직면한 주요 국가들은 노인돌봄과 부양 대책으로 사회
보험을 실시했다. 예를 들어, 독일은 네덜란드에 이어 1995년에 노인돌봄을 위한 수발보험
(Pflegeversicherung)을 도입했고, 일본은 2000년 개호보험(介護保險)을 실시했다. 한국은 이
러한 선진국의 사례를 바탕으로 2008년 7월 1일부터 노인 장기요양보험(Long-term Care)을
시행하고, 현재 대상자의 일상생활 동작(ADL)과 인지기능을 진단하는 도구를 활용해 와상
(臥床) 상태의 1등급에서부터 경증의 치매 대상자인 5등급, 주간 보호 활동에 참여할 수 있는
인지 지원 등급으로 나누어 서비스를 제공하고 있다.

　　서비스의 종류는 크게 재가급여와 시설급여로 나뉘어 있다. 현재 한국의 노인 장기요양보
험 제도는 정착기에 접어들었으며, 노인 요양병원과 함께 노년기 돌봄과 부양의 두 축(軸)을

담당하고 있다. 2022년 6월 기준[5]으로 방문 요양, 방문 목욕, 방문 간호, 주야간 보호, 단기보호 등 재가급여를 제공하는 기관은 총 21,027개이며, 입소 시설에서 24시간 돌보는 시설급여를 제공하는 기관은 총 6,056개이다. 2022년 6월 기준 장기 요양 인정자는 총 974,702명이다. 즉 65세 이상의 노인 인구 중 장기 요양 인정자는 약 11%를 차지하고 있다. 연령이 높아질수록 장기 요양 이용은 증가한다고 볼 수 있다.

지금까지 노인 장기요양보험은 주로 방문 요양과 시설 입소의 두 축으로 진행되어 왔다. 하지만 노인 장기요양보험이 지역사회 통합돌봄의 방향으로 발전해 가야 한다는 사회적 요구가 커지고 있다.[6] 즉 지역사회를 중심으로 의료와 돌봄이 연계된 서비스 체계가 구축될 것이다. 장기요양 재가 서비스는 통합 방문 간호, 재택의료센터 등과 연계되어 발전할 수 있다고 전망한다. 또한 요양원과 같은 시설 서비스는 지역사회 내 돌봄 안심 주택, 공동생활 홈 등과 연계되어 개방형 지역사회 시설로 발전하리라 전망한다. 이러한 발전 전망은 의사, 간호사, 사회복지사, 요양 보호사 등이 한 팀을 이루어 지역사회 내 노인들을 치료하고 돌보는 형태가 될 것이다. 그렇게 함으로써 병원에서 사망하는 비율을 낮추고 지역사회와 가정에서 의료와 돌봄을 제공받다가 존엄한 죽음을 맞이하는 사회가 되어야 할 것이다.

4. 지역사회 돌봄(Community Care)으로의 전환과 제도적 대안

1) 사회적 돌봄의 확대가 필요하다

노인돌봄 영역은 가족 중심에서 사회적 서비스 중심으로 변화하고 있다. 가족 중심의 돌봄이 가능했던 이유는 대가족 형태의 농경 사회에서 노인 부양을 장자(長子)와 큰며느리에게 위탁할 수 있는 구조였기 때문이다. 이러한 사회구조는 며느리에서 며느리로 이어지는 여성의 희생과 수고가 있었기 때문에 가능했다. 노인을 돌보고 부양하려면 경제적인 비용과 부양 및

---

5) 노인장기요양보험 홈페이지 참조
6) 한국보건사회연구원의 「노인실태조사」를 보면 지역사회 내에서 방문 의료에 대한 요구가 점차 커지고 있음을 확인할 수 있다.

돌봄을 위한 노동력이 동시에 필요하다. 특히 신체적·정신적 의존도가 높아지는 단계에서의 돌봄 노동은 일반적인 가사 노동보다 강도가 더 높다.[7] 현재 한국 사회는 산업사회, 도시생활, 핵가족 중심, 맞벌이 가정 형태로 변화했고, 그로 인해 노인 부양의 부담을 가족에게 요구하기 어려운 상황이 되었다. 독립적이고 자립적인 생활이 가능했던 노인이 신체적·인지적 문제로 인해 일상생활을 혼자서 수행하기 어려운 단계가 되면, 돌봄과 부양에 필요한 인력과 노동력을 제공해야 한다.

그러나 이런 전문적인 서비스는 가족들이 감당하기에 어려운 점이 많다. 먼저, 가족들은 노인 돌봄의 전문적인 지식과 기술을 갖추지 못한 경우가 많다. 그러므로 노인 장기요양보험 제도는 '요양 보호사'라는 전문 인력을 양성하고 있으며, 재가 서비스와 시설 서비스를 통해 가정에서 돌봄의 어려움을 겪는 대상자와 가족들에게 서비스를 제공하고 있다. 즉 전문적인 자격을 갖춘 요양 보호사가 대상자에게 정해진 매뉴얼과 프로그램에 따라 돌봄 과정을 수행하는 것이다.

물론 가족들이 노인을 돌보는 정서적인 의미는 매우 중요하다. 이미 형성된 친밀감과 신뢰감이 있고, 대상자의 사생활을 존중하고, 대상자의 욕구를 충족해 줄 수 있는 장점이 있다. 하지만 가족돌봄은 대부분 보상이 없다. 장기요양보험에서 가족돌봄을 지원하는 경우는 돌봄 제공자인 가족이 자격증을 갖춘 후 공식적으로 돌봄 신청을 했을 때만 이루어진다. 또한 가족 돌봄이 가족 이외의 요양 보호사가 제공하는 돌봄의 질보다 높다는 보장이 없으며[8] 가족 간에 이루어지는 서비스에 대한 관리와 감독이 어렵다는 문제도 있다. 그러므로 서비스 제공 과정에 대한 투명한 관리를 제도적으로 보완하여, 가족돌봄과 사회적 돌봄을 병행할 필요가 있다. 요양 보호사의 처우를 개선하고 가정방문 서비스를 확충하며, 특히 노인요양시설에 대한 인

---

7) 2022년 3월 공공운수노조 서울시사회서비스원지부가 소속 요양 보호사 152명을 대상으로 실시한 온라인 설문 조사에서 84.2%가 요양 보호사 일을 시작하고 근골격계 질환이 발생했다고 대답했다. 또한 통증 호소 부위는 손목·어깨가 67.8%, 허리가 37.5%로 나타났다. (『한국일보』, 2022. 7. 1. 보도) 또한 치매노인을 돌보는 경우 신체적인 질환뿐만 아니라 감정노동에서 발생하는 정신 건강 문제를 호소하기도 한다. 특히 치매노인이 보이는 문제 행동(폭언, 폭력, 성적 행동 등)은 가족이나 돌봄 노동자에게 심리적 고통 및 우울, 스트레스 등으로 나타난다. 그러므로 감정노동에서 발생하는 스트레스를 줄이고, 정신 건강을 유지할 수 있는 지원과 대책이 필요하다. (유승연, 「치매노인을 돌보는 요양 보호사의 감정노동, 정신 건강이 돌봄 이행에 미치는 영향」, 『Korean J Health Commun』 13(2)(2018), pp. 141~148)

8) 외국의 사례 중에는 가족돌봄의 질이 오히려 가족 이외의 요양 보호사가 제공하는 돌봄의 질보다 낮다는 연구 결과도 있으며 이런 이유로 일본에서는 직계가족의 돌봄 제공은 지원하지 않는다.

식 제고를 위해 예산 확충과 운영 형태의 다양화 등 서비스 질을 개선하는 방안을 강구할 필요가 있다. 즉 가족돌봄의 부족한 부분은 지역사회와 연계된 사회적 돌봄으로 대체하여 가족들이 제공할 수 없는 전문적인 영역에 대한 지원이 필요하다.

2) 품위 있는 임종을 위해 '임종 관리사' 제도를 만들자

초고령 사회를 향해 빠른 속도로 달려가고 있는 우리 사회는 이제 '혼자 사는 사회'를 받아들여야 한다. 즉 혼자 사는 것을 사회적 편견으로 보기보다 '고립되지 않고 사는 사회'로 만들어 가야 한다. 그리고 '혼자 사는 사회'에서도 집에서 품위 있게 임종을 맞이하는 '재가 임종(在宅死)'의 방법 역시 사회적 노력을 통해 만들어야 한다. 고령의 노인들은 대부분 만성질환이 있고, 임종기에 치료가 불가능한 경우가 많다. 그러므로 자신의 집에서 자연스럽게 죽음을 맞이하고 싶은 욕구를 충족해 줄 필요가 있다. 즉 자연사(自然死) 과정을 사회적 제도를 통해 돕자는 것이다. 이 경우 노인 장기요양보험의 재가(在家) 서비스와 연계하여 운영할 수 있다. 또한 노인 장기요양보험으로 등급을 인정받지 못한 노인들은 지방자치단체[9]의 노인돌봄 서비스 등을 통해 도울 수 있다. 임종기에 환자를 병원 등 다른 곳으로 옮기지 않도록 현재 운영 중인 여러 제도를 연계하자는 것이다.

일반적으로 임종기는 6주 정도로 본다. 그렇다면 노인 장기요양보험과 노인복지 서비스에서 임종기 노인을 위한 방문간호 케어매니지먼트를 만들 필요가 있다. 임종기가 가까워 오면 24시간 대응이 가능한 방문간호센터[10]가 필요하다. 방문간호센터는 임종기에 맞는 '맞춤돌봄' 계획을 수립하고, 필요한 인력을 배치할 수 있어야 한다. 임종 관리사는 이러한 계획과 실행의 책임자이다. 임종 관리사의 관리하에 요양 보호와 질병 관리, 사망진단과 이송 그리고 장례 준비에 이르기까지 진행할 수 있도록 임종관리사에게 종합적인 돌봄(Total Care)에 대한 권한을

---

9) 노인 장기요양보험에 의한 노인복지 서비스 외에도, 국가는 사회보험과 공적 부조를 통해 복지 서비스를 시행하고 있다. 또한 지방자치단체와 연계하여 사회복지 서비스로서 노인들을 대상으로 하는 다양한 사회복지 프로그램을 시행하고 있다(노인돌봄 기본 서비스, 노인돌봄 종합 서비스, 노인 건강 지원 사업, 노인 일자리 사업 등).

10) 임종기 노인을 위한 방문간호센터는 호스피스·완화의료학회에서 건립 확대를 주장하는 독립 호스피스센터 내 프로그램과 유사한 면이 있다. 호스피스 병동과 가정 호스피스가 유기적으로 운용되는 지역 거점 시설로서의 독립 호스피스센터에서는 암 환자나 임종을 앞둔 환자를 대상으로 방문간호 프로그램을 운영하고 있으며, 최근에는 지역사회 통합 돌봄을 위해 지자체에서 의료 서비스와 사회복지 서비스를 연계한 재택의료센터를 운영하는 곳도 있다.

부여해야 한다. 임종 관리사는 간호사 이상의 자격을 가지고 있으며, 사망과 질병 그리고 임종과 호스피스에 대한 전문 교육을 이수한 인력이어야 한다. 그리고 임종 관리사의 보고서는 의사의 사망진단과 동일한 효력을 발휘할 수 있도록 법제화해야 한다.[11] 즉 의사에게 집중된 권한을 확장하자는 것이다. 이러한 제도적 뒷받침이 마련되면 임종기에 굳이 병원으로 이송할 필요가 없다.[12] 자신이 원하는 친숙한 환경에서 죽음을 맞이할 수 있게 되는 것이다.

3) 요양시설을 내 집과 같은 지역사회 돌봄으로 전환하자

한국 사회에서 노인요양시설은 노년기에 이용할 수밖에 없는 사회복지 서비스가 되었다. 하지만 노인 장기요양보험의 확대와 더불어 노인요양시설들이 급증한 결과 문제점들이 나타났다. 노인요양시설이란 것이 국가와 민간이 함께 인프라를 만들어 가는 과정인데, 짧은 시간에 확충되다 보니 시설 운영자들은 대개 노인복지에 대한 이해가 부족했고, 일부 시설 운영자들은 시설 운영을 통한 이윤 창출에만 매달리는 왜곡된 인식을 갖게 되었다.[13] 또한 일부 시설에서 발생하는 노인 학대 사례들이 언론을 통해 알려지면서 많은 사람들이 노인요양시설에 대한 부정적인 인식을 갖게 되었다.

그러나 가족돌봄의 어려움과 한계 속에서 노인요양시설은 필수적인 서비스 기관이 되었다. 민간이 참여하는 사회복지 서비스이지만 노인 장기요양보험이라는 공공성을 함께 가지고 있는 노인요양시설은 24시간 돌봄과 함께 종합적인 서비스를 제공하는 생활시설 기관이다.

---

11) 물론 지금도 전문 간호사 제도가 있다. 예를 들어 치매 전문 간호사, 호스피스 전문 간호사 등이다. 하지만 현재의 전문 간호사 제도는 업무의 전문성을 높이고, 필요한 기능과 역할에 초점을 맞추고 있다. 전문화된 간호사의 행위에 대해 의료적, 법적 지위를 보장해 주지 않는 한 임종기 돌봄을 위한 새로운 제도를 만들어 낼 수 없다. 간호사들의 의료적, 법적 지위와 권한에 대한 보장은 노인 장기요양보험이나 건강보험과 연계될 때 정착될 수 있다.

12) 병원 응급실과 중환자실에서 죽음을 맞이하는 비율을 낮춰 보자는 것이다. 통계청의 「사망 장소별 사망자 수 비중」(2021)에서 사망자의 약 74.8%가 병원(의료기관)에서 사망했다. 병원에서의 사망은 개인적 비용뿐만 아니라 사회적 비용 즉 건강보험 재정의 과부하를 불러온다. 선진국의 사례들처럼 병원에서의 사망률을 낮추고, 재가 또는 지역사회 시설에서의 사망률을 높일 필요가 있다.

13) 안명선·박주현의 「노인장기요양보험제도의 문제점 및 개선방안에 대한 고찰」(2019)에서 본 제도가 노인의 삶의 질보다 가족의 부담 감소에 초점을 맞추고 있다는 지적과 시설의 민영화와 난립으로 서비스의 공적 책임과 시설의 질 제고에 대한 요청이 있음을 주장하고 있다.

그렇다면 폐쇄적이고 부정적인 이미지의 수용 시설이 아닌 개방적이고 긍정적인 이미지의 생활시설로 어떻게 바꾸어 나가야 할 것인가를 고민해야 한다. 지역사회 사람들이 평상시에 이용하는 '친근한 시설'로 간다면, 마을과 동네에 꼭 있어야 하는 병원, 마트, 카페, 편의점, 식당, 도서관, 스포츠센터처럼 노인들이 두려움 없이 이용하고 생활할 수 있는 기관으로 발전할 수 있을 것이다. 경제적 여유가 있는 사람들만 이용할 수 있는 고급 실버타운이 아니라, 서민들도 최소한의 비용으로 생활할 수 있는 지역사회의 시설이 되도록 지역사회 돌봄(Community Care)으로서의 노인요양시설이 필요하다. 독립적이고 주체적으로 삶을 영위하다가 자연스런 노화로 의존적인 생활을 할 수밖에 없는 상태가 된 노인이 지역사회에 있는 노인요양시설에 입소하여 자신의 집에서 생활하는 일상의 연속성을 유지할 수 있게 독립 공간을 제공하면서 필요한 생활 지원을 연계하면 될 것이다. 시설에서의 생활도 자신이 살던 친숙한 환경의 연장이 될 수 있도록 가정과 의료기관, 노인복지기관,[14] 노인요양시설 그리고 지역사회와 연계된 보편적이고 친숙한 포괄적인 돌봄 체계로의 전환이 필요하다.

본고는 재가 돌봄과 시설 돌봄이 분리된 개념이 아니라 연계된 개념으로 발전해야 한다는 의미에서 논의를 진행했다. 가족돌봄과 사회적 돌봄의 균형을 만들어 간다면 재가 임종과 시설에서의 임종은 동일한 죽음의 형태가 될 것이다. 즉 시설에서의 임종 역시 집에서의 임종이라는 개념으로 바꾸어 갈 수 있을 것이다. 물론 그러한 개념으로 확대되기 위해서는 시설 운영자와 종사자들의 인식 변화, 가족들과 입소자들의 협력이 필요하다. 입소 기간 동안 지속적인 교류와 다양한 방식의 소통을 통해 입소자들이 고립되거나 소외되지 않도록 노력해야 한다. 임종기에도 편안한 죽음을 맞이할 수 있는 물리적인 환경을 조성하고, 정서적인 지원을 통해 죽음을 마주한 노인이 품위 있게 삶을 마무리할 수 있도록 지속적인 도움이 필요하다.

---

14) 지역마다 있는 노인복지관과 마을마다 있는 경로당 등은 지역사회 내에서 임종기의 노인들에게 친밀감 있는 작별, 작은 장례식, 마을 송별식 등 다양한 형태로 기능할 수 있다. 또한 건강할 때 지역사회 내에서 임종기 노인들을 위한 봉사활동을 적립하여(마일리지), 자신이 임종기의 상태가 되었을 때 돌봄을 받을 수 있는 제도를 운영해 보는 것도 필요하다고 본다.

참고 문헌 및 자료

1. 안명선·박주현, 「노인장기요양보험제도의 문제점 및 개선방안에 대한 고찰」(2019).
2. 통계청, 「사망 장소별 사망자 수」(2021).

부모 재산 어차피 자식 것 아닌가요?
- 노인에 대한 경제적 학대

● 이석주

2022년 기준 65세 이상 고령 인구는 우리나라 전체 인구의 17.5%인 901만 8천여 명인 것으로 나타났다. 2025년에는 20.6%로 증가해 우리나라는 초고령 사회에 진입할 것이며, 2050년에는 40%를 넘어설 것으로 전망된다.[1]

통계청에 따르면 2021년 기준 65세 이상 노인의 치매 유병률은 평균 10.3%로, 고령 인구 10명 중 1명은 치매를 앓고 있는 것으로 나타났다. 치매 발병률은 연령에 비례해 증가하는데, 65~69세에서는 1.39%인 발병률이 85세 이상으로 가면 38.84%로 높아진다.[2] 치매는 노인 학대 문제와 긴밀하게 연관되어 있다.

「노인복지법」에 따라 3년마다 실시되는 「노인실태조사」에서 2017년 기준 65세 이상 응답자 10,097명 중 9.8%가 최근 1년간 학대를 경험한 사실이 있다고 답했다.[3] 2020년 「노인실태조사」에서는 유형별 학대 경험률이 전반적으로 상승했다.[4]

세계보건기구(WHO)는 "60세 이상 고령층 6명 중 1명꼴인 15.7%가 다양한 형태의 노인 학대에 노출되어 있다"[5]고 보고한 바 있다. 이를 통해 노인 학대가 우리나라뿐만 아니라 전 세계

---

1) 통계청, 「장래인구추계: 2020~2070」.
2) 통계청, 「치매현황」, https://www.nid.or.kr/info/today_list.aspx
3) 보건복지부, 「노인실태조사」(2017).
4) 보건복지부, 「노인실태조사」(2020).
5) WHO 리포트, 'Abuse of older people,' 13 June 2022. "Abuse of older people is an important public health problem. A 2017 review of 52 studies in 28 countries from diverse regions estimated that over the past year 1 in 6 people (15.7%) aged 60 years and older were subjected to some form of abuse.", https://www.who.int/news-

적으로 대두되고 있는 문제임을 알 수 있다. 세계보건기구의 '폭력 및 부상 예방 부서' 책임자인 에티엔 크루그(Etienne Krug)는 "노인 학대 문제가 널리 존재함에도 불구하고, 세계적 건강 아젠다로 부각되지 않았다. UN의 건강한 고령화 10년 2021~2030(UN Decade of Healthy Ageing 2021~2030) 프로젝트가 이 어려운 문제를 해결할 수 있는 특별한 10년의 기회가 될 것"이라고 말하기도 했다.[6]

본문에서는 노인 학대의 다양한 유형 중 경제적 학대에 초점을 두어 살펴보고자 한다.

1. 경제적 학대 현황

1) 전반적인 노인 학대 현황

〈그림 1〉 연도별 노인 학대 건수

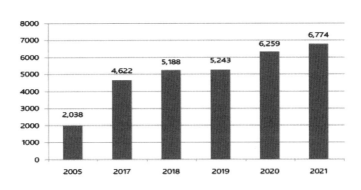

자료: 보건복지부 중앙노인보호전문기관, 「21년 노인학대 현황보고서」(2022)

6) 'New WHO resource highlights five priorities for ending abuse of older people', 15 June 2022. Etienne Krug, Director of the Department of Social Determinants of Health, WHO. "Despite it being widespread, abuse of older people is largely absent from the global health agenda. The UN Decade of Healthy Ageing 2021-2030 offers a unique 10-year opportunity to address this blight in a concerted, sustained and coordinated way.", https://www.who.int/news/item/15-06-2022-new-resource-abuse-of-older-people

room/fact-sheets/detail/abuse-of-older-people

「노인복지법」에 따르면 노인 학대는 '노인에 대하여 신체적·정신적·정서적·성적 폭력 및 경제적 착취 또는 가혹 행위를 하거나 유기 또는 방임하는 것'을 말한다.[7] 노인 학대 신고는 2005년 국가 첫 통계 이후 증가하고 있다. 2005년 2,038명이었던 학대 피해 노인 수는 2021년 6,774명으로 3배 이상 증가했다.

주목할 점은 코로나19 팬데믹 이후 노인 학대 건수가 큰 폭으로 늘어났다는 것이다. 2019년 학대 피해 노인 수는 5,243명으로 2018년 5,188명 대비 1.1% 증가한 반면, 2020년에는 6,259명으로 2019년 대비 19.4% 증가한 것으로 나타났다. 이에 대해 서울남부 노인보호전문기관의 김민철 과장은 "피해 노인과 행위자가 마주하는 시간이 증가하면서 학대 발생 빈도가 높아졌고 그로 인한 신고가 더욱 증가한 것으로 판단된다"고 말했다. 또한 보호자, 자원봉사자 등 모니터링 자원의 접근이 제한되면서 시설에서의 학대 사례 증가에 영향을 미쳤을 것으로 보인다.

한편, 노인 학대 발생 장소의 경우, 가정 내 학대가 88%로 가장 높았고, 이어 생활시설(7.9%), 이용 시설(1.3%) 등 순으로 나타났다.

학대 행위자는 학대 피해 노인의 배우자(29.1%), 아들(27.2%), 기관(25.8%) 등 순이었다. 특기할 만한 점은 2017년부터 2020년까지는 아들이 30% 이상으로 가장 높게 나타났으나 2021년에 최초로 배우자가 가장 높게 나타났다는 점이다.

재학대 건수는 2021년 기준 739건으로 전년 대비 20.4% 증가한 것으로 확인되었다.[8]

위 결과를 통해 노인 학대의 심각성이 수면 위로 드러나지 못하는 가장 큰 이유가 가정 내 학대가 다수이기 때문이라는 사실을 확인할 수 있다. 학대 피해 노인이 학대 상황을 은폐하기도 하며, 가족 구성원인 가해자를 보호하려고 외부 개입을 거부하기도 한다. 학대로 고통을 받으면서도 많은 경우, "내가 자식 농사 잘못해서 그래요. 누구를 탓하겠어요. 내 잘못이지요"라며 가해자에 대한 양가감정을 드러낸다. 피해 상황에서 벗어나고 싶으면서도 자신이 겪은 피해를 학대라고 규정하는 것을 회피하거나 학대 행위자인 가족에 대한 처벌을 두려워하는 감정도 보이는 것이다.

---

7) 「노인복지법」 1조2 1항

8) 보건복지부 중앙노인보호전문기관, 「21년 노인학대 현황보고서」(세종: 보건복지부, 2022).

가족 관계에서 발생하는 노인 학대는 타인에 의한 학대보다 충격이 심하다. 학대당하는 노인은 가족의 한 사람으로서 자신의 중요성이 상실되고, 가족 구성원에서 배제되거나 학대에 방치되는 과정을 통해 학대의 원인을 자신에게서 찾거나 자신에 대한 부정적인 인식을 갖게 될 수 있기 때문이다.[9]

2) 경제적 학대의 현황 및 특징

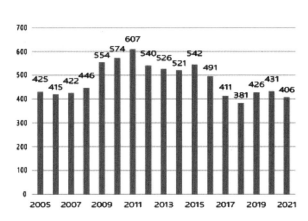

〈그림 2〉 연도별 경제적 노인 학대 건수

자료: 보건복지부 중앙노인보호전문기관 「21년 노인학대 현황보고서」(2022)

경제적 학대는 "노인의 의사에 반하여 노인으로부터 재산 또는 권리를 빼앗는 행위로서 경제적 착취, 노인 재산에 관한 법률 권리 위반, 경제적 권리와 관련된 의사 결정에서의 통제 등을 하는 행위"를 말한다.[10]

경제적 학대의 경우, 발생 건수 자체가 적어 보이는 면이 있지만 많은 사람들이 경제적 학대에 대한 인식이 뚜렷하지 않다는 점, 피해를 인지하더라도 실제로 신고하는 경우가 드물다는 점을 고려해야 한다. 외국의 통계에서도 "경제적 학대 사례 44건 중 1건만 보고되고 있다."[11]

---

9) 김민철, 「학대피해 노인의 외상 후 성장에 관한 구조모형 연구」(2021).
10) 보건복지부, 「노인보호전문기관 업무수행지침」(세종: 보건복지부, 2015).
11) 「미국 전국 성인 보호 서비스 협회(NAPSA) 보고서」, https://www.nursinghomeabusecenter.com/elder-abuse/statistics/

고 하여, 현실에서 발생하는 경제적 학대는 보다 많을 것으로 예상된다.

노인복지시설 종사자가 전하는 다음 사례는 경제적 학대의 특징을 잘 보여 준다.

> "매월 수급비가 들어오면 아들이 멀리 있는데도 한 달에 한 번씩 오는 거예요. 수급비를 가지러. 그러면서 할머니는 늘 '나 배고파.' 그래요. 그래서 '할머니, 이번 달에 돈이 들어갔는데 왜 배가 고파요? 맛있는 거 사서 드시면 되잖아요.' 그러면 '돈이 하나도 없어. 아들이 와서 가져갔어.' 이런 상황에서 개입을 하는 게 되게 민감한 거거든요."[12]

노인에 대한 경제적 학대는 다음과 같은 특징을 가진다.

첫째, 주로 가정 내 가족에 의해서, 또 기관[13]에 의해서 발생한다. 「21년 노인학대 현황보고서」에 따르면 경제적 학대 발생 장소는 '가정'이 92.6%로 가장 높게 나타났고, 이어서 생활시설(5.2%) 등 순으로 나타났다. 경제적 학대 행위자 유형은 아들(44.3%), 딸(15.6%), 타인(10.6%) 등 순으로 나타났다.

둘째, 지속적, 반복적으로 장기간에 걸쳐서 나타난다. 경제적 학대는 1개월에 한 번 이상(35.7%) 지속적, 반복적으로 발생하고 있다. 또 5년 이상(36.9%) 장기간에 걸쳐서 이루어지고 있다.

마지막으로, 학대 피해는 개인의 재산 규모와 관계없이 발생한다. 「노인실태조사」(2020)에 따르면, 전체 응답자 중 87.1%가 공적이전 소득(공적연금, 기초연금, 기초생활보장급여, 기타 공적급여)이 있다고 답했다. 이것이 저소득층에서도 경제적 학대가 발생하는 이유 중 하나다.

---

12) 이현주·김효정, 「노인 경제적 학대에 대한 탐색적 연구」, 『한국노년학』(2021).
13) 기관: 노인복지시설 종사자, 의료인.
- 생활시설
  - 노인주거 복지시설(양로 시설, 노인 공동생활 가정, 노인복지 주택)
  - 노인의료 복지시설(노인요양시설, 노인 요양 공동생활 가정)
- 이용시설
  - 노인여가 복지시설(노인복지관, 경로당)
  - 재가노인 복지시설(방문 요양 서비스, 재가노인 지원 서비스, 단기보호 서비스 등)

이에 대해 시니어 금융 교육 협의회 오영환 사무총장은 "노인에 대한 경제적 학대는 연금이 발달된 선진국형 사회문제"이며, "공적부조금 외 개인연금 등을 자녀들이 착취하는 경우가 앞으로 더 많이 발생할 것이다."라고 지적했다.

이렇듯 노인에 대한 경제적 학대는 경제적 여건이 열악한 상황에서도 반복적으로 벌어지기 때문에 더 이상 회복이 불가능한 상황에 처한 학대 피해 노인들이 느끼는 불안감과 공포는 여타의 학대 유형보다 더 클 것이다.

한편, 다른 유형의 경제적 학대로서 보이스피싱이 있다. 금융감독원에 의하면 2021년 보이스피싱 피해자 수 및 피해 금액은 전반적으로 줄고 있지만 60대 이상 고령층의 피해 비중은 2020년 29.5%에서 2021년 37%로 매년 높아지고 있다.[14] 노인 대상 금융 사기에 대한 대책이 시급하게 마련되어야 할 것이다.

2. 경제적 학대가 발생하는 구조

노인에 대한 경제적 학대와 그 피해가 심각함에도 불구하고 우리 사회에서는 그렇게 인식되지 못하고 있다. 그 이유는 경제적 학대가 발생하는 구조에 있다.

첫째, 경제적 학대가 돌봄을 가장하는 경우가 있다.

"친한 사이라 돈 관리를 대신해 줘도 될 줄 알았어요."

요양원에서 일하는 A 씨는 입소 어르신인 B의 케어를 담당했습니다. B 어르신은 거동이 불편해 종종 A 씨에게 용돈을 인출해 달라고 부탁했고, 수고비 명목으로 5만 원, 10만 원씩 주었습니다. 인출 요청 횟수가 늘어가면서 B 어르신의 통장, 카드, 신분증을 A 씨가 직접 보관하기에 이르렀습니다.[15]

---

14) 금융감독원, 「21년 보이스피싱 피해현황 분석(보도자료)」(2022).
15) 중앙노인보호전문기관, 경제적 학대 예방 동영상

신체적 활동에 제약이 있는 노인들은 일상생활에서 타인의 도움을 필요로 하는데, 이 과정에서 돌봄 제공자가 노인의 재산에 관여하고 정보에 접근하게 되면서 경제적 학대의 위험이 높아진다. 학대 행위자가 학대 피해 노인이 자신에게 의존하고 있고, 나아가 처벌하지 못한다는 것을 인지할 경우, 학대를 지속할 위험성이 높아진다.

"아버님한테 못 들으셨어요? 저 아버님이랑 혼인신고를 해서 법적인 아내예요."

KBS 시사멘터리 추적의 「가족의 덫 - 부유한 노년층을 노린다」 편에서는 간병인이 고액의 재산을 가진 치매노인에게 접근, 위장 결혼으로 재산을 빼돌린 사례를 짚었다. 미국에 있는 자녀와 연락하지 못하게 하고, "오피스텔 밖으로 나가면 잡아간다."며 학대 피해 노인을 조종, 통제해 주거지를 4회 옮기게 했으며, 휴대전화 번호를 5회 변경하게 하면서 1년 동안 100억 원을 빼돌린 것이다.

정보 획득에 취약하고, 사회적 관계망이 빈약한 노인들의 외로움이나 고독감을 이용, 도움을 준다는 핑계로 도리어 착취하는 경제적 학대는 강도, 절도 같은 직접적 탈취 행위보다 '기망 행위'에 가깝다는 특징을 보인다. 때때로 가해자는 학대 사실이 노출되는 것을 피하려고 피해자를 더욱 고립된 환경으로 몰아넣기도 한다.

둘째, 가족 구성원이 권리 행사를 주장하는 경우이다.

"부모 재산 어차피 자식 것 아닌가요?"

재산을 보유하고 상속 계획이 있는 사람들은 대체로 상속자로 가족을 먼저 생각할 것이다. 이는 조사 결과로도 확인된 바 있다. (사)웰다잉 문화운동의 「생애 마무리 문화의 실천과 혁신을 위한 정책 연구」에 따르면 전체 응답자 중 상속 계획이 있는 352명을 대상으로 상속 방식에 대해 물었을 때, '자녀에게 상속하겠다'는 응답이 92.9%로 가장 높았고, '배우자에게 상속하겠다' 85.8%, '사회 환원을 하겠다' 0.8%로 나타났다.[16]

---

16) (사)웰다잉 문화운동, 「생애 마무리 문화의 실천과 혁신을 위한 정책 연구」(2021).

같은 연구에서, 인터뷰 참석자들에게 왜 가족에게 상속하는지 그 이유를 물었을 때, 재산을 개인보다는 가족의 소유물이라고 인식하고 있음이 드러났다. 실제 자산의 법적 명의와는 무관하게 재산을 개인의 것이 아닌 가족 공동의 것이라고 인식하고 있기 때문에 자신의 사후에도 혈연관계인 가족이 소유하는 것이 자연스럽다는 것이다.[17]

이러한 혈연 중심의 유산상속 인식 및 사회적 분위기는 경제적 학대에 영향을 미치기도 한다. 자녀들이 부모의 재산은 어차피 자신의 것이라고 생각하여, 소유자인 부모가 살아 있음에도 결정권을 행사하려 하거나 부모를 돌보고 부양하는 것에 따른 당연한 대가라고 주장한다. 나아가 노인은 나이가 들었기에 재산을 가지는 게 의미가 없다고 생각하거나 경제적 환경이 중요하지 않을 것이라 여기기도 한다.

셋째, 노인을 사회의 구성원에서 배제하는 경우를 들 수 있다.

연령주의(ageism)란 노인과 노화에 대한 부정적 인식을 갖고 연령을 기준으로 능력과 태도를 판단하는 것을 말한다. 이런 인식은 노인의 재산이나 인권을 낮게 보는 태도를 갖게 한다. 연령주의는 암묵적으로 학대를 발생시키면서 그것이 학대라고 인식하지 못하게 하거나 학대에 수용적인 태도를 갖게 한다. 연령주의는 사회 전반에 작용하면서 노인 스스로의 인식에도 영향을 줄 수 있다. 노인에 대한 편견과 차별적 행동이 노인을 무기력하고 체념적으로 만들 수 있는 것이다. 이러한 인식 속에서는 가해자도, 학대 피해 노인도, 제3자도 이것이 학대 상황인지, 사적인 관계에서 일어난 의례적인 상황인지를 판단하기 어려워진다.

김주현 충남대학교 사회학과 교수는 연령주의를 이렇게 설명한다. "사람의 가치를 경제적으로 판단하는 경향이 서구에서 100년에 걸쳐 진행됐다면 우리나라는 30년 만에 압축적으로 일어난 거예요. 사회 구성원 중 능력이 떨어지는 집단, 그중에서도 노인은 '쓸모없다'고 치부되기 시작했죠. 그 집단과 함께 사회를 구성하는 게 아니라, 그 집단을 배제하고 그 집단에게 기회를 주지 않는 방향으로 가게 된 거예요."

UN이 정한 '건강한 노령화 10년 2021~2030(UN Decade of Healthy Ageing (2021~2030)' 프로젝트에서 노인 학대 극복을 위한 첫 번째 과제로 연령주의 타파를 꼽기도 했다.[18]

---

17) (사) 웰다잉 문화운동, 위의 글.
18) Tackling abuse of older people: five priorities for the UN Decade of Healthy Ageing(2021~2030)

넷째, 법과 제도의 허점이 악용되는 경우가 있다.

"가족 간 금전 문제에 대해 수사하기 어렵다."

74세인 P 할아버지에게는 아들이 한 명 있었다. 그런데 아들은 수시로 아버지에게 돈을 요구했고, 돈을 받지 못하면 행패를 부렸다. 아버지에게 돈을 받지 못할 것이라고 생각한 아들은 아버지의 명의를 도용해서 휴대폰을 개통해서 사용했고, 신용카드도 발급받아 사용했다. 또한 아버지 이름으로 3500만 원을 대출 받아 탕진하고 말았다. 이를 참다못한 P 할아버지는 경찰서에 가서 아들을 고소했으나 "가족 간 금전 문제는 수사하기 어렵다"는 답변을 들었다고 한다. 이는 형법 제328조에 규정된 '친족상도례' 특례 때문이다.

친족상도례(親族相盜例)는 친족 간의 재산 범죄에 대하여 그 형을 면제하거나 친고죄로 정한 형법상의 특례를 말한다. 이 규정이 부모, 자녀 및 친족 간 재산 범죄의 면책 수단으로 악용되고 있다. 이와 함께 「노인복지법」에 경제적 학대에 대한 정의가 없는 점, 노인 학대 예방을 위한 지역사회 통합 지원체제가 구축되어 있지 않은 점, 경제적 착취의 위험신호를 파악할 수 있는 법적 근거와 시스템이 부족한 점 등 제도적·법적 차원에서 경제적 학대를 예방하기에 부족한 것이 현실이다. 이에 대응하기 위해 2022년 상반기에 「노인복지법」 일부 개정 법률안, 「금융소비자 보호에 관한 법률」 일부 개정 법률안 등 노인 경제적 학대 예방을 위한 여러 개정 법률안이 국회에 상정되었지만 아직 처리되지 못하고 있는 현실이다.[19]

---

19) 노인 경제적 학대 예방을 위한 2022년 상반기 발의된 개정 법률안, 노인 경제적 학대 예방을 위한 2022년 상반기 발의된 개정 법률안. 의안정보시스템(http://likms.assembly.go.kr/bill/main.do)
   (1) 「노인복지법」 일부 개정 법률안(한준호 의원)
      - 노인을 대상으로 한 노인 학대 관련 범죄에 사기·횡령·배임 등 추가
      - 지역사회 통합 지원체계 구축. 운영(지방자치단체, 공공기관, 금융기관).
   (2) 「노인복지법」 일부 개정 법률안(전용기 의원)
      - 학대 행위자가 친족 관계의 노인을 상대로 사기·공갈을 저지른 경우, 「형법」상 '친족상도례' 규정 적용 제외.
   (3) 「노인복지법」 일부 개정 법률안(이성만 의원)
      - 「노인복지법」에 경제적 학대에 대한 구체적 규정 신설.

3. 마무리하며

　노인에 대한 경제적 학대의 예방 및 해결은 노인에 대한 경제적 학대를 사회와 국가의 문제로 인식하는 데에서 시작한다. 경제적 학대를 받은 노인은 신체적, 정신적 건강이 악화됨은 물론 경제적 기반 자체가 무너져 삶의 질이 하락하며, 회복이 불가능한 노인은 결국 국가의 보호를 받아야 하므로 국가, 즉 사회 구성원들의 부담으로 이어질 수밖에 없다. 이때 학대 피해에 개입하는 복지 자원, 의료 자원은 국가적 재원이다. 따라서 경제적 학대를 개인과 가정의 문제만이 아닌 국가와 사회가 함께 책임을 져야 하는 문제로 인식하고, 노인에 대한 경제적 학대 문제를 해결하기 위해 적극적으로 노력하고 개입해야 한다.

　나아가 피해 발생 후 수습하고 관리하기보다 학대를 예방하는 것이 더 중요한데, 이를 위해서는 사회 전반에 걸친 인식 개선과 교육이 필요하다. 시니어 금융 교육 협의회 오영환 사무총장은 "노인에 대한 경제적 학대가 큰 사회적 문제로 대두될 것인데 그 전에 예방 및 대책을 세워야 한다."고 말하면서 "무엇이 경제적 학대인지 모르는 사람이 너무 많고, 학대를 당하면서도 본인이 인지하지 못하는 경우가 많으므로 예방 교육이 제일 중요하다."고 주장했다. 서울남부 노인보호전문기관의 김민철 과장은 "65세 이상 어르신들에게 학대 예방 교육도 필요하지만, 그 이전 청소년부터 금융 교육 및 경제적 학대 예방 교육을 하는 것이 더 중요하다. 왜냐하면 어르신들에게 교육을 해도 쉽게 인식하지 못하는 경우가 있어서, 전 연령대에서 점증적인 학대 예방 교육이 절실하다."고 강조했다.

　이와 더불어 노인의 자기 결정권을 중시하는 문화를 형성할 필요가 있다. 자기 결정권은 자신의 몸과 마음, 정신, 자기 재산으로 구성된 자기 영역을 스스로 결정하고 지킬 수 있는 권한을 뜻한다. 원혜영 (사)웰다잉 문화운동 공동대표는 "노인의 '자기 결정권'을 중시하는 문화 즉, 노인 스스로가 자기 재산에 대하여 주인 의식, 책임 의식을 갖고 내 책임하에서 끝까지 권

　　- 지역사회 통합 지원체계 구축 운영(지방자치단체, 공공기관, 금융 기관).
　(4)「금융 소비자 보호에 관한 법률」 일부 개정 법률안(이상헌 의원)
　　- 고령 금융 소비자의 권익 증진을 위한 금융 당국과 금융기관의 역할 강화.
　(5) 전기통신 금융사기 피해방지 및 피해금 환급에 관한 특별법 일부 개정 법률안
　　- 자금 인출, 계좌 개설, 자금 교부 등 범죄 수익 확보에 가담한 행위와 음성, 문자 등을 송신하는 행위에 대한 벌칙 규정 신설.

한 행사를 한다는 의식을 갖고 또 이를 존중하는 문화를 만들어야 한다"고 주장했다. 또 인권위원회 송두환 위원장은 "노인을 '시혜의 대상'으로 여겼던 시각에서 벗어나 '권리의 주체'로 바라보는 인식 전환이 필요하다"고 강조했다.

노인에 대한 경제적 학대는 단지 노인의 재산에만 국한된 문제가 아니라 인간으로서의 존엄과 가치 구현이라는 헌법적 권리와도 직결된 문제이다. '노인의 모습은 잠시 후 우리의 모습'이라는 점에서 노인에 대한 경제적 착취는 모든 사람의 현재와 미래의 문제라는 점을 인식해야 할 것이다.

| 참고 문헌 및 자료 |

1. (사)웰다잉 문화운동, 「생애 마무리 문화의 실천과 혁신을 위한 정책 연구」(2021).
2. 국가법령정보센터. https://www.law.go.kr/법령/노인복지법
3. 김민철, 「학대피해 노인의 외상 후 성장에 관한 구조모형 연구」(2021).
4. 금융감독원, 「21년 보이스피싱 피해현황 분석(보도자료)」(2022).
5. 금융위원회, 「고령친화 금융환경조성방안(보도자료)」(2020).
6. 보건복지부, 「09년 전국 노인학대 실태조사(보도자료)」(2010).
7. 보건복지부, 「노인보호전문기관 업무수행지침」(세종: 보건복지부, 2015).
8. 보건복지부, 「노인실태조사」(한국보건사회연구원, 2017).
9. 보건복지부, 「노인실태조사」(한국보건사회연구원, 2020).
10. 보건복지부, 『경제적 학대 대응체계 마련 모색 자료집』(중앙노인보호전문기관, 2022).
11. 보건복지부 중앙노인보호전문기관, 「21년 노인학대 현황보고서」(세종: 보건복지부, 2022).
12. 이수현, 「노인에 대한 경제적 착취에 대한 고찰」, 『법학연구』(인하대학교, 2021).
13. 이영구, 「성년후견제도의 현황과 과제」, 『법학연구』(건국대학교, 2016).
14. 이현주·김효정, 「노인 경제적 학대에 대한 탐색적 연구」, 『한국노년학』(2021).
15. 통계청, 「고령자 통계, 혼자 사는 고령자의 삶(보도자료)」(2021).
16. 통계청, 「고령자 통계, 지난 10년간 고령자 의식변화(보도자료)」(2022).
17. 황신정, 「노인학대 중 경제적 학대에 대한 고찰」, 『사회보장법연구』(서울대학교, 2018).
18. KBS 시사멘터리 추적, 「가족의 덫 - 부유한 노년층을 노린다」(2022. 7. 3.).

상속 분쟁 최소화를 위한
4가지 현실적인 방안

● 김시호

1. 우리나라의 유산상속 양상

영국의 자선지원재단(CAF)에 따르면 기부 문화 순위에서 한국은 126개국 중 57위에 머물렀다.[1] 생애 마무리 문화에 대한 국내의 설문 조사[2] 결과도 이와 크게 다르지 않아서, 상속 계획이 있는 사람 중에서 사회 환원을 하겠다는 응답은 0.8%에 불과한 반면, 배우자에게 상속하겠다는 응답은 85.8%, 자녀에게 상속하겠다는 응답은 92.9%에 달했다.

개인 유산의 대부분을 가족에게 상속하는 현상은 한마디로 '가족중심주의'와 '부모 세대의 자기 헌신'으로 요약된다. 노부모 세대가 일하던 산업화 시대는 사회복지 체계가 빈약하였기에 각자도생(各自圖生)의 각축장 같았다. 이러한 현실에서 노부모 세대에게 정서적인 안정감과 삶의 의미를 제공한 것은 가족이었다. 이런 이유로 노부모들은 가족에게 보답하는 동시에 정서적 친밀감을 유지하면서 인생을 마무리하기 위한 방편으로 가족 상속을 많이 하는 것으로 보인다.

또한 고도성장기를 살아온 자신들과 달리 저성장·고실업률 시대에 사는 자녀의 미래가 다소 불안하다고 여기기 때문에 가족에 대한 책임감도 가족 상속을 고려하는 이유이다.

그리고 재산 형성에 가족들이 기여했다는 인식도 가족 상속의 이유이다. 부모 세대의 다수

---

1) 박지훈, 「대한민국 '2020 세계기부지수' 114개국 중 110위」, 『국민일보』(2022. 6. 9.).
2) (사)웰다잉 문화운동, 「생애 마무리 문화의 실천과 혁신을 위한 정책 연구」(2021), p.183~185.

는 자신의 재산은 가족이 공동으로 일군 것(69.4%)이므로 가족의 공동 소유물(66.7%)[3]이라고 인식하고 있다. 하루 12시간 이상 바쁘게 일하느라 가족들을 충분히 돌보지 못했기에 자신의 재산은 가족 공동체 모두가 함께 고생하며 일군 재산이라고 생각하는 것이다. 이런 이유로 자녀에게는 재산을 공유할 권리가 있다고 여기고 자녀 상속을 우선시하는 것으로 보인다.

2. 급증하는 가족 간 상속 분쟁과 발생 요인들

가족 간 상속 분쟁은 작게는 명절 갈등의 원인이 되며 크게는 형제 관계를 끊고 부모, 자식 간에 불화를 초래한다. 이렇게 되면 삶의 의미를 가족에 두고 인생의 마무리를 하려는 노부모들의 계획이 뿌리째 흔들릴 수 있다.

일반적으로 상속재산 규모가 클수록 상속 분쟁이 발생할 가능성이 크다. 노부모 세대는 고도성장기에 경제활동을 한 덕분에 상대적으로 많은 재산을 축적할 수 있었다. 특히 2022년 초까지 수년간의 저금리 기조로 부동산 및 자산 가격이 급등하면서 일부 자산가들의 문제로만 여겨지던 상속 분쟁이 일반인들 사이에서도 발생할 소지가 생겼다.

실제로 형제자매가 피상속인(사망한 사람)의 남은 재산을 두고 상속재산 분할 심판을 청구하는 사례가 급증하고 있다. 가정법원에 접수된 상속재산 분할 심판 청구 건수는 2016년 1,233건, 2018년 1,710건, 2020년에는 2,095건, 2021년에는 2,380건으로 매년 10% 이상 늘어난 결과[4] 최근 5년 동안 93%가 증가했다. 베이비붐 세대가 고령에 접어듦에 따라 상속 분쟁은 더욱 증가할 수밖에 없다.

---

3) (사)웰다잉 문화운동, 위의 글, p.97.
4) 이경은, 「치매 부모 간병한 자식, 상속 더 받는 게 당연? 글쎄요」, 『조선일보』(2022. 5. 19.). 참고) 법원행정처에서 발행된 『사법연감』(2020) 제6장 통계의 제3절 p.182에는 2021년 가정법원에 접수된 '상속재산의 분할에 관한 처분'이 '2,379건'으로 기록되어 있음.

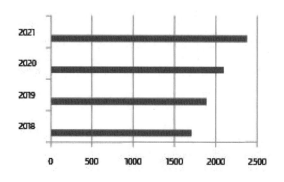

〈그림 1〉 최근 상속재산 분할 심판 소송 건수

자료: 이경은(2022), 위의 기사

1) 서울의 변두리에 사는 96세 A 씨의 경우

37년 전, 남편을 여의고 슬하에 2남 6녀를 둔 A 씨의 전 재산은 서울 변두리에 있는 30평대 아파트 한 채뿐이다. 특별히 가진 게 없는 형편이라 자녀들도 상속에 대한 기대감이 없었으나 최근 들어 분위기가 달라졌다. 특히 4~5년 전부터 집값이 폭등하면서 2022년 초 A 씨의 아파트 시세가 9억 원에 이르자[5] 자식들 모이는 자리가 불편해졌다.

남편이 세상을 떠날 때 A 씨에게 남겨진 재산은 12평 집 한 채였다. 집 안에 화장실이 없어 아침마다 식구들은 동네 공중화장실로 향했다. A 씨는 작은 공장에 다녔고 6명의 딸들은 모두 실업계 고등학교를 졸업했다. 그리고 2006년, 동네가 재개발되면서 30평형대 아파트를 분양받았다. 추가 부담금을 마련하려고 대출을 받았지만 새 아파트에 입주할 때 가족들은 한결같이 기뻐했다. 8남매는 잔치를 벌였고 어려웠던 시절의 이야기들을 훈장(勳章)처럼 꺼내 보였다.

그런데 2020년부터 분위기가 사뭇 달라졌다. 우선 94세에 접어든 A 씨의 건강이 예전 같지 않았다. 집 밖에 나서는 일이 불편해지면서 가족들의 염려가 커졌고, 그 무렵 집값이 폭등했다. 그리고 얼마 전, 가족 모임에서 딸이 달동네 옛집을 구입할 때 자기 적금을 보탰다는 얘기를 꺼냈다. A 씨는 남편으로부터 얼핏 그런 이야기를 들은 것 같았다. 그러자 다른 딸이 자신

---

5) 2023년 1월 현재 서울 아파트 가격이 29주 연속 하락하면서 6억 원대로 급락했다.

은 수년간 생활비를 보탰다며 목소리를 높였고, 누군가 30평형대 아파트는 어머니 혼자 살기에는 너무 넓다는 말을 꺼내 들었다. 집을 20평형대로 바꿔야 한다는 제안이 나오자 자녀들 다수가 찬성표를 던졌다. 그리고 집값의 차액을 8남매가 나눠 갖자고 했다. 그러나 구체적인 배분 방식에 대해서는 모두 말을 아꼈다.

상속 문제가 현실화되면서 A 씨는 유언장을 떠올렸다. 그러나 옛날 집의 구입 자금을 보탰다는 딸과 생활비를 꾸준히 드렸다는 딸, 그리고 사업 자금이 필요한 큰아들을 생각하자니 머리가 복잡해졌다. A 씨는 자칫 자신의 유언장이 자녀들을 갈라놓는 발화점(發火點)이 될 수도 있겠다고 생각했다.

A 씨의 막내아들은 이런 상황이 불편했다. 차라리 유언장 없이 돌아가시는 게 낫겠다며 푸념했다. 그러나 유언장이 없는 경우 8남매가 법정상속분을 나눠 갖게 되는데 이에 대한 합의도 쉽지 않아 보였다.

2) 상속 분쟁이 발생하는 주요 원인

우선 가장 빈번하게 발생하는 상속 분쟁 요인은 법정상속분이나 유류분 보장[6]에 관한 것이다. 법적으로 보장된 이 부분을 제대로 보장하지 않는 경우에는 자식들이 상속 분쟁에 휘말릴 가능성이 크다.

또한 부모님의 유산을 일률적으로 상속받는 것이 억울하다고 생각하는 경우에도 분쟁이 발생한다. 가령, 부모가 집을 살 때 목돈을 보태서 집안의 재산 형성에 기여한 경우에는 아무래도 다른 자녀와 같은 비율로 상속받는 것이 불공정하다고 느낄 수 있다.

그리고 노부모를 직접 모시거나 치매 부모를 간병한 수고를 인정받지 못할 때도 문제가 된다. 우리나라의 65세 이상 치매 환자 수는 2020년 약 84만 명에서 2030년에는 136만 명, 2040년에는 217만 명, 2050년에는 300만 명을 넘을 것으로 예상된다. 600만 명에 달하는 일본의 인지증(치매) 환자들이 보유한 자산 총액은 지난 2020년 기준 250조 엔(2450조 원)에 달했는데, 이는 2020년 일본 GDP의 50% 정도라고 한다.

---

6) 이성진, 「상속 분쟁 1위 유류분 소송에 현명하게 대처하기 위해서는」, 『법률저널』(2022. 5. 25.).

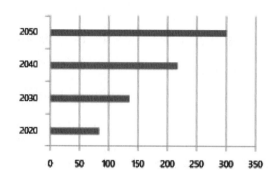

〈그림 2〉 65세 이상 치매 추정 환자 수

자료: 국립중앙의료원 중앙치매센터,
「2021 대한민국 치매 현황 보고서」(2022. 4.)

치매는 완치가 어렵고, 환자의 인생 마지막은 비참하다. 그래서 치매 부모를 돌보는 일은 육체적으로나 정신적으로 매우 고되기에 돌봄을 부담한 자녀는 더 많은 유산상속을 기대하기 마련이다. 그러나 이러한 돌봄 활동은 법적으로 인정받지 못한다. 따라서 상속인들이 서로 합의하여 돌봄을 부담한 형제에게 별도 상속분(기여분)을 인정해 주어야 한다. 만약 그렇게 하지 않으면 상속 분쟁의 원인이 될 수 있다.

또한 장남 혹은 아들 위주의 가부장적 상속 방식으로, 여자라는 이유로, 상속에서 소외되는 경우에도 상속 분쟁이 발생할 여지가 크다. 노부모 중에는 가부장적인 사고방식으로 딸에게 물려준 유산은 다른 집안의 재산이 된다고 생각하는 경우가 있다. 이러한 인식의 저변에도 '가족중심주의'가 깔려 있다. 이러한 사고방식은 대체로 가업을 승계하는 경우에 적용되어 가업을 아들에게만 물려주는 풍토를 조장한다. 물론 이 또한 성차별적이기에 상속 분쟁을 유발할 수 있다.

이와 더불어, 부모나 자식으로서 책임을 다하지 않은 채 친권을 바탕으로 상속권을 주장할 때도 분쟁이 발생할 가능성이 크다. 부모나 자식으로서의 상속권은 법으로 보장되므로 이를 근거로 강제상속권 또는 유류분을 주장할 수 있다. 자식으로서의 상속권도 마찬가지이다. 그러나 이러한 권리는 부모나 자식으로서 기본적인 책임을 다하는 사람에게 주어져야 한다고 생각하는 것이 인지상정(人之常情)이다.

천안함 사건 피해자인 고(故) A 상사의 보상금 상속 분쟁도 이런 맥락에서 문제가 되었다. A 상사는 사망 당시 29세로 미혼이었으며, 유족으로는 부친과 누나, 그리고 A 상사가 두 살 때 이혼한 후 연락을 끊은 모친이 있었다.

천안함 사건이 발생한 후, 사회복지 공동모금회에서는 A 상사를 홀로 키운 아버지에게 국민성금 5억 원을 지급했다. 그러나 국가보훈처에서 지급하는 군인사망보상금, 군인보험금, 군인연금은 상속법에 따라 우선 배우자와 자녀, 그다음 부모의 순으로 수급자를 지정했다. 이로 인해 군인사망보상금과 군인보험금을 합친 총 3억 원의 보상금이 친권을 가진 아버지와 어머니에게 균등하게 지급되었고 군인연금 80만 원 역시 매달 아버지와 어머니에게 균등하게 지급될 예정이었다.

그러나 아버지는 이를 용납할 수 없었기에 어머니를 상대로 양육비 청구 소송을 제기했다. 그 결과 법원의 조정으로 어머니는 일시금 절반의 보상금은 받되 매달 지급되는 군인연금은 포기한다는 내용으로 아버지와 합의서를 작성했다.[7]

3. 상속 분쟁을 최소화하기 위한 현실적인 방안들

상속 문제는 돈에 관한 문제이지만 근본적으로는 신뢰에 관한 문제이다. 가족 구성원 사이에 신뢰가 없으면 분쟁이 발생하고, 신뢰가 있으면 분쟁도 없다. 이러한 신뢰는 서로에 대한 책임을 성실하게 수행할 때 형성된다. 가족으로서 책임을 다하여 가족들 간에 신뢰가 형성되어 있다면 이를 바탕으로 상속에 관한 협의도 수월해질 것이다.

1) 가족 간의 신뢰에 기반한 재산상속

(1) 부모와 자녀 간 신뢰에 기반한 증여와 상속

B 씨는 2016년에 아버지가, 2022년에 어머니가 돌아가셨다. 적지 않은 부를 축적한 부모님

---

7) 강창구, 「천안함 전사자 양육비 소송 일단락」, 『연합뉴스』(2010. 12. 15.),

은 생전에 5남매의 형편을 두루 살피면서 수차례에 걸쳐 재산을 증여했다. 그뿐만 아니라 부모님은 평소에도 자녀는 물론 손주들의 입학식과 졸업식까지 챙기는 등 세심하게 배려했고, 형평성을 고려하면서 그 내용들을 꼼꼼히 기록했다고 한다. 이러한 부모의 사랑과 보살핌을 5남매는 항상 감사하게 생각했기에 부모님이 돌아가신 후에도 상속 문제로 다투는 일 없이 화목하게 지냈다고 했다.[8]

혹시 구체적인 상속 내용을 알 수 있도록 가족 전체가 모여 협의한 적이 있느냐는 질문에 B 씨는 그런 적이 없다고 하면서 평소에 자녀들 모두를 세심하게 배려해 주신 부모님의 선택을 신뢰한다고 대답을 덧붙였다.

전통적으로 우리나라의 재산상속은 일시에 이루어졌다기보다는 여러 차례로 나누어 행해졌다.[9] 위 사례 역시 노부모가 평소에 상속 대상자인 5남매 모두를 세심하게 배려하면서 수차례에 걸쳐 재산을 증여했다. 그리고 이러한 과정을 통해서 부모는 자녀들의 신뢰를 얻었고, 그 결과 상속 내용에 대한 가족 간의 협의가 없었음에도 네 명의 누나들은 막냇동생의 제안을 수용한 것이다. 분명히 이것은 자녀들이 부모의 유지를 받들고 싶은 마음이 그만큼 강렬했기 때문이다. 이처럼 부모를 신뢰하는 자녀들은 부모의 마지막 뜻을 수용할 가능성이 크기 때문에 재산상속 분쟁이 발생할 가능성이 줄어들 수 있다.

위의 사례와는 달리 재산상속을 하지 못하고 부모가 돌아가신 경우에는, 대상자 전원이 참여하여 구체적인 내용으로 합의를 도출하는 것이 우리나라의 전통적인 재산상속 방식이다.[10]

(2) 객관적인 근거 자료에 기반한 신뢰감 축적

돈 문제에 관한 신뢰감은 객관적인 근거 자료로 뒷받침될 때 강화된다. 따라서 노부모의 재산 관리를 맡은 자녀는 이를 투명하게 회계 처리할 필요가 있다. 간병비나 생활비 등 비용을 지출할 경우에는 반드시 영수증 처리를 하고 생활비 사용 내역을 장부에 기록하여 다른 가족들이 확인할 수 있도록 해야 한다.

---

8) 4녀 1남 중에서 막내아들이 부모님의 계획대로 상속을 진행하는 과정에서 4명의 누나들은 전적인 신뢰를 보냈다고 한다.
9) 한국학중앙연구원, 『불재기·우리나라의 재산상속문서』(2014), p. 12.
10) 한국학중앙연구원(2014), 위의 책, p. 12.

부모와 살지 않는 자녀들은 구체적인 간병비나 의료비 또는 특별한 지출 내역을 알 수 없으므로 평소보다 많은 비용을 지출한 경우에는 의심할 수밖에 없다. 이로 인해 서로에 대한 신뢰가 깨지면 간병으로 고생한 자녀들에게 형제들을 원망하는 마음이 생기고 이는 곧 상속 분쟁의 씨앗이 된다. 그러나 영수증을 증빙한 지출 장부를 만들어 놓으면 노부모 자금의 구체적인 사용 내역을 언제든지 가족이 확인할 수 있어서 신뢰를 얻을 수 있다. 또한 간병의 노고(勞苦)도 인정받을 수 있어서 상속 분쟁이 발생할 가능성도 감소한다.

그리고 앞서 언급한 재산 형성에 직접적으로 기여한 경우처럼 상속재산이 된 주택을 구매할 때 돈을 보탠 자녀가 있다면 그 관련 서류를 관리해야 한다. 만일 그런 자료가 없다면 해당 자녀에게 근거 서류를 요청하고 당시 상황에 대해 다른 자녀들과도 충분히 협의하는 과정이 필요하다.

(3) 가족으로서의 책임 수행과 공평성

가족들의 기본적인 권리는 인정하되 기본적인 소임을 다했는지 그 책임을 묻는 일 또한 필요하다. 자녀로서 부모에 대한 기본적인 도리, 즉 적정한 시기마다 부모를 찾아뵙고 안부를 살피거나 가족으로서 함께해야 할 일들을 수행했는지에 대해 합리적으로 살펴볼 필요가 있다. 앞서 언급한 천안함 사건 보상금에 관한 상속 소송의 사례처럼 부모가 상속권자라면 그가 자녀에 대한 기본 소임을 다했는지를 따져야 할 경우도 있다.

마지막으로, 아들과 딸 차별 없이 동등하게 상속하거나 그 차이를 최소화해야 차후에 자녀들 간의 불화를 막을 수 있다. 이를 위해 자녀들에게 공평하게 상속하되 불가피하게 상속액의 차이가 발생한다면 이에 대해 자녀들이 납득할 수 있도록 설명하고 이해를 구하는 태도를 보여 줄 필요가 있다.

2) 유류분 우선 보장

개인은 자신의 유산을 자유롭게 처분할 권리를 갖는다. 따라서 노부모에게도 자신의 재산을 자유롭게 처분할 권리가 있다. 그러나 자녀들 또한 부모에게 상속재산의 공평한 분배를 요구할 권리가 있다. 유류분 제도는 이 둘을 법으로 조정하는 제도이며, 상속 과정에서 소외되는 사람 없이 가족 구성원들 모두에게 혜택이 돌아갈 수 있도록 하는 데에 그 취지가 있다.[11]

유류분이란 상속재산 가운데 일정한 상속인을 위하여 남겨 두어야 하는 일정 부분이다. 현재 우리 민법에서는 유류분을 엄격히 보장함으로써 상속인들에게 최소한의 상속재산을 보장하여 상속의 불균형을 해소하고 있다. 따라서 자녀들의 상속 분쟁 가능성을 낮추기 위해서는 유류분을 우선적으로 보장해 주어야 한다.

〈표 1〉 상속인과 유류분 비율

	상속인	유류분 비율
1순위	배우자, 자녀(직계비속)	법정상속분[12]의 1/2
2순위	부모(직계존속), 형제자매	법정상속분의 1/3

가령, 3남매를 둔 홀어머니가 자신의 노후를 책임지고 재산 형성에 크게 기여한 장남에게 전 재산 3억 원을 상속한다는 내용의 유언장을 남겼다고 하자. 이에 대해 재산을 한 푼도 상속받지 못한 두 자녀가 불복하여 유류분 청구 소송을 제기하면 이들은 각각 법정상속분인 1억 원의 1/2인 5천만 원을 받게 된다.

그런데 이 유류분 청구 소송 상속재산에는 10년이나 20년 전처럼 과거에 받았던 증여분도 포함된다. 만약 홀어머니가 장남에게 사업 자금으로 3억 원을 10년 전에 준 적이 있다면 이 또한 상속분으로 계산하는 것이다. 따라서 이 경우 전체 상속분은 과거 증여분 3억 원과 유언장의 상속분 3억 원을 합친 6억 원이 된다. 만약 두 명의 자녀가 유류분 청구 소송을 제기하면 법정상속분인 2억 원의 1/2인 1억 원씩을 각각 상속받을 수 있게 된다. 그러므로 홀어머니가 자녀들 간의 상속 분쟁을 예방하기 위해서는 유언장을 작성할 때 가족들과 협의하고 가능하면 자녀들의 유류분을 보장해 줄 필요가 있다.

한편, 신탁제도를 이용하면 상속할 재산의 소유권이 신탁회사로 넘어가기에 유류분 제도를

---

11) 현재 국회에서는 재산상속에 관한 자기 결정권을 강화하기 위해서 유류분을 축소하기 위한 입법을 추신하고 있나.
12) 법률의 규정에 따라 정해지는 상속의 몫.

피할 수 있다는 주장이 있다. 우리 민법 규정에서는 부모(피상속인)가 사망하기 1년 이전에 타인에게 소유권을 넘긴 '증여재산'은 유류분 대상에서 제외하기 때문에 이 주장은 그럴듯하다. 그러나 신탁회사에 넘긴 재산을 유류분 산정에서 배제하는 대법원 판례가 나온 적은 2022년 7월까지 없다. 그리고 상속과 관련된 신탁제도를 이용하더라도 유류분 권리자를 의도적으로 배제할 목적이 있었다면 유류분 소송에서 이길 수 없다는 것이 중론이다.

3) 유언장 작성

유언장은 자기 삶의 의미를 정리하여 자녀들에게 유지를 전달하는 가장 일반적이고 효과적인 방법이다. 우리나라는 유언상속 우선 원칙을 적용하고 있어서 유언이 없을 경우 법정상속을 적용한다.[13] 그러나 법정상속에는 상속재산 분할에 대한 부모의 뜻을 온전히 담아내기 어렵다. 또한 부모가 자식들의 사정을 헤아리면서 자녀들 간의 우애를 염원하는 유언장을 작성하여 재산을 정리한다면 자녀들을 한마음으로 모을 수 있을 것이다. 만일 유언장을 작성하기 전에 가족들과 협의하여 절충안을 도출하고 검토하여 유언장에 담는다면 가족 간의 관계 회복은 물론이고 사후 분쟁 예방에도 큰 도움이 된다.

앞서 언급한 사례에서 96세 A 씨의 막내아들은 어머니가 살아 계실 때 상속 문제를 정리하는 것이 최선책이라는 결론을 내렸고 그 해결책으로 유언장을 선택했다. 어머니께서 8남매의 마음을 다스리는 게 쉽지는 않겠지만 그래도 재산 형성에 기여한 자식을 배려하면서 자신의 뜻을 직접 전달하여 8남매를 설득하고 유산을 분배하는 것이 형제 간 다툼을 미연에 방지할 수 있는 최선책이라고 판단한 것이다.

그런데 미국인의 56%가 유언장을 작성하는 데 반해, 우리나라 국민들의 5%만 유언장을 쓴다고 한다. 이는 유언장 작성에 익숙하지 않은 우리 현실을 보여 준다.

우리나라 국민들이 유언장을 쓰지 않는 이유는 문화적으로 익숙하지 않은 것도 있겠지만 유언장이 유효하기 위해서 갖추어야 하는 조건이 너무 까다롭기 때문이기도 하다.

---

13) 강석기, 「노후를 대비한 상속과 증여설계」, 『행복한 부자연구』(행복한 부자학회, 2006).

(1) 너무도 엄격한 대한민국의 유언 방식

자필 유언장은 유언 전문(全文), 날짜, 주소, 성명, 날인(도장 혹은 지문 날인) 등 5가지 구성 요건을 모두 충족해야 한다. 그렇지 않으면 유언장이 무효 처리된다.

유언 전문은 구체적인 유언 내용을 의미한다. 유언장은 날짜가 명확히 적혀 있지 않으면 무효가 되므로, 만약 유언 전문의 핵심 내용이 달라지는 경우에는 수정된 날짜를 기록한다.

주소는 유언자의 생활 근거지나 주민등록법에 의해 등록된 곳 중 하나를 선택하여 매우 구체적으로 써야 한다. 가령, '광명시 철산동'이라고만 쓴 유언장은 무효가 된다. 구체적으로 '경기도 광명시 철산3동 56번지'라고 써야 한다.

성명의 경우에는 본인이 누구인지 확인할 수만 있으면 되기에 본명뿐만 아니라 호나 예명을 쓸 수도 있다.

마지막으로, 날인은 반드시 지장이나 도장을 찍어야 한다. 자필 서명만 한 경우에는 유언장의 법적 효력이 없다. 지장의 경우에는 사망한 후에 이를 확인하는 일이 불편할 수 있다. 만약 유언장에 무게감을 더하고 싶다면 인감도장을 찍는 것이 좋다.

유언장의 효력과 관련된 문제 중 하나는 유언장 작성 당시의 유언 능력 유무에 관한 것이다. 만약 유언 당시 진료기록이나 주변인의 증언이 있으면 유언의 효력을 입증하는 데 도움이 된다. 또한 증여자의 최종적인 의사를 존중하는 취지에서 유언 내용은 언제든 새롭게 수정될 수 있다. 즉, 유언장에 담긴 상속분도 철회되거나 수정될 수 있다. 이런 이유로 유언장으로서 효력을 지닌 것은 최종본뿐이다.[14]

(2) 현행 유언장 제도 보완 필요성

우리나라의 자필 유언장 작성 방식은 다른 나라에 비해 너무 복잡하다. 가령, 유언장의 전문 내용과 성명은 자필로 쓰기 때문에 이를 통해 충분히 당사자의 동일성을 확인할 수 있다. 그런데도 주소란에 구체적인 번지까지 적게 한다.

또한 은행에서 통용되는 '자필 서명'을 인정하지 않고 도장 날인만을 고집하는 것도 부자연

---

14) '사후에 물려주겠다.'라는 각서가 유언 형식을 갖추고 최종적인 유언 내용을 담고 있다면 이 또한 유언장과 같은 효력을 지닐 수 있다. 사망 후에 증여한다는 측면에서 양자는 동일하기 때문이다.

스럽다. 독일은 손으로 직접 쓴 유언 전문과 서명(2가지), 프랑스는 여기에 날짜 기재까지(3 가지). 일본은 날인까지 요구하지만(4가지), 우리나라는 주소 기재까지 요구하고 있는데(5가 지), 이는 앞으로 간소화될 필요가 있다.[15]

그리고 '유언장 작성 및 보관'을 제도적으로 뒷받침할 필요도 있다. 일본 법무국은 이미 유 언장 관리의 불편함을 덜어 주기 위해 2020년 7월부터 보관료 4만 원에 유언장을 보관해 주는 '자필 증서 유언서 보관 제도'를 운용하고 있는데, 제도 시행 9개월 만에 약 16,000건의 자필 유 언장이 맡겨졌다고 한다.[16] 우리나라에서도 유언장 작성 비율이 급증하면 유언장 관리에 어 려움을 느끼는 사람들이 증가할 것이기에, 유언장 공적 관리의 필요성이 커지고 있다. 따라서 국민 편익 증대 차원에서 이를 적극적으로 도입할 필요가 있다.

그 밖에 디지털 유언장, 공동 인증서 활용. 암호 기술 등을 활용하여 유언장 작성 및 보관 프 로그램을 만들어 인터넷상에서 활용하는 방안도 검토해 볼 만하다. 만약 디지털 유언장도 법 적으로 인정하고 유언장 관련 프로그램을 공공 서비스로 제공하면 아주 효과적일 것이다. 유 언장 작성자 입장에서는 언제든지 프로그램에 접속하여 유언장 내용을 수정할 수 있고 유언 장 관리 비용도 낮출 수 있기 때문이다.[17]

4) 임의후견(성년후견제도 중): 정신적 제약 발생 가능성이 있을 때

후견 제도는 치매나 장애 등 정신적 제약으로 사무 처리 능력을 상실하여 혼자서는 의사 결 정이 어려운 사람들을 위해 의사 결정 지원을 해 주는 사람(후견인)을 선정하여 도움을 받도 록 하는 제도이다. 성년후견제도는 롯데그룹의 신격호[18] 회장에 의해 널리 알려졌으며 지금까 지도 활발히 이용되고 있다. 후견인은 신상 보호와 재산 관리를 해 주면서 피후견인이 존엄한 인격체로서 자신의 뜻대로 살아가는 동시에 상속 문제까지 도움을 주는 공적인 역할을 한다.

---

15) 정인국, 「자필로 쓴 유언장, 주소 잘못 썼으면 '무효'」, 『한경닷컴』(2022. 4. 5.).

16) 정희선, 「日 자필유언 보관제도 시작 유언서 시장 확대」, 『이코노미뉴스』(2021. 8. 30.).

17) 현재 유언 관련 법률을 개선하기 위한 변호사 모임이 구성되었고, 유언장을 작성하는 문화를 형성하기 위한 캠페인 도 진행되고 있다.

18) 2015년, 치매를 앓던 신격호 회장을 위해 그의 여동생이 성년후견인을 가정법원에 신청했다.

성년후견제도는 정신적 제약의 발생 여부에 따라, 후견받을 당사자인 피후견인이 스스로 후견인을 정하는 '임의후견'과 법원이 후견인을 정해 주는 '법정후견'으로 구분된다.

우선, 임의후견은 정신적 제약이 없으나 미래에 정신 능력이 약화될 경우를 대비하여 자신이 신뢰하는 사람을 지정하고 '후견인 계약'을 체결하여 성립되는 후견 형태인데, 후견 계약을 체결할 때 후견받을 당사자인 피후견인에게 분명한 의사 표현 능력이 있어야 한다.

이와 달리, 법정후견은 이미 정신적 제약이 발생하여 사무 처리 능력이 상실된 사람을 대신하여 법정대리인 역할 등을 하는 후견인을 가정법원의 직권으로 결정하는 제도이다. 가정법원은 피후견인의 의사 결정 능력의 정도를 고려하여 성년후견, 한정후견, 특정후견 중 어느 하나를 선택한다.

〈표 2〉 성년후견제도의 유형과 특징

	유형	후견인 선정 방식	세부 유형	피후견인의 의사 결정 능력 정도	후견인의 권한
성년후견제도	임의후견	피후견인의 자유로운 계약	임의후견	충분한 능력	계약 내용에 따름
	법정후견	가정법원의 재량적인 판단	성년후견	무능력 (예: 뇌사, 중증 치매)	전적인 권한 (법적 대리권)
			한정후견	제한적 능력 (예: 경증 치매, 부분적 뇌손상, 정신장애)	제한적인 권한 (피후견인 동의△)
			특정후견	일시적으로 특정 분야에서 미약한 능력. (예: 정신장애로 인한 미성숙, 사회 경험 부족)	특정 분야에서 일시적인 권한

(1) 후견인의 권한과 신청 자격

성년후견제도는 결국 후견인에게 피후견인의 권한을 위임하는 제도이기에 후견인이 가장 중요하다. 대체로 피후견인은 뇌손상, 치매 등으로 정신적 제약이 발생하여 혼자서는 일반 사회 활동이나 경제활동을 하기가 어려운 사람이기에 재산 관리나 유산 상속 등에 관한 의사 결정권[19]이 후견인에게 주어진다. 후견인은 민법과 법률에 의거하여 부여된 권한으로 공적 돌

---

19) 한국성년후견지원본부, 『통계로 알아보는 우리나라 후견(감독)사건의 현황 제2판』(2021), p.105. 2020년 일본에서

봄 역할을 담당한다. 따라서 후견인의 자질에 따라 피후견인의 삶과 재산이 좌우된다.

후견인 신청 자격은 본인이나 배우자, 4촌 이내 친척, 지방자치 단체장, 검사 등에게 주어지는데, 대체로 친족들이 후견인 신청을 한다. 가정법원은 신청인이 후견인으로서 성실하게 역할을 수행할 수 있다고 판단되면 후견인으로 선임하지만, 그렇지 못하다고 판단되면 제3자를 후견인으로 선정할 수 있다.

(2) 법정후견의 한계점

법정후견은 당사자에게 정신적 제약이 발생한 이후에 친족이 신청하고 가정법원에 의해 후견인이 선임되기에 후견받을 당사자의 의사가 제대로 반영되기 어렵다. 즉 피후견인이 후견인을 직접 선택할 수 없는 것이다. 또한 후견 신청을 취하하면 후견인 선임이 무산되어 피후견인이 방치되는 상황이 벌어지는 것도 문제다.

물론 가정법원에서는 매우 엄격한 기준으로 후견인을 선임하고 후견인들을 관리해 준다. 따라서 후견인이 함부로 횡령하거나 사기를 치기는 어렵다. 그런데도 가끔 흑심을 품은 친인척이 후견인이 되어 권한을 남용하고 재산을 빼돌리고 학대 행위까지 자행한다. 심지어 평소 부모와 왕래가 없던 자녀가 후견인이 되어 치매 부모의 재산을 빼돌리는 일도 있다. 물론 이러한 사태를 예방하기 위해 법원은 친족들이 피후견인의 재산을 빼돌릴 위험이 있다고 판단되면 변호사나 법무사, 재단 등 제3자를 후견인으로 지정할 수 있다.

그러나 현행 성년후견제도에서는 후견인 신청자가 후견 신청을 취하하면 법원의 결정은 없던 일이 된다. 즉, 법원의 제3자 후견인 선임에 친족들이 반발하면 후견인 선임이 무산되는 것이다. 물론 검사나 지방자치단체장이 후견인 지정을 재신청할 수도 있지만 이런 경우는 드물다고 한다. 이로 인해 정신적 제약이 있는 사람이 후견을 받지 못하고 친인척이나 지인에 의해 불법적으로 재산을 갈취당하여 상속할 기회조차 상실하는 경우가 발생한다.

1990년대를 풍미했던 바이올린 연주자 유진 박 씨는 법정후견 신청 취하로 큰 피해를 입었다. 그는 어릴 때 자폐 증상이 있었고 현재도 조울증을 앓고 있으며 판단 능력도 다소 떨어지

후견 신청 동기 비율은 예·적금 등의 관리·해약이 37.1%로 가장 많고, 신상 보호 23.7%, 부동산 처분 10.4%, 상속 절차 8%, 보험금 수령 4.2% 등이다. 재산 관리를 위해 후견을 신청한 경우가 전체의 59.7%를 차지한다.

는 것으로 알려졌다. 2017년, 그의 이모와 고모는 가정법원에 공동 후견인을 신청했다. 그러나 가정법원은 재량적인 판단을 통해 제3자인 정신장애인을 돕는 단체 '한울정신건강복지재단'을 후견인으로 선임했다. 그러자 이모인 A 씨가 후견인 청구를 취하했고, 결국 후견인 선임은 무산됐다.

그 후, 유진 박의 매니저 김 모 씨는 그의 재산을 관리하면서 부동산을 팔아 치웠으며 그의 명의로 사채를 빌려 쓰고 수억 원의 출연료를 횡령하는 등 전 재산을 탈취했다. 이 사건이 발생한 이후에 이모 A 씨는 매니저 김 씨가 후견 신청 취하를 종용했다며 후견인 선임 무산을 김 씨의 탓으로 돌렸는데, 어찌 되었든 간에 유진 박은 후견인을 선임하지 못해 거액의 재산을 날리고 빈털터리가 되었다.[20]

(3) 임의후견 제도의 장점

임의후견은 피후견인이 자신의 계획을 후견 계약서에 명시적으로 기술하고 후견을 받게 한다. 따라서 피후견인은 이 제도를 통해 생전에는 재산을 관리받고 사후에는 자신의 의사에 따른 재산상속을 통해 자산을 승계할 수 있기에 활용 가치가 높다. 가령, 임의후견이 개시되면 후견인은 재산 목록 보고서를 작성하고 1년에 한 번씩 후견 사무 보고서를 가정법원에 제출해야 한다, 또한 현금은 500만 원 이내만 인출 가능한데 이 또한 후견인이 은행에서 직접 대면 인출하는 방식만 허용되기에 피후견인의 재산을 함부로 빼돌리는 일은 어렵게 된다.

또한 임의후견인을 통해 자기 의사에 따른 노후 생활을 보장받고 신상을 보호받을 수도 있기 때문에, 피후견인은 자녀들 간의 분쟁으로 인한 불안감에서 벗어날 수 있으며 자녀들의 부양 의무 부담을 줄여 줄 수도 있다는 점에서 임의후견은 매우 효과적인 제도이다.

후견 제도는 피후견인의 자기 결정권을 존중하기 위해 만들어진 제도이다.[21] 따라서 후견 제도의 취지를 최대한 살리기 위해서는 피후견인의 정신이 온전할 때 자신이 믿을 만한 사람과 자신이 원하는 방식으로 재산 관리 및 법률 행위의 대리 권한을 위탁하는 임의후견 계약을 맺고 미래를 준비하는 것이 최선이다.

---

20) 이장호, 「사기당한 유진 박, 후견인 있었지만 없어진 사연은?」, 『news1』(2019. 6. 12.).
21) 윤태영, 「임의후견보다 법정후견을 우선할 만한 '본인의 이익을 위하여 특별히 필요할 때'의 의미」, 『민사법학』 98(한국사법행정학회, 2022).

(4) 저조한 임의후견 활용률

임의후견은 법정후견에 비해 효용성은 크지만 활용률은 현저하게 낮은 편이다. 2020년 가정법원에 접수된 전체 후견 사건은 9,953건인데, 이 중에서 성년후견 8,180건, 한정후견 830건, 특정후견 917건인데 임의후견은 26건으로 0.26%에 불과하다.[22] 전체 후견 사건 중에서 성년후견 비율은 82.1%로 매우 높은데, 그 이유는 대부분 정신적 제약이 상당히 진행된 상태에서 후견 신청이 이뤄지기 때문이다. 임의후견 계약을 맺을 수 있는 시기는 정신적 제약이 없어서 사무 처리 능력이 충분한 때로 한정된다. 따라서 정신적 제약이 발생한 이후에는 임의후견이 불가능하다.

그런데 사람들은 일반적으로 정신이 온전할 때 후원 계약을 체결하려 들지 않는다. 아직은 그리 급한 일이 아니라고 생각하기 때문이다. 결국 성년후견보다 임의후견이 훨씬 좋은데도 그 활용 빈도가 현저히 낮은 이유는 결국 피후견인 자신이 후견에 대한 관심이 부족하고 제도에 대한 이해도가 낮아서 후견을 준비하지 않기 때문인 것이다.[23]

임의후견은 여타의 후견 방식보다 훨씬 좋은 제도이다. 따라서 만약 정신적 능력의 약화를 유발할 요인이 발생할 수 있다면, 자신의 뜻과 계획을 잘 실현해 줄 사람을 찾아서 후견 계약을 맺고 임의후견 제도를 적극 활용할 필요가 있다.

(5) 임의후견 절차[24]

첫째, 신뢰할 만한 사람과 후견 계약서를 작성한다. (2명 이상의 임의후견인[25] 지정 가능.)

　　　(계약 시 피후견인에게 정신적 제약이 없다는 '감정서'가 필요함.)

　　　　　　→ 법원에서 합리적으로 인정받을 수 있는 근거임.

둘째, 계약 내용을 직접 설정한다. (재산 관리, 치료 절차, 거주 환경, 상속 방식)

셋째, 공증을 받고 법원에 후견 계약 등기를 한다.

---

22) 한국성년후견지원본부(2021), 앞의 책, p.27.
23) 임현경, 「임의후견 활성화로 상속 분쟁 줄일 수 있어」, 『법률신문』(2022. 5. 20.).
24) 『법률저널』, http://www.lec.co.kr
25) 임의후견인 제한조건: 미성년자나 피후견인, 또는 현저한 비행을 저질렀거나 후견계약 임무 수행에 부적합한 사유가 있는 자는 임의후견인이 될 수 없다.

넷째, 임의후견 감독인 선임을 청구한다. → 가정법원에서 선임.

　　　　　　　　　　　　　　→ 정신적 문제 발생 이후에 진행되는 절차임.

임의후견은 피후견인의 정신적 제약이 발생하고 가정법원에서 후견 감독인을 선임하면 효력이 발생한다.[26] 후견 감독인이 없으면 임의후견인이 대리 권한 행사를 할 수 없는데 이는 매우 효과적인 안전장치이다.

4. 마무리하며

우리나라의 유산상속은 철저하게 가족 중심적이다. 국민의 0.8%만이 유산의 사회적 기부를 계획할 정도이다. 이는 가족중심주의와 함께 사회적 복지 체계가 빈약했던 산업화 시대에 함께 고생한 가족들에게 보상해 주고 싶은 심리가 크게 작용한 결과인 것으로 보인다.

그런데 최근 급속한 고령화에 따라 상속 건수가 급증하면서 가족 간 분쟁도 기하급수적으로 증가하고 있다.

이러한 상속 분쟁은 대체로 법정상속분이나 유류분을 보장해 주지 않거나 집안의 재산 형성 기여도를 배려해 주지 않은 경우, 또 부모 간병을 위한 수고를 보상하지 않거나 성차별적인 상속을 하는 경우, 부모나 자식으로서의 책임을 온전히 수행하지 않고 자신의 상속분만을 챙기려는 경우에 발생할 가능성이 크다. 따라서 이러한 상속 분쟁을 예방하기 위해서는 평소에 자녀들을 공평하게 배려하면서 신뢰 관계를 강화하고 수차례에 걸쳐 사전 증여를 진행하는 것이 좋다. 또한 노부모 간병을 한 자녀에게는 그 수고를 인정하여 추가 상속분을 남길 필요가 있다. 이와 더불어 노부모의 재산을 관리하는 자녀들은 회계 처리를 투명하게 하면서 가족들의 신뢰를 얻을 필요가 있다.

유언장은 자기 삶의 의미를 정리하여 자녀들에게 유지를 전달할 수 있는 가장 일반적이고 효과적인 방법이다. 유언장을 작성하기 전에 가족들의 의견을 들어 보고 절충할 수 있는 내용

---

26) 이성진, 「고령화 여파로 느는 상속 성년후견 유의할 점은」, 『법률저널』(2022. 9. 14.).

들을 검토하여 가족들이 서로를 신뢰할 수 있는 내용을 유언장에 담는다면 상속 분쟁을 줄이는 데 큰 도움이 된다.

그런데 우리나라의 유언 방식은 너무 복잡하여 유언자의 자유로운 의사 실현을 막는 걸림돌로 작용한다. 이러한 현상을 방지하기 위해선 유언 성립 요건 중에서 날인이나 주소 등을 삭제하는 등 그 형식을 간소화하고 유언장을 공적으로 보관하는 제도를 도입할 필요가 있다.

임의후견은 정상적인 판단 능력이 있는 피후견인이 정신적 능력이 약화될 미래를 대비하여 자신이 신뢰하는 사람과 후견인 계약을 체결하여 성립되는 후견 형태이다. 피후견인은 후견인의 도움으로 자신의 의도대로 재산 관리를 하면서 안정적 노후를 준비하고 유산상속 문제도 해결할 수 있다. 임의후견은 최선의 성년후견제도라 할 수 있지만 임의후견에 대한 인식 부족으로 활용 빈도가 현저히 낮다는 점은 아쉽다.

이 글에서는 주로 현행 민법상 가족의 상속과 관련된 내용을 다루었지만 새로운 형태의 가족에 관한 상속 문제도 진지하게 다루어질 필요가 있다.

얼마 전, 언론에 사실혼 관계인 배우자가 화장로로 들어가는 아내의 마지막 모습을 보면서 통곡을 했다는 기사가 실렸다. 그는 "내 아내는 무연고 사망자가 아닙니다"라며 서울시 무연고 사망자 공영 장례에 참여했다. 늦은 나이에 함께 살게 되어 굳이 혼인신고를 하지 않았을 뿐인데, 가족으로서 아무런 권한이 없기에 장례도 치를 수 없게 된 것이다.[27] 그런데 비혼 가족에게는 시신 인수권만 없는 것이 아니라 상속권도 없다. 상속권이 현행 민법의 가족 기준으로 이루어지기 때문이다.

그러나 「인구주택총조사」(2021)에 따르면, 친구나 애인 등과 동거하는 비친족 가구원 수가 101만 명에 이른다. 비혼 동거 가족, 특히 노인 비혼 동거 가족과 같은 다양한 가족 형태가 이미 현실에 존재하고 있으며 2020년 여성가족부의 「가족 다양성 국민 인식 조사」에서는 10명 중 7명이 "함께 거주하고 생계를 공유하는 관계라면 가족이 될 수 있다"고 답했다.[28]

이미 국민 인식은 역동적으로 변하고 있다. 이에 부응하기 위해서는 다양한 가족 형태를 '비정상'이라고 치부해 버리는, 차별이 존재하는 현실[29]을 사회적으로 극복해 가야 한다. 따라서

---

27) 박진옥, 「180도 달라진 여가부의 입장… 이들은 가족이 아니란 말인가」, 『오마이뉴스』(2022. 10. 5.).
28) 곽은영, 「'법적가족'의 한계… 가족 개념 재정의가 필요하다」, 『우먼타임스』(2022. 10. 21.).
29) 김병록, 「혼인과 가족개념의 변화에 대한 헌법적 대응」(2020).

기존 법적 가족 개념으로 인해 발생하는 차별 구조를 넘어서기 위해 사실혼 관계에 있는 여성들에게 가족으로서의 권리를 부여하는 등 새로운 법적 가족 개념을 수립할 필요가 있다. 또한 폭넓고 다양한 가족 형태에 대한 상속권 부여 문제도 재고할 필요가 있다.

| 참고 문헌 및 자료 |

1. (사)웰다잉 문화운동, 「생애 마무리 문화의 실천과 혁신을 위한 정책 연구」(2021), pp. 183~185.

2. 『법률저널』, http://www.lec.co.kr

3. 강석기, 「노후를 대비한 상속과 증여설계」, 『행복한 부자연구』(행복한 부자학회, 2006).

4. 강창구, 「천안함 전사자 양육비 소송 일단락」, 『연합뉴스』(2010. 12. 15.).

5. 곽은영, 「'법적가족'의 한계… 가족 개념 재정의가 필요하다」, 『우먼타임스』(2022. 10. 21.).

6. 김병록, 「혼인과 가족개념의 변화에 대한 헌법적 대응」(2020).

7. 박지훈, 「대한민국 '2020 세계기부지수' 114개국 중 110위」, 『국민일보』(2022. 6. 9.).

8. 박진욱, 「180도 달라진 여가부의 입장… 이들은 가족이 아니란 말인가」, 『오마이뉴스』(2022. 10. 5.).

9. 윤태영, 「임의후견보다 법정후견을 우선할 만한 '본인의 이익을 위하여 특별히 필요할 때'의 의미」, 『민사법학』 98(한국사법행정학회, 2022).

10. 이경은, 「치매 부모 간병한 자식, 상속 더 받는 게 당연? 글쎄요」, 『조선일보』(2022. 5. 19.).

11. 이성진, 「상속 분쟁 1위 유류분 소송에 현명하게 대처하기 위해서는」, 『법률저널』(2022. 5. 25.).

12. 이성진, 「고령화 여파로 느는 상속 성년후견 유의할 점은」, 『법률저널』(2022. 9. 14.).

13. 이장호, 「사기당한 유진 박, 후견인 있었지만 없어진 사연은?」, 『news1』(2019. 6. 12.).

14. 임현경, 「임의후견 활성화로 상속분쟁 줄일 수 있어」, 『법률신문』(2022. 5. 20.).

15. 정인국, 「자필로 쓴 유언장, 주소 잘못 썼으면 '무효'」, 『한경닷컴』(2022. 4. 5.).

16. 정희선, 「日 자필유언 보관제도 시작 유언서 시장 확대」, 『이코노미뉴스』(2021. 8. 30.).

17. 한국성년후견지원본부, 『통계로 알아보는 우리나라 후견(감독)사건의 현황 제2판』(2021)

18. 한국학중앙연구원, 『분재기: 우리나라의 재산상속문서』(2014), p. 12.

고령화 시대, 한국 사회에 주어진 유산상속의 과제

● 정영숙

1. 상속 일반

사망 후 피상속인의 재산을 상속인이 물려받는 유산상속은, 피상속인이 평생 땀 흘리며 형성한 소중한 재산을 어떻게 사용할 것인가 하는 질문의 답을 찾아가는 과정이다. 사회에서 꼭 필요한 데에 잘 쓰이면 좋겠지만 역사적으로 볼 때 상속은 주로 부모가 이룩한 부와 지위를 자식에게 물려주는 수단이었다. 자녀가 상속을 많이 받는 경우, 자녀는 쉽고 빠르게 부를 축적할 수 있었고 지역사회에서 권력도 비교적 쉽게 장악했다. 그리하여 지배 계층으로 한번 편입하면 대대로 부, 권력, 신분을 세습하려고 노력했다. 반면 부모로부터 아무것도 상속을 받지 못하는 경우 생계유지도 힘들었다. 생존권을 박탈당하여 노예가 되거나 노예와 다름없는 삶을 사는 경우도 흔했다. 물려받은 재산 없이 개인의 능력과 노력으로 부의 차이를 극복하는 것은 매우 어려운 일이었다.

상속은, 부모가 죽지 않고 살아 있는 경우라면 부양 문제와도 연관이 있었다. 노쇠한 부모가 생업 전선에서 물러날 때가 오면 자신의 재산을 자녀에게 맡기고 노후를 의탁했다. 그래서 오래전부터 서양에서는 부모와 자식 사이에 부양에 관한 계약서를 썼다. 계약서에는 상속자인 자녀가 피상속자인 부모를 어떻게 부양하고 간병하며, 죽었을 때 어떻게 장례를 치를 것인지까지 자세히 적어 두었다. 마지막에는 '계약서 내용대로 이행해야 유산을 물려준다'는 문장이

포함되었다. 이렇게 함으로써 부모는 자신의 노후를 보장받을 수 있었다.[1]

다음은 18~19세기 독일 프랑크푸르트 지역의 부양 계약서에서 흔히 등장하는 내용으로,[2] 한편으로는 유언장이기도 했다.

> "너(상속자)는 나(와 배우자)에게 우유를 공급해야 한다. 그리고 죽을 때까지 나(우리)를 돌봐줘야 한다. 그런 다음에야 내 재산이 네게 상속될 것이다."

서양에서는 중세 때부터 이런 전통이 이어졌다. 20세기에 와서 국가가 운영하는 복지 제도가 효율적으로 작동하기 시작하면서 부양을 조건으로 하는 상속 계약은 서서히 사라졌다.[3]

2. 우리나라 현행 상속법의 주요 내용

대부분 현대 국가에서는 피상속인이 사망한 뒤 상속 문제를 가지고 유족 간에 갈등이 일어나는 것을 미연에 방지하기 위해서 유산상속을 법으로 규정하고 있다. 우리나라의 경우 현행 상속 제도의 주된 규정은 「민법」 제5편에서 다루고 있는데 제1장 상속과 제2장 유언, 제3장 유류분이 그 내용이다.

제1장에서는 상속인과 상속분, 상속의 순위, 상속인의 결격사유, 법정상속분 등을 규정하고 있다. 자녀는 상속 1순위이며, 배우자는 자녀와 같은 순위의 공동상속인이다. 법정상속분은 자녀가 여럿일 때 균분이며, 배우자는 여기에 5할을 가산해서 상속받는다. 그리고 상속에 대해서 불만을 품고 살해, 상해, 사기, 유언서 위조 등을 한 사람은 상속인의 자격이 박탈된다.

제2장에서는 유언의 방식, 집행 등을 규정한다. 유언은 법이 정한 방식이 아니면 효력이 없다. 자필증서, 녹음, 공정증서, 비밀증서, 구수증서 등 5종만을 법이 인정한다.

제3장에서는 유류분을 다루고 있는데 유류분의 권리자와 유류분 등을 규정하고 있다. 피상

---

1) 유교가 발달한 동아시아에서는 '효도'를 사회윤리 규범으로 박음으로써 부양의 문제를 해결했다.
2) 백승종, 『상속의 역사』(도서출판 사우, 2018), pp. 28~31.
3) 그럼에도 불구하고 상속을 조건으로 젊은 자녀에게 노후 간병을 제안하는 경우는 오늘날에도 흔하다.

속인이 법정상속인이 아닌 다른 사람에게 유산을 다 줘도 피상속인의 의사와는 별개로 피상속인의 자녀와 배우자는 법정상속분의 1/2을 돌려받을 수 있다. 유류분은 피상속인의 자유로운 재산 처분으로부터 유족의 생존권을 보호하고, 상속재산 형성에 대한 기여와 상속재산에 대한 기대를 보장하자는 취지에서 마련되었다.

3. 상속의 집행

상속은 유언이 있다면 유언대로 집행되고, 유언이 없다면 법정상속이 집행된다. 하지만 우리나라 실정에서는 유언을 거의 하지 않으므로 대부분 법정상속이 이루어진다. 현행 상속법에 따라서 자녀는 출생 순서와 성별, 혼인 여부와 관계없이 상속분이 동일한 균분 상속이 이루어진다.

우리나라 상속법에서 균분 상속이 적용된 것은 1991년부터이다. 1960년 이전에는 구관습법에 따라 장남이 호주를 상속받는 것과 동시에 재산도 모두 단독으로 상속받았다. 그리고 1960년부터 1990년까지는 출생 순서, 성별, 혼인 여부에 따라서 차등으로 상속이 이루어졌다.[4]

최근 방영된 드라마 「이상한 변호사 우영우」 4회는 1991년부터 바뀐 상속법을 에피소드 소재로 사용했다. 드라마 내용을 보면, 장남과 차남이 상속법에 대해서 무지한 막내를 속여서 '장남 5할, 차남 3할, 막내 2할로 나눈다'고 작성된 각서에 도장을 찍는 바람에 막내는 어려움에 빠진다. 주인공인 우영우 변호사는 피상속인이 개정 상속법, 즉 균분 상속이 적용된 1991년 이후에 사망했다는 점에 주목해서 문제를 해결한다. 결국 각서는 무효가 되고, 삼 형제가 똑같이 유산을 나눠 가진다.

이와 같이 현행 상속법은 구시대의 상속법부터 시대 흐름과 사회 변화에 따라 여러 차례 개정을 거치며 오늘에 이르렀다. 그동안 우리나라는 가부장적 가치관에서 양성평등의 가치관, 가정 공동체 중시에서 개인 중시 쪽으로 변화했는데 이러한 사회와 가치관의 변화가 상속법

---

4) 1960. 1. 1.~1978. 12. 31. 적용된 상속법에 따르면 장남 1.5, 차남 이하 아들 1.0, 미혼 딸 0.5, 기혼 딸 0.25, 배우자 0.5로, 처음으로 자녀와 배우자의 공동 상속이 명문화되었다. 1979. 1. 1.~1990. 12. 31. 적용된 상속법에 따르면 장남 1.5, 차남 이하 아들 1.0, 미혼 딸 1.0, 기혼 딸 0.25, 배우자 1.5로, 미혼 딸과 배우자의 몫이 늘어났다.

개정에 반영된 것이다.

4. 고령화 시대와 심화하는 상속 갈등

우리나라는 초고령 사회(65세 이상 고령 인구가 총인구에서 차지하는 비율이 20% 이상인 사회)를 눈앞에 두고 있다.[5] 이와 같은 인구구조의 변화는 산업구조와 노동시장의 변화를 불러와서 국가와 사회 전반에 커다란 영향을 미친다. 사적인 차원에서는, 고령자들의 삶의 모습이 더욱 다양해지고 이에 따라 가족 구성원의 역할과 상호 교류 방식도 변한다. 대개는 부모에 대한 자녀의 부양 책임은 희석되고 상속과 관련된 가족 내 갈등은 과거보다 더 빈번하게 일어난다. 실제로 우리 사회의 고령 인구수와 이들의 보유 자산이 증가하면서 상속재산을 둘러싼 갈등 때문에 유족들 사이에서 벌어지는 상속 분쟁은 빠르게 증가하고 있다.

〈그림 1〉 가사비송사건 접수 건수 추이

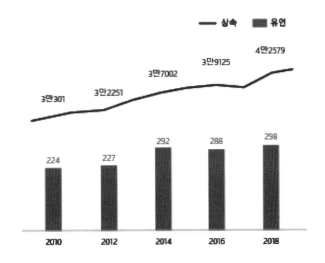

자료: 법원행정처, 『사법연감』(2020)

---

5) 통계청은 2017년 고령 사회가 된 우리나라의 초고령 사회 진입을 2026년으로 예상한다.

『사법연감』(2020) 통계를 보면 상속 사건은 2010년 이후 10년간 꾸준히 늘고 있다. 반면 이혼 소송은 크게 줄어서 '과거에는 이혼 사건과 상속 사건 비중이 8 대 2였는데, 지금은 비슷한 비중'이라고 한다.

우리나라 상속 자산의 총규모[6]는 2017년 기준 35.7조 원에 이른다. 미래에셋 은퇴연구소는 상속 자산의 과세 통계를 분석한 결과 다음과 같은 특징이 있다고 발표했다.[7]

① 피상속인 중 '80대 이상' 고령자가 절반 이상인 51.4%이며, 70대가 27.1%이다.

② 상속 금액은 10억~20억[8]이 38.4%로 가장 높은 비중을 차지한다.

③ 상속 자산 중 부동산이 59.8%, 금융자산은 16.2%이다.

가장 큰 특징은 고령화로 인해 상속 연령이 올라간 것이다. 80~90대 노부모가 죽으며 50~60대의 나이 많은 자녀에게 상속이 이루어진다.[9] 이들은 자신의 은퇴 이후를 걱정하며 소비와 투자 대신 예금을 선택하는 등 자산을 안전한 곳에 묻어 둔다. 대규모의 자산이 순환이 이루어지지 않고 고령층 내에서만 머무르면서 국가 경제는 점차 활력을 잃는다. 그리고 고령의 생존배우자의 주거와 부양에 관한 문제, 배우자와 자녀 간 재산권 다툼 등의 문제도 더욱 빈번해진다. 상속 자산 중 부동산이 대부분을 차지하는 것도 갈등 요인이다. 사별 후에도 홀로 남은 배우자가 자녀와 합가하지 않고 혼자 사는 경우가 많은데 가구주가 집 한 채만 남기고 사망했을 경우 상속 갈등으로 인해 남은 배우자의 거주권이 위협받을 수 있다.[10] 최근 부동산 가격이 급등하면서 집 한 채를 둘러싼 상속 분쟁은 일반 서민들 사이에서도 흔히 볼 수 있게 되었다.

---

6) 과세, 과세 미달 상속 자산 및 상속 가산 금액(사전 증여액)을 포함한 금액이다.

7) 「미래에셋 은퇴리포트 No. 43: 고령 사회와 상속 시장의 현황과 과제」(2019. 11. 6.).

8) 배우자 공제, 통합 공제 등이 있어서 일정 한도 이내의 상속은 상속세를 부담하지 않으므로, 상속세를 부담하는 상속 건의 금액은 대부분 10억 이상으로 높게 나타났다.

9) 우리보다 먼저 고령화가 시작된 일본에서는 1990년대부터 노노(老老) 상속이라는 용어가 쓰이기 시작했다.

10) 2018년 일본 상속법 개정에서 '배우자 거주권'을 도입하여, 자택을 유산분할 대상에서 제외하는 정책을 쓰고 있다.

5. 부모와 자녀 간 상속과 부양에 대한 인식 차이

부모 세대와 자녀 세대의 상속과 부양에 대한 인식 차이 때문에 상속 분쟁이 발생하기도 한다. 부모가 부양을 조건으로 자녀에게 재산을 증여하고 난 뒤, 부모와 자녀의 부양 방식에 대한 의견 차이로 갈등을 빚는 경우는 흔하게 접할 수 있다. 최근에는 자식으로서 책임을 다하지 않고 상속권만을 주장하는 사례도 매우 많다.

2021년 (사)웰다잉 문화운동이 펴낸 「생애 마무리 문화의 실천과 혁신을 위한 정책 연구」[11]에 따르면 '한국 사회에서 가족주의는 여전히 중요한 가치로 여겨지고 있으며, 자식에게 유산을 물려주는 가족 상속이 당연한 것'으로 받아들여지고 있다. 연구에 참여한 60~80대 서울 시민의 87.3%가 가족 상속이 정상이라는 의사를 표시했다. 그리고 '상속 시점에 가까워서 상속할 것이며,[12] 수명이 길어졌으므로 자신의 남은 생애에 필요한 비용을 모두 사용한 뒤 남으면 자식에게 넘겨주겠다'고 했다. 그리고 부양, 즉 노후의 돌봄은 '자녀에게 의존하지 않고 스스로 해결하거나 사회의 복지 체계에 의존'하려는 생각을 대다수가 가지고 있었다.

2022년 이루어진 연구에서는 자녀 세대에 해당하는 50~60대 몇 명과 면담을 진행하여 부모의 유산상속과 부양에 대한 생각을 물었는데, 그들은 '부모가 죽으면 어차피 자녀가 물려받게 되어 있으니 필요할 때 주는 것이 맞다'는 의견을 보였다. 다음 두 가지 사례에서 부모 세대와 자녀 세대의 생각 차이를 확인할 수 있다.

〈사례 1〉

아버지가 죽고 나서 재산은 모두 어머니에게로 갔다. 남동생인 장남은 어머니에게 "집 팔아서 우리 집에서 같이 사시자"고 제안했다. 그런데 어머니는 혼자 살겠다며 장남 제안을 거절했다. 장남은 아버지가 남긴 재산은 당연히 자기 것이라고 생각하고 어머니와 집을 합친 뒤 생기는 돈을 굴릴 계획이었다. 그 뒤 어머니와 장남은 사이가 아주 나빠졌다. 간혹 어머니가 장남에게 도움을 요청할 때는 모욕을 견디며 애

---

11) 이 연구는 한국 사회에서 노년의 삶과 죽음의 문화에 대한 기존의 사회적 논의가 지닌 문제점을 발견하고, 더 나은 생애 마무리 문화를 위해 어떤 문화적 변화가 필요한지에 대해 논의하는 것을 목적으로 진행되었다.

12) 도중에 자녀에게 결혼이나 주택 구입 등 금전적인 도움이 필요할 때 비교적 많은 돈을 해 준 경우가 많았다.

걸복걸했다. 장녀인 내(면담 대상자)가 볼 때, 어머니가 많은 돈을 자식 중 아무에게 도 안 주고 본인이 갖고 계시는 모습이 보기 좋지 않다(장녀의 말, "사실은 자식이 필요하다고 하면 줘야 되잖아.") 요새도 혼자 사는 어머니의 생각은 변함이 없는데 나에게 "내가 쟤네(장남) 집에 내 재산 들고 들어갔으면 난 벌써 죽었다. 합치지 않 고 나 혼자 산 게 얼마나 잘했는지 모른다"라고 말씀하신다.

- 88세 혼자 사시는 노모 사례, 60세인 장녀를 면담함

〈사례 2〉

성주에서 참외 농사를 짓던 노부부가 밭을 팔아서 현금 6억 원을 갖게 되었다. 아버 지는 자식 4명에게 3천만 원씩 총 1억 2천만 원을 증여하고 나머지 4억 8천만 원을 가 졌다. 이후 장남이 와서 부모에게 1억 원을 달라고 했으나 아버지는 거절했다. 곧이어 삼남도 사업에 필요하니 1억 원을 달라고 했으나 아버지는 또 거절했다. 얼마 지나지 않아서 아버지가 위암으로 세상을 떠나고 어머니만 남았다. 장남과 삼남은 장례식장 에서 어머니에게 다시 돈을 요구했다. 어머니가 "나도 먹고살아야 한다"며 거절하자 장남 부부와 삼남 부부는 그 자리에서 상복을 벗어 버리고 장례식장을 떠났다.

- 성주 어르신 사례를 전해 듣고 정리함

2021년과 2022년 연구를 종합하면, 부모는 본인이 죽은 뒤 재산이 상속되어야 한다고 생각 하고, 자녀는 '부모 재산은 내 재산'이므로 필요할 때 상속되기를 기대하는 것이다. 그리고 '부 모 부양의 책임이 자녀에게 있다'는 생각은 거의 하지 않는 듯했다. 시대가 바뀌면서 자녀 세 대의 효 의식에 변화가 생기기도 했지만, 2008년부터 시작된 노인 장기요양보험 제도가 정착 되어 노인돌봄 또는 노후돌봄에 대한 인식이 크게 변한 것도 중요한 이유이다. 과거에는 가족 이 노인돌봄의 문화적 토대였지만 지금은 국가와 사회 등에 의한 공적부양 의식이 확산한 것 이다.

자녀가 돌보기를 소홀히 한 늙은 부모에게 도움을 준 단체에 부모가 죽으며 자녀 모르게 기 부한 유산에 대한 반환 소송, 법정상속인이 아닌 이에게 간병이나 돌봄을 받고 감사의 표시로

상속이 이루어졌을 때 유산상속 취소 소송 등이 심심찮게 벌어지고 있다. 여지없이 부모와 자식 사이의 법정 소송으로 이어진다. 가족주의에 기반한 상속법과 이를 뒷받침하는 상속 제도가 있기 때문에 재판은 결국 법정상속인의 승소로 끝이 난다.

상속재산에 대한 자녀의 권리 의식은 자칫 자녀의 도리나 의무는 도외시한 채 권리만 주장하는 패착을 저지르게 하며, 자녀가 상속 때문에 부모에게 패륜을 저지르게 부추기기도 한다. 그 과정에서 올바른 의사 결정을 할 수 없는 상태라고 주장하며 늙은 부모를 공격하고, 부모의 자기 결정권을 무시하고 재산권 행사에 대해서 압박을 가한다. 정서적 학대는 흔히 있는 일이며 심지어는 신체적 학대나 살인으로 이어지기도 한다.

2015년에는 자녀가 부양 의무를 무시할 때 증여한 재산을 돌려받고, 자녀가 폭행할 시 처벌할 수 있도록 하는 일명 '불효자방지법'이 발의되기도 했다. 당시 '효를 법으로 강제할 수는 없다'는 반대 의견도 컸지만, '입법화가 바람직하다'는 인식이 67.6%에 이를 정도로 뜨거운 호응이 있었다. 하지만 이 법안은 국회 문턱을 넘지 못하고 폐기되었다.

6. 우리나라의 유산상속 양상

우리나라는 유산상속이 혈연 중심으로 작동하고 있다. (사)웰다잉 문화운동의 연구에서 상속 계획이 있는 사람 중 '가족 상속'으로 응답한 사람은 97.2%, '사회 환원'으로 응답한 사람은 2.9%[13]였다. 우리나라의 절대다수 국민은 자신의 유산을 가족에게 상속하려고 하는데, 그 이유는 가족에 대한 책임감 때문이다. 특히 사회적 복지 체계가 빈약했던 산업화 시대를 살아온 노부모들은 가족들과 함께 고생하면서 재산을 축적해 왔기에 상속을 통해 가족들에게 보상해 주고 싶은 심리가 작용하고, 남은 삶 또한 가족과의 정서적 유대감을 강화하면서 살아가고 싶기에 가족 상속 의지가 크게 나타나는 것으로 보인다. 이는 혈연으로 이루어진 가족을 삶의 가치에서 가장 우선으로 여기는 폐쇄적 가족주의를 아직 벗어나지 못했음을 보여 준다.

---

13) 이 2.9%도 가족 상속과 사회 환원을 동시에 하겠다는 응답이었다.

7. 상속을 둘러싼 오늘날 한국 사회의 4가지 고민

지금까지 고령 사회의 상속을 둘러싼 다양한 문제를 살펴보고 한국 사회의 상속법의 문제를 사례들을 살펴보며 논의했다.

첫째, 부양 의무를 소홀히 한 자녀에 대한 상속권을 제한해야 한다는 요구가 지난 10여 년간 꾸준히 있었다. 독일, 프랑스, 스위스 등에선 망은(忘恩) 등의 사유가 있을 때 증여한 재산을 반환받을 수 있도록 민법에서 정하고 있다(〈표 1〉). 이와 별도로 가수 구하라 유족의 상속 분쟁을 계기로 양육 의무를 이행하지 않은 부모의 상속권을 박탈하는 내용도 꾸준히 개정 요구가 있는 조항이다.[14] 즉 부양과 양육 의무를 소홀히 한 자에 대한 상속권 박탈 요구는, 민법 제5편 1장의 상속인의 자격 박탈 조항을 수정해야 한다는 요구이다.

〈표 1〉 자녀의 망은(忘恩) 행위 시 증여재산 반환 청구권 보장 사례

법무부 민법 개정을 위한 연구용역 제안	현 증여 제도의 폐단을 해결하기 위해 민법 제556조 및 제558조에 수증자의 망은 행위 시 증여자의 증여재산 반환 청구권을 보장하는 개정안 마련.
독일 (민법 제531조)	증여가 철회된 경우에는 부당이득의 반환에 관한 규정에 따라 증여물의 반환을 청구할 수 있다.
프랑스 (민법 제958조)	망은을 이유로 한 철회는 수증자에 의해 행해진 양도 및 증여물에 대해 설정된 저당권과 그 밖의 물권적 부담에 영향을 미치지 않고, 수증자는 철회 청구 당시의 양도물의 가액과 청구일 이후의 과실을 반환해야 한다.
스위스 (민법 제249조)	증여자는 현실 증여 및 이행된 증여를 철회하는 경우 수증자에게 이익이 현존하는 범위에서 증여물의 반환을 청구할 수 있다.

자료: 윤정선, 「'불효자 방지법' 강화… 이미 준 재산도 돌려받는다」, 『문화일보』(2021. 7. 30.).

둘째, 과거에는 상속이 개시된 경우 자녀의 부양이 중요한 주제였지만, 이제 자녀보다 노년기 생존배우자의 생활 보장이 상속법의 과제가 되었다. 2020년 기준으로 평균수명은 남자 77.5세, 여자 84.1세로 추정된다. 남편이 죽고 난 뒤에 여성 배우자가 평균 7년 정도 더 생존한

---

14) 양육 의무를 다하지 않은 나쁜 부모에게 사망한 자녀의 유산상속이 가지 않도록 하는 민법 개정안, 이것은 상속결격 사유에 대한 개정을 요구한다. 이른바 '구하라법'은 국민 10만 명의 입법 청원을 얻고도 20대 국회에서 처리되지 못했다. 이에 반해서 법무부가 주장하는 '상속권 상실 제도'는 본인 사망 전, 양육 의무를 저버린 부모를 상대로 재판을 청구한 후 승소해야 한다. 유가족도 소송할 수 있지만, 사망 후 6개월만 가능하다. 즉 법무부는 자신을 돌보지 않은 부모에게 소송을 걸어야 하는 방식을 주장한다.

다는 것이다. 고령화로 인해 상속 개시 시점은 점점 늦춰져 최근에는 자녀들이 40~50대에 이르러 상속을 받게 되는 경우가 많은데 이미 독립해서 경제력을 갖추고 생계를 유지하는 자녀들에 비해 고령의 생존배우자가 경제력이 더 취약할 수밖에 없다. 게다가 현재 대부분 자녀는 이미 장성해 부모로부터 독립된 생활을 하면서 부모를 부양하지 않고 있다. 현행 상속법은 배우자의 상속분을 직계비속 상속분보다 50%를 가산하도록 하고 있으므로 외형상 배우자 상속분에 문제가 있다고 보기 어렵다. 그런데 배우자 상속분은 고정된 것이 아니다. 자녀 수가 많을수록 배우자 상속분은 줄어들게 되어 있다. 자녀가 1명인 경우 배우자는 60%, 자녀는 40%의 비율로 상속을 받지만, 자녀가 2명인 경우에는 배우자는 약 43%, 자녀는 각각 약 28%씩의 비율로 상속을 받는다. 자녀 수가 많을수록 배우자 상속분이 줄어드는 것은 합리적이지 않다. 이 때문에 그동안 여러 번 배우자 상속분을 증가시키는 방향으로 법률 개정안이 제시되었지만 입법이 되지는 못했다.[15]

다음과 같이 생존배우자 상속분의 확대는 세계적인 추세이다.

〈표 2〉 주요 국가의 생존배우자 상속분

미국	생존배우자의 상속 지분을 먼저 떼어 놓은 후 남는 부분을 피상속인의 자녀 또는 혈족에게 배분한다.
스위스	배우자의 법정상속분은 직계비속과 공동으로 상속할 때에는 상속 재산의 1/2이며, 피상속인의 부모와 공동으로 상속할 때에는 상속 재산의 3/4이다.
오스트리아	생존배우자의 상속분은 1/3, 단 생존배우자에게는 사망자와 함께 생활했던 집에 계속 머물 권리와 그 집안의 모든 동산에 대한 소유권을 인정한다.
스웨덴	부부재산관계의 청산 후 남은 재산은 상속재산이 되는데, 피상속인에게 유족으로서 생존배우자와 자녀가 있는 경우 생존배우자는 단독 상속인이 된다.
네덜란드	피상속인의 자녀가 있는 경우에도 사실상 모든 상속재산은 배우자 단독으로 상속된다. 피상속인이 재혼했고, 그 자녀와 생존배우자 사이에 친자관계가 없는 때에는 곧바로 청구가 가능하다.

자료: 한용섭, 「미완의 실험? 배우자 우선 상속분」, 『매거진 한경』(2017. 6. 11.).

---

15) 지난 2014년 법무부 산하 상속법 개정특별위원회가 그해 1월에 내놓은 최종안에 담긴 배우자 선취분 조항은 상속재산의 50%를 배우자에게 먼저 주고, 나머지 재산을 자식과 나눠 갖도록 하는 것이었다.

셋째, 피상속인의 의사보다 법정상속이 우선되면서 사실상 피상속인의 유지를 받들지 못하는 문제점에 대해서도 생각해 봐야 한다. 유언장은 자기 삶의 의미를 정리하여 자녀들에게 유지를 전달할 수 있는 가장 일반적이고 효과적인 방법인데, 유류분 제도를 통해서 피상속인의 의사에 반하는 상속이 집행되기 때문이다. 유언 제도 또한 피상속인의 상속 자유를 너무 크게 제약한다는 비판을 받고 있다. 우리나라의 유언 방식은 다른 나라에 비해 너무 복잡하여 유언자의 자유로운 의사 실현을 막는 걸림돌로 작용하기에 유언 성립 요건 중에서 '날인'이나 '주소' 등을 삭제하여 유언의 조건을 간소화해야 하며, 이와 더불어 일본처럼 공적으로 유언장을 보관해 주는 제도도 마련할 필요가 있다.[16]

넷째, 혈연 중심의 상속 양상에 대해서도 다시 생각해 봐야 한다. 최근에 전형적인 가족의 형태로 인식되던 부부와 미혼 자녀로 구성된 핵가족의 구성 방식이 크게 변하고 있다. 1인 가구가 크게 늘었고, 평생 결혼하지 않는 비혼 남녀, 자녀 없이 사는 부부가 점점 늘어나고 있는 상황이다. 게다가 이혼 및 재혼 가정도 많아져서 가족 구성원은 더욱 복잡해졌다. 가족의 개념이 모호해지고 가족 구성원이 복잡하고 다양해져서 전통적인 상속 관습은 시대에 맞지 않게 되었다. 과거처럼 부모가 사망하면 그 재산은 자식이 물려받는다는 상속 제도에 대해서 더 파격적인 변화가 예고된다.

상속 분쟁의 증가는 기존의 상속법의 규범력(규범을 지키도록 강제하는 힘)이 감소했음을 뜻한다. 그 이유는 사회와 가치관의 변화 속도를 법 개정이 따라잡지 못했기 때문이다. 앞으로 고령화 시대가 가져올 수많은 사회문제를 잘 해결하기 위해 상속법을 전반적으로 점검하고 손질해야 할 때이다.

또한 우리 사회는 명문화된 법뿐만 아니라 관습과 도덕 같은 사회적 규범 위에서도 움직인다. 전통 사회에서 가족 안에서 지켜야 할 관습과 도덕은 부모와 자녀 사이에 자애와 효도였으며, 이것이 인간의 근본이 되는 윤리였다. 그동안 우리 사회는 부양, 돌봄, 상속 등의 과제도 '오로지 법대로' 해결하려고만 하지 않았는지 되돌아보고, 전통 사회에서 가족 중심으로 이루어졌던 부양, 양육과 같은 돌봄과 상속의 대과제가 매끄럽게 해결되었던 것처럼 오늘날도 그렇게 될 수 있기를 기대해 본다.

---

16) 일본 경우, 유언을 통해서 상속 문제가 순탄하게 이루어지지 않으면 그 자체가 일본 사회의 유지 발전에 심각한 문제를 일으킬 수 있다고 판단하여, 자필증서 유언의 활성화가 필요하다고 보고 상속법을 개정해서, 2020년 7월부터 자필증서 유언장 공적 보관 제도를 시행하고 있다.

| 참고 문헌 및 자료 |

1. 「미래에셋 은퇴리포트 No. 43: 고령 사회와 상속 시장의 현황과 과제」(2019. 11. 6.).

2. 「일본 상속법 개정」(2018).

3. 『사법연감』(2020).

4. (사)웰다잉 문화운동, 「생애 마무리 문화의 실천과 혁신을 위한 정책 연구」(2021).

5. 드라마 「이상한 변호사 우영우」 4회.

6. 백승종, 『상속의 역사』(도서출판 사우, 2018).

7. 윤정선, 「'불효자 방지법' 강화… 이미 준 재산도 돌려받는다」, 『문화일보』(2021. 7. 30.).

8. 한용섭, 「미완의 실험? 배우자 우선 상속분」, 『매거진 한경』(2017. 6. 11.).

죽음 앞의 생, 황홀한 절정을 노래하다
- 이수익 시인의 '죽음 시편'을 중심으로

● 주영중

지금은 정말

살아 있는 세상이 매 순간 아름다워

숨 쉬는 자리마다 불꽃처럼 피어나는 노년기의

황홀한 고독과

기쁨이여

– 이수익, 「그 날은 가고」 중에서(『침묵의 여울』, 2016)

1. 현대문학의 죽음 의식과 그 흐름

현대문학에서 죽음은 다양한 주제로 변주되면서 다루어져 왔다. 죽음에 대한 성찰과 불안, 죽은 자에 대한 애도 등을 다룬 작품부터 죽음을 통해 부조리한 현실을 드러내거나 현대인의 소외 문제를 드러내는 작품까지 죽음은 다양한 테마를 거느리고 문학 안으로 소환되어 왔다.

최근 10년간 문학 분야에서 벌어진 죽음에 대한 논의는 이전 시기에 비해 다양하게 전개되었다. 이 시기 연구들은, 죽음에 대한 철학적이고 존재론적인 성찰과 더불어 소수자·약자의 죽음에 대한 관심으로 영역을 넓혔다. 가령 이전 시기의 죽음 관련 테마에서 소외된 대상들(노년, 여성, 노동자, 어린이 등)이 논의의 전면으로 등장하는 모습을 볼 수 있다. 나아가 문학을 통한 '죽음 교육'의 필요성을 역설하는 다수의 연구가 발견되고 재난에서 희생당한 이들을 추모하고 애도하는 작품에 대한 연구가 등장하는 등 문학 분야에서 죽음을 바라보는 시선은 다원화되는 추세다.

문학은 죽음을 낯선 것 또는 비일상적인 것으로 드러내거나 미학적으로 표현하려는 시도를 지속해 왔다. 이런 관점에서 우리는 죽음을 다룬 문학에서 주제를 넘어 언어 운용이나 표현 방식까지 우리의 관심 영역을 확장할 필요가 있다. 죽음의 문제는 비의(秘儀)의 영역에 속하므로 죽음을 파악하기란 불가능한 일이다. 죽음의 불가해성에 다가가기 위해 문학은 낯설고 미학적인 언어를 통해 그 한계를 넘어서려 시도한다. 작가들은 비유, 상징, 역설, 아이러니 등 다층적 언어 표현과 다차원적 시선을 통해 죽음의 비의에 다가가고자 한다. 또한 작가들은 죽음 상징을 통해 현실과 역사의 폭력성을 드러내기도 하고, 미학적이고 낭만적인 방식으로 죽음의 본질을 탐색하기도 한다. 죽음에 대한 다양한 표현 방식들은 죽음을 폭넓은 시선으로 바라보게 하며, 죽음을 둘러싼 다양한 감정과 사유에 풍요로운 시각을 제공한다.

현대인들은 죽음을 최대한 먼 곳에 두려 애쓰는 듯하다. 죽음을 떠올리지 않으려 하거나 죽음을 금기시하는 경향까지 보인다. 어느 시대에나 죽음은 불편한 것이고 두려운 것이기에 삶과의 거리가 생기는 것은 어쩔 수 없는 일이다. 하지만 현대에 들어 죽음은 다른 그 어느 시기보다 우리 삶에서 멀어졌다. 그 주된 이유는 죽음의 두려움과 마주하고 싶지 않기 때문일 수도 있고, 과학 발달에 따른 생명 연장의 꿈에 젖어 죽음을 저 먼 시점으로 유예하기 때문일 수도 있으며, 부정적 에너지로 가득한 죽음보다 생의 현실을 더 소중하게 생각하기 때문일 수도 있다. 죽음에 대한 깊은 성찰과 사유는 인간의 삶과 역사를 조망하고 자신과 타인의 소중함을 되돌아보게 한다는 점에서 우리 삶에서 소홀히 할 수 없다. 『죽음의 역사』에서 아리에스가 "죽음의 거울을 통해 각 인간은 자신의 개성에 대한 비밀을 재발견한다"[1]고 말했듯이, 죽음과 마주하는 일은 진정한 자신, '본래적 자아'[2]를 되찾는 중요한 계기가 된다.

죽음을 기억하고 떠올리는 일에 치열했던 한 시인을 주목하는 이유가 바로 여기에 있다. 이수익 시인의 시에는 죽음을 외면하지 않고 지속적으로 죽음과 대면하는 자의 목소리가 담겨

---

1) P. 아리에스, 이종민 옮김, 『죽음의 역사』(동문선, 1998), p.50.
2) 데이비드 쿨, 권복규·홍석영 옮김, 『웰다잉: 인생의 끝에서 만나는 지혜』(바다출판사, 2005), p.265.

있다. 죽음에 대한 사유에서 멀어진 시대에 죽음에 대해 깊이 있는 성찰과 사유를 전개했던 한 시인의 작품 안으로 들어가 보자.

2. 죽음의 살갗을 접촉한 자의 목소리

베일에 싸인 죽음의 얼굴을 잠시 대면해 본 자, 죽음의 살갗과 접촉해 본 자의 육성이 여기에 있다. 추상이나 관념으로서가 아니라 실제로 죽음에 가까이 가 본 자로서 시인 이수익은 죽음에서 돌아와 살아 있다는 것이 얼마나 소중하고 아름답고 황홀한 시간인가를 절절히 노래한다. 10년 전 죽음과도 같은 순간을 경험하고 투병 생활을 겪은 후에도 그는 여전히 시에 대한 열정을 놓지 않고 있다. '노년기'임에도 그의 시는 젊고 열정으로 가득 차 있다.

죽음의 체험은 시인에게 죽음과 삶의 의미를 다시 되새기는 계기가 되었던 듯하다. 사실 그의 시에서 죽음 관련 테마는 최근만이 아니라 시작(詩作) 초기부터 지속적으로 등장한 테마였다. 그의 시에서 죽음이 끈질긴 화두였음을 알 수 있게 하는 대목이다.

> "죽음에 대해 본질적으로 쓰게 된 시기는 1983년도에 발표된『슬픔의 핵』이란 시집
> 에서부터가 아닐까 합니다. 여기서는 내가 직접적으로 죽음에 부딪혀 싸우기보다
> 는 죽음을 간접적으로 은밀하게 다루는, 아름답고 환상적인 죽음을 떠올렸습니다.
> 그러니까 내 시에서 죽음은 정서적 측면에서 보다 강력한 긴장감을 유발하는 요소
> 로 작용했던 것이죠. 그리고 나의 10번째 시집『처음으로 사랑을 들었다』(2010)에는
> 죽음을 현장에서 바라본 자의 기록이 고스란히 담겨 있습니다. 투병 생활을 거친 자
> 가 다소 거칠게 죽음을 향해 대든 모습이 역력하게 나타납니다. 11번째 시집『천년의
> 강』(2013)에서는 보다 유연하게 인생과 사물을 바라보고자 하는 노력을 읽으실 수
> 있을 겁니다."
>
> – 이수익 시인과의 대담 중에서[3]

---

3) 필자는 이수익 시인의 삶과 문학에 대해 글을 쓸 기회가 있었다. 시인과의 대담 또한 진행한 바 있는데, 그중 죽음에

회고하듯 시인은 최근에 겪은 죽음과도 같은 경험이 죽음에 대한 인식이나 태도를 변화시키는 계기가 되었다고 말한다. 그러한 경험 이전에도 그의 시에서 자주 다루었던 죽음에 대한 인식이나 태도와 변별적인 지점을 형성하고 있음을 밝히고 있는 것이다. 이를 통해서 알 수 있듯, 죽음에 대해 그의 시 세계는 미적이고 정서적인 죽음에 천착한 시기와 경험적이고 실존적인 죽음에 천착한 시기로 대별할 수 있다. 두 시기의 죽음 의식은 다르지만 두 시기 모두 죽음에 대한 깊은 성찰을 담보하고 있다는 점에서 주목을 요한다. 전자의 시들에서 그는 역설적이게도 불모의 현실에 대한 부정으로 죽음에 대해 열렬히 탐구한다. 이때의 죽음은 낭만적이고 미학적인 성격을 띤다고 여겨진다, 한편 후자의 시들에서 그는 실재적으로 죽음과도 같은 상황을 경험한 후 죽음에 저항하며 실존적인 삶의 소중함을 역설한다.

3. 죽음의 역설 1: 불모의 현실 너머를 향한 여정

> 관능은 죽고
> 관념만이 살아남은 이 어두운 겨울
> (중략)
> 정서는 죽고 신경만이 약하게 살아 있는
> 이 겨울 불모의 도시 한가운데로
>
> — 「겨울 안개」 중에서(『슬픔의 핵』, 1983)

현대 도시인의 삶에서 시인은 고독과 우울, 상실과 부재의 감정을 느낀다. 현실 원칙에 부합하는 삶은 때로 굴종을 요구하며 때로 거짓된 표정을 요구한다. 육체와 정신은 어느 때부터인가 현실에 순화되어 진정한 자아를 찾는 일은 요원하다. 자유의 이념도 사랑의 이념도 자본주의적 삶 속에서는 사치스러운 일이 된다. 관념 과잉의 시대에 정서적인 것들은 부차적인 것으

대한 내용도 담겨 있었다. 대담 내용을 문맥에 맞게 약간 수정하여 이 글에 싣는다. 대담 이후에도 그는 두 권의 시집, 『침묵의 여울』(2016), 『조용한 폭발』(2020)을 내었고 죽음에 대한 사유를 끈질기게 붙들고 있다. (주영중, 「황홀한 악마, 죽음 그 너머를 향한 여정」, 『현대시』(2013. 8.)).

로 치부되고 순수라는 이름은 순진함으로 비하되고는 한다. 현실 원칙에 길들여진 채 그의 육체와 정신은 생명력을 거세당한 자의 형상으로 그려진다. 시인은 그런 불모의 현실에서 벗어나기를 갈망하는 자이다. 그런 그에게 죽음은 불모의 현실에서 벗어나 새로운 존재를 꿈꿀 수 있게 하는 역설적 세계이다. 이 시기에 '죽음'은 진정한 '나'를 찾고 아름다움을 길어 올리는 장소이거나 순간으로 제시된다.

저 죽음의 향기에 마취된 이들은
벼랑이 뿜는 현란한 추락의 상상력에
몸을 떨며
천형(天刑)처럼 암벽을 기어오른다.

세상의 때를 묻히고 싶지 않은
고고한 산(山)이 날카롭게 세우는 죽음의 벼랑 아래로
아득하게,
죽음에 취한 이들이 걷는 길이 있다.

– 「추락을 꿈꾸며」 중에서(『푸른 추억의 빵』, 1995)

시인은 만년설을 품은 산을 바라본다. 산에 오르는 사람들을 바라보며 그는 죽음을 떠올린다. 그는 "죽음에 취한 이들"의 산행을 세속적인 때를 지우는 행위, 고고한 산의 정기를 되새기는 행위와 연결한다. 그러므로 시에서의 죽음은 역설적이게도 세속적 현실에서 벗어나 진정한 자신을 찾아 떠나는 여정이자 진정한 삶에 이르는 여정으로 상징화된다.

"유배의 땅"(「사막 7」, 『단순한 기쁨』, 1986)으로서의 현실에서 시인은 족쇄에 묶인 자로 표상되기도 하는데, 현실이라는 불모의 지대를 건너가는 자의 모습 속에서 우리는 마치 고행을 거듭하는 수행자의 모습을 겹쳐 읽을 수 있다. 그에게 죽음은 현실에의 "굴종과 타협"(「墓」, 『우울한 샹송』, 1969), 현실의 "살아 있는 불행"(「가을山1」, 『우울한 샹송』, 1969)이 없는 장소이자 순간으로 현시된다.

뛰어내리고 싶다.

절대 용서 못할

단죄(斷罪)의

벼랑 아래

바다, 살아 숨쉬는

서늘히 입 벌린 바다,

그

푸르게 뛰는 심장 속으로

불처럼

꽃처럼

화살처럼

내 운명 그대로 날리고 싶다.

파탄은

차라리 깨어 있는 물증,

낭자한 유혈과 참혹한 상처 끝에

만날

생명이여!

살아 뛰는

생명이여!

–「생명」 전문(『푸른 추억의 빵』, 1995)

    현실에서 흘린 "낭자한 유혈"과 현실 속에서 얻은 "참혹한 상처"를 치유하고 생명을 소생하게 하는 장소로서 시인은 바다를 노래한다. 바다의 이미지는 죽음을 떠올리게 하는 공간이면서도 동시에 힘찬 생명력을 떠올리게 하는 공간이기도 하다. 죽음이 생명이 되는 역설을 시에서 만나게 된다. 바다의 "푸르게 뛰는 심장"은 시인의 살아 있음을 일깨운다. 깨어 있지 못하고 길들여진 생 너머에 "길들여지지 않은 야생"(「前夜」, 『단순한 기쁨』, 1986)이 있는 것이다. 이 시기의 시들은 그러므로 불모의 현실에 대한 부정과 저항으로서 죽음을 소환함으로써 오히려 새로운 생명과 활력, 자유를 얻는 역설적인 모습으로 제시된다.

원시림에서 "건강한 육체"(「움직이는 정글」, 『푸른 추억의 빵』, 1995)를 발견하기도 하며, 밀림에서 "야성, 젊은 육체"(「그리운 密林」, 『푸른 추억의 빵』, 1995)를 발견하기도 하는 시인은 현대 문명에서 벗어난 곳을 지향하면서 그곳에서의 새로운 생명력에 대해 노래한다.

> 저의
> 고난을 바칩니다
> 마른 몸을 십자가처럼, 차디찬
>
> 겨울 하늘에 걸었습니다
> 칼바람 채찍을
> 내려 주소서
>
> 죽음만이
> 찬란한 부활의 길임을
> 믿고 있기에
>
> 가혹한
> 피의 고문,
> 그 출혈을
> 차라리 다디달게 받겠습니다

그러나……

지난 봄, 여름, 가을을

눈부신 마음으로 사랑했던 죄

죽어도 후회하지 않으렵니다

- 「나목裸木의 노래」 전문(『눈부신 마음으로 사랑했던』, 2000)

메멘토 모리(memento mori). 죽음을 기억하라. 하지만 '나는 죽는다'는 엄연한 사실을 매 순간 떠올리는 것은 얼마나 어려운 일인가. 관념적으로 죽음을 기억하는 방식이 아니라 진력을 다해 죽음의 느낌 속으로 진입하는 일은 여간 힘든 일이 아니다. 시인은 그런 힘든 작업을 시작(詩作) 초기부터 지속적으로 수행해 내고 있다는 생각이 든다.

생의 정점을 위해 진력을 다해 죽음을 기억하는 시인의 행위는 고행에 가까워 보인다. 생의 아름다움을 위해 온 힘을 다하는 시적 행위는 그러므로 또한 아름답다. 죽음은 그가 "눈부신 마음으로 사랑했던" 생의 그 모든 순간들을 호출하며, 죽음 앞의 생을 순간순간 후회하지 않게 살도록 하는 역설적 에너지로 작용한다. 가혹한 고문 같은 삶의 고난에서 벗어나 오히려 죽음을 기억하는 일, 그것이 "찬란한 부활의 길"이라는 그의 역설적 인식은 이런 맥락에서 나온 것이라 할 수 있다.

이러한 인식은 「울음」이란 시를 통해서도 엿볼 수 있다. "죽음을 바로 앞둔 백조는 / 마지막으로 제 성대의 가장 아름다운 울음을 / 뿜는다"(「울음」, 『슬픔의 핵』, 1983). 죽음을 앞두고 가장 아름다운 울음을 운다는 백조의 이야기를 통해 시인은 생의 "황홀한 절정"과 마주한다. 그는 생의 매 순간 죽음을 기억해 내고 후회하지 않을 생을 위해 치열하게 살 것을 또한 잊지 않는다. 삶의 에너지가 분출되는 장면을 그의 죽음 시편들에서 만날 수 있는 것은 이런 역설적 맥락에 기인한다.

4. 죽음의 역설 2: 죽음으로부터 길어 올린 생

나는 죽음에 길들지 않은 견고하고 투명한 입자가 되어

하늘에 섞일 것이다,

–「벼랑 끝에 잠들다」 중에서(『조용한 폭발』, 2020)

　자신을 "죽음을 현장에서 바라본 자"로 표현했듯이, 시인은 죽음의 문턱에 이르렀다가 죽음의 문턱에서 돌아온 자의 목소리를 절절한 시적 언술로 표현한다. 생사의 갈림길의 순간을 자주 소환하여 시에 표현한다는 것은 체험에 대한 기억이 그만큼 강렬했기 때문일 것이다. 생과 사가 교차하던 순간에 당연하게도 그는 두려움과 슬픔, 기쁨과 놀라움이라는 감정의 전이를 경험한다. 이후의 작품을 들여다보면 죽음과 생의 테마에 관한 한 더욱 치열해짐을 느끼게 된다. 죽음에의 기억과 체험이 생을 절정으로 치닫게 하는 힘의 원천이 된다는 것은 참으로 역설적이다. 죽음을 매번 기억하는 자로서 그는 생의 절정으로 달려가는 것을 멈추는 법을 잊은 듯하다.

나는

한 줄기의 뼈 속에서, 불덩이처럼

타올랐다, 그리고 드디어 하얗게

녹아내렸다

끝없는 침몰이 커다랗게 벽을 허물어뜨리는 순간

살점은

없었다, 피의 울부짖음으로

끓어오르던 죽음에 대한 애착, 절망,

또는 그런 모호함으로

단단하게 나의 몸이
말해 주었다

그저
숨죽여 흘러갈 뿐이었다, 재빠르게
시간은 펄럭펄럭 지나가고, 당신은 골똘하게
살아 있는 목숨에 대하여
다소 엄숙한 시간을 가져다주었다

그렇게 어느덧
환히!
불이 켜졌다

웃음으로 말하기에는 너무나도 슬픈
슬프다고 말하기에는 너무나도 기쁜
이 이상한 나라에 내가 와 있다, 마치
얼떨떨한 표정을 감추지 못한 채 당신은 나를

나를
내려다보고
있다

—「이상한 나라」 전문(『처음으로 사랑을 들었다』, 2010)

　이 시에서 시인은 육체가 무너지던 순간과 육체가 다시 깨어나던 순간을 기록하고 있다. 죽음으로부터 생으로의 귀환을 그는 "이상한 나라"에 대한 체험 같은 것이라 표현한다. 그는 불덩이처럼 타오르다 하얗게 녹아내리는 느낌, 끝없이 침몰해 가는 느낌으로서의 격렬한 그 순간의 체험을 이 시에서만큼은 담담히 진술하고 있다.

죽음으로부터 깨어난 '나'를 내려다보는 '당신'은 '나'에게 "살아 있는 목숨"에 대해 엄숙한 시간을 가져다준 존재로 제시된다. '당신'은 가족의 존재처럼 보이기도 하지만 달리 보면 생과 죽음을 주재하는 존재처럼 보이기도 한다. 신 혹은 신적 존재로서의 '당신'은 죽음에 대한 '나'의 인식에 새로운 기운을 불어넣어 준다. 죽음에 대한 실제적인 체험은 이전에 가지고 있었던 역설적 상징으로서의 죽음에 대한 인식과는 결을 달리한다. 이 시에서 시인은 죽음과 죽음으로부터의 귀환을 비교적 담담하게 그려 내고 있지만 그 체험은 강렬한 기억으로 남아 자주 격렬한 감정의 소용돌이를 만들어 내기도 한다.

> 잔인한 그날 오후가 시작되었다
>
>   -「고독한 관계」 중에서(『천년의 강』, 2013)

> 나는 더 살고 싶다는 기운으로 최후를 발악했다
> 차디찬 죽음이 밀려서,
> 그렇게 왔다
>
>   -「죽음의 정면」 중에서(『천년의 강』, 2013)

> 나는 거꾸러졌다. 푸들푸들
> 흔들리는 손아귀, 움츠러드는 하얀
> 앞가슴, 험악하게 찌그러 드는 늑골의
> 뼈들, 일어서야 한다고
> 일어서야 한다고
>
>   -「전쟁」 중에서(『처음으로 사랑을 들었다』, 2010)

죽음은 존재를 '잔인하고 무참하게' 무너뜨리고 거꾸러뜨린다. "차디찬" 죽음의 정면을 마주한 자의 저항의 몸부림은 절망적이면서도 슬픔으로 가득 차 있다. "더 살고 싶다"는 삶이 욕망과 열망이 최고조의 상태가 된 순간을 시인은 기억한다. 그것은 '전쟁'과도 같은 순간을 현시하며, 죽음에의 저항과 거부가 한동안 그의 내면의 한 부분을 차지하고 있었던 것으로 보인다.

> 문득 눈을 떠서
> 아득히 바라보는, 처음 보는 것들이
> 이상한 향기에 묻혀 있었다, 우루루루 일어섰다
> > ─「피어오를 때」 중에서(『처음으로 사랑을 들었다』, 2010)

> 오!
> 숨을 쉬는 일을
> 이렇게 온몸으로 느끼는 날이
> 처음 이곳에 와 있다
> > ─「즐거운 날」 중에서(『처음으로 사랑을 들었다』, 2010)

보들레르는 시인은 회복기에 이른 환자와 같아야 한다고 말하면서, 모든 것을 새롭게 바라보는 아이와 회복기 환자가 유사하다고 본 바 있다. 보들레르의 말처럼 이수익 시인 또한 죽음으로부터 돌아와 회복기에 접어든 존재로서 아이와 같이 모든 것을 새로운 시선으로 볼 수 있는 시안을 가지게 되었는지 모르겠다. 지금까지 익숙했던 모든 것들조차 이제 그에게는 "처음"처럼 낯설게, "이상하게" 다가온다. 그러므로 지금부터의 생은 모두 '첫' 경험이 되는 것이다. 숨을 쉬는 것조차 "처음"처럼 설레고 숨을 쉬는 것을 느끼며 살아 있는 자신의 온몸을 느끼게 된다.

> 최후의 불의 심장을 향하여
> 황홀하게도 떨어져 죽을 각오가 되어 있으므로
>
> 나는

초주검의 변경을 거슬러서 떠나온 사내답게

늠름히 어둠과

맞서리라.

- 「유리의 기억」 중에서(『침묵의 여울』, 2016)

두렵고도 공포로 가득한 죽음의 지대를 건너온 시인은 죽음에 대한 새로운 인식에 다다른다. 죽음에 대한 예견은 역설적이게도 시인에게 알 수 없는 힘을 전해 준다. 그는 실존적 죽음을 체험한 이후 사는 동안 후회가 남지 않는 생을 만들 것처럼 절절하게 언어를 쏟아 낸다. 생의 매 순간이 마치 마지막 순간이 될 것처럼 절정으로 치닫는다. 온 힘을 다해. 그것만이 생에 부여된 의무인 것처럼. 눈부신 절정이다.

"시 정신이 죽으면 사람도 또한 죽는 것이다"(「시인의 말」, 『침묵의 여울』, 2016)라는 시인의 말처럼 그의 최근 시와 언어에는 생에 대한 결연함이 묻어 있다. 죽음의 문턱에서 다시 돌아온 자로서 시인은 다가올 죽음에 "늠름히" 맞서기 위해 지금, 현재의 생을 불꽃처럼 일으키는 일을 잊지 않는다. 어쩌면 그것은 운명으로 주어진 죽음에 대한 실존적 투쟁이자 저항이면서도 이생에 대한 최대한의 존중이자 자긍이 아닐까. 살아 있는 동안 생은 '포기할 수 없는 힘'으로 '더 높이 떠오르는 불굴의 욕망'을 간직할 일이다(「선택」, 『처음으로 사랑을 들었다』, 2010). '황홀한 죽음'을 예비하는 일이란 얼마나 어려운 일인가.

시인에게 죽음은 이제 "더없이 그립고도 그리운 우주를 향하여"(「찬란하게」, 『천년의 강』, 2013) 열려 있다. 그 순간을 위해 그는 오늘도 "세기에 빛날 장엄한 한 편의 드라마"(「악령을 위하여」, 『천년의 강』, 2013)를 구성하는 일을 지속하고 있다. 어느 황홀한 죽음의 순간 시인은 아마 "죽음에 길들지 않은 견고하고 투명한 입자가 되어 / 하늘에 섞일 것이다."

| 참고 문헌 및 자료 |

1. 이수익, 『우울한 샹송』(삼애사, 1969).

2. 이수익, 『슬픔의 핵』(고려원, 1983).

3. 이수익, 『단순한 기쁨』(고려원, 1986).

4. 이수익, 『푸른 추억의 빵』(고려원, 1995).

5. 이수익, 『눈부신 마음으로 사랑했던』(큰나, 2000).

6. 이수익, 『처음으로 사랑을 들었다』(시학, 2010).

7. 이수익, 『천년의 강』(서정시학, 2013).

8. 이수익, 『침묵의 여울』(황금알, 2016).

9. 이수익, 『이수익 시전집』(황금알, 2019).

10. 이수익, 『조용한 폭발』(황금알, 2020).

11. 주영중, 「황홀한 악마, 죽음 그 너머를 향한 여정」, 『현대시』(2013. 8.).

12. 데이비드 쿨, 권복규·홍석영 옮김, 『웰다잉: 인생의 끝에서 만나는 지혜』(바다출판사, 2005).

13. P. 아리에스, 이종민 옮김, 『죽음의 역사』(동문선, 1998).

죽음에 관한 전통 종교의 인식과 실천

● 박종수

예나 지금이나 누군가의 죽음은 개인 차원에서만 다루어지지 않는다. 왜냐하면 고독사의 경우조차도 그가 속한 사회 구성원과 국가의 돌봄이라는 차원에서 쟁점이 만들어지기 때문이다. 따라서 개인의 죽음은 자신을 넘어서, 좁게는 가족 구성원에서부터 친구, 동료, 지인 등 관계 공동체, 넓게는 그가 속한 국가와 지구 공동체에 이르기까지 다양한 차원에서 다루어질 수 있다.

한국에서 전통 종교라고 하면, 전근대 시기부터 현재까지 '전통(傳統)'을 이어 온 종교를 일컫기도 하며, 서구에서 전해져 온 종교와는 다르게 자생적으로 생겨난 종교를 일컫기도 한다. 대체로 전자의 경우, 무교(巫敎)와 유교(儒敎)를 지칭하며, 후자의 경우는 민족 또는 민족주의의 영향으로 동학 및 증산 계열의 종교(천도교, 대종교 등)를 지칭하기도 한다. 이 글에서는 전통 종교를 전자의 경우로 한정하여, 무교와 유교가 죽음 의례를 어떻게 실천하고 있으며, 그 역할은 무엇인지를 알아보고 향후 어떻게 변할지 그 전망을 살펴본다.

1. 무교(巫敎)의 죽음 의례

우리는 살아가면서 다양한 죽음을 목격한다. 그러면서 자연스럽게 죽음 이후의 세계가 존재하는지를 생각하게 된다. 더 나아가 이 생각을 종교와 연관 짓기도 한다. 인류는 아주 오래전부터 죽음이라는 인간의 한계상황에 의미를 부여해 왔다. 그 의미 부여는 개인의 실존적 물음에 대한 응답이기도 했고, 사회 공동체의 통합을 위해 제도화된 결과물이기도 했다. 여하튼 죽음을 대면한 인류는 '현재 우리가 살고 있는 세계가 죽음 너머로 이어지는가, 아니면 단절인가'라는 인식을 바탕으로 다양한 행위 또는 실천을 만들어 왔다. 그 행위를 죽음 의례라 부른다면, 그중 가장 오래된 의례는 무교(巫敎)의 굿 의례일 것이다.

무교에서는 누군가의 죽음이 정상적인 죽음이었든 비정상적인 죽음이었든, 죽음 그 자체로부터 부정한 것이 발생한다고 보았다. 그래서 죽음으로 비롯된 집 안의 부정을 쫓고 남은 자들의 마음을 안정시키는 의례가 만들어졌는데, 그것을 서울 지역에서는 '자리걷이'라고 하였다. 호남 지역에서는 이 죽음 의례를 죽은 사람의 출상 전날에 관 옆에서 하는 씻김굿이라 하여, '곽머리씻김굿' 또는 '관머리씻김굿', '진씻김굿', '진굿', '진일'이라고 부른다. 곽머리씻김굿은 진굿으로서, 조왕굿이나 칠성굿 등은 하지 않으며, 죽은 사람의 천도를 비는 내용이 강조되기 때문에 산 사람의 복락을 축원하는 절차는 생략되어 진행된다. 곽머리씻김굿에서 죽은 이의 천도를 비는 세부 절차를 살펴보면 다음과 같다.[1]

관에 고(흰 무명이나 베로 만든 12개 또는 7개의 매듭)를 묶고 고풀이를 한 다음 씻김을 한다. 이때에는 영돈(망자의 옷)을 말지 않는다. 영돈은 시신이 누운 방향대로 관 위에 펼쳐 놓고 그 옷을 직접 씻긴다. 길닦음은 방 안에서 마당 쪽을 향해 질베를 펼쳐 놓고 한다. 방 안에서 굿을 하기 어려운 경우라면 관을 마당 쪽 문으로 옮겨 놓고 마당에서 굿을 한다. 질베 한끝을 관에 묶고 다른 한끝을 밖으로 내서 그 질베에 매듭을 묶어 고풀이를 하게 된다. 씻김과 길닦음은 일반 씻김굿과 비슷하게 진행한다.

무교 죽음 의례에서 진오기굿·오구굿·망묵이굿·씻김굿 등의 사령제(死靈祭)는 전통 종교가 죽음에 대한 인식을 어떻게 실천해 왔는지 잘 드러낸다. 진오기굿은 서울과 경기 지역에서 쓰는 명칭이며, 영동 지역에서는 오구굿이, 함경 지역에서는 망묵이굿으로 부른다. 진오기굿의 의미는 그 명칭을 한자어 '진혼귀(鎭魂鬼)' 또는 '지노귀(指路鬼)'로 해석하여 '죽은 영혼

---

1) 노정용, 「[금휘궁(점집) 김금휘의 무속이야기] 출상 전날에 관 옆에서 하는 씻김굿 '곽머리씻김굿'」(『글로벌이코노믹』, 2018. 7. 4.). 2023. 5. 10. 검색.

을 달래는' 또는 '죽은 영혼이 가는 길을 알려 주는' 의례로 알려져 있다. 그리고 호남 지역에서는 이것을 한자어가 아닌 씻김굿이라 불러 왔는데, 씻김굿은 '죽은 사람의 부정을 깨끗이 씻겨서 극락으로 보내는' 의미를 담고 있다. 진도 씻김굿은 1980년에 국가무형문화재 제72호로 등록되어, (사)국가무형문화재 진도씻김굿보존회에서 관리하고 있다. 씻김굿은 현대 이전까지는 세습무들이 진도, 순천, 화순, 영광, 신안, 군산, 정읍, 순창, 전주 등에서 단골판[2]을 만들어 의례의 전통을 이어 왔다.

진도 씻김굿은 굿을 행하는 일시와 장소, 내용 등에 따라서 구분된다. 진도 씻김굿의 종류로는, 죽은 사람의 시신 옆에서 직접 행하는 '곽머리씻김굿, '탈상 씻김'이라고도 하는 '대상씻김굿', 초상 때 굿을 하지 않고 소상에 하는 '소상씻김굿', 집안에 우환을 끼친 망자를 위해 날을 받아 행하는 '날받이씻김굿', 초분이장 때 하는 '초분장씻김굿', 물에 빠져 죽은 망자의 넋을 건질 때 행하는 '건지기씻김굿', 처녀·총각으로 죽은 망자끼리 혼인을 할 때 행하는 '사혼씻김굿', 비석을 세우거나 집안의 경사가 있을 때 행하는 '영화씻김굿', 객사(客死)하여 고혼(孤魂)이 된 망자를 위하여 행하는 '혼맞이씻김굿'과 '제삿날씻김굿' 등이 있다. 진도 씻김굿 중 '날받이씻김굿'이 가장 흔한데, 그 절차는 다음과 같다.[3]

① 안당(땅): 조왕의 하강일(下降日)이나 도회(都會)일 때 하는 조왕반. 조상께 굿하는 것을 알린다.
② 초가망석: 죽은 사람의 혼을 불러들이기. 길에서 죽어 떠도는 혼을 불러들인다고 하여 '혼맞이'라고도 한다.
③ 손님: 불러들인 영혼을 즐겁게 해 주는 '처올리기', 천연두 신인 마마 신을 불러 대접하는

---

2) 단골판은 호남 지역에서 혈연에 의해서 세습되는 무당(세습무)인 단골이 소유하거나 관장하는 종교 영역이다. 전라남도 진도군의 경우, 여러 단골이 마을별, 씨족별로 모든 단골댁을 나누어 소유하면서 굿, 맥이, 비손, 명다리, 택일 등 모든 종교적 의례와 상담 등을 관장했던 종교 활동의 영역이었다. 단골은 자신의 단골댁에서 씻김굿, 성주굿, 혼사굿 등은 '마령'이라는 굿 대금을 받았다. 그러나 경미한 환자가 생기거나 생일을 맞았을 때, 단골 혼자 단골댁에 가서 무료로 비손을 해 주었다. 그리고 '도부'라고 하는 일종의 세금을 1년에 한 번씩 여름에는 보리로, 가을에는 쌀로 받았다. 이처럼 단골판 내에서 단골과 단골댁은 서로 상부적인 관계에 있었다. (『디지털진도문화대전』, 「단골판」 참조, http://aks.ai/GC00500349). 2023. 5. 10. 검색.

3) 한국학중앙연구원, 『디지털진도문화대전』, 「진도씻김굿」 항목; 문화재청, 『국가문화유산포털』, 「진도씻김굿」 항목 참조. (http://aks.ai/GC00501469; www.heritage.go.kr) 2023. 5. 10. 검색.

경우와 죽은 사람의 이승 친구들의 영혼을 불러 즐겁게 해 주는 '손님굿'이 있다.

④ 제석굿: 제석님네 맏딸애기가 시왕산 화주승과 연분을 맺는다는 서사무가가 구연된다.

⑤ 선영: 조상을 순서대로 청하여 모신다.

⑥ 희설: 불교의 시왕[十大王; 저승에서 죽은 사람을 재판하는 열 명의 대왕]과 육십갑자를 연결하여, 각자 태어난 시에 따라서 돌아갈 저승 신을 일러 주고, 지옥을 면하여 극락 천도를 빈다.

⑦ 씻김: 죽은 사람의 넋을 상징적으로 깨끗하게 씻긴다.

⑧ 고풀이: 원한을 상징하는 고를 풀어 가며 영혼을 달래 주는 것으로, 무명에 일곱 매듭을 지어 단골이 춤으로 풀어 준다. 죽은 사람의 가슴에 맺힌 한을 풀어서 자유로운 존재가 되어 저승에 가기를 빈다.

⑨ 길닦음: 죽은 사람이 좋은 세상으로 가는 길을 깨끗이 닦아 준다.

⑩ 종천(촌)멕이: 죽은 사람의 혼을 공손히 보내기 위해서 잡귀를 풀어먹인다.

진도 씻김굿은 제석굿과 희설 등에서 보듯이 불교적 성격이 강하며, 죽은 이가 어떻게 죽었는가에 따라서 굿판의 분위기도 달라진다. 물에 빠져 죽은 사람을 위한 씻김굿에서는 물가에서 넋건지기굿을 한 후에 집 안으로 영혼을 모셔와 굿을 한다. 객사한 영혼을 위한 씻김굿에서는 안당을 한 후 골목 어귀에서 혼맞이로 영혼을 불러들인 후 본격적인 굿을 한다. 미혼으로 죽은 영혼을 위해서는 혼맞이와 결혼굿을 한 후 씻김굿을 한다.[4] 진도 씻김굿의 음악은 육자배기목(시나위목)을 중심으로 피리와 대금, 해금, 장고, 징으로 구성된 삼현육각 반주로 진행된다. 무당은 흰색 옷에 다홍색 띠를 걸치는 정도의 소박한 옷차림(불교적 성격이 짙은 승복과 비슷)을 하고 죽은 사람의 한을 풀어 주는 지전(紙錢) 춤을 춘다. 노래는 홀로 부르는 통절(通節) 형식과 선소리를 메기고 뒷소리로 받는 장절(章節) 형식으로 되어 있다. 진도 씻김굿은 죽은 사람뿐 아니라 산 사람의 무사함을 기원하는 역할도 하고 있다.

---

4) 한국학중앙연구원, 『디지털진도문화대전』, 「진도씻김굿」 항목 참조. (http://aks.ai/GC00501469)

2. 유교의 죽음 의례

유교의 죽음 의례는 주자(朱子)가 쓴 『주자가례』가 전형이 된다. 『주자가례』에 의하면, 유교의 상장례 절차는 초종의(운명, 호상, 복), 습, 소렴, 대렴, 성복, 치장, 천구, 발인, 급묘(하관, 분묘 만들기), 반곡, 우제, 졸곡, 부제(삭망제), 소상, 대상, 담제, 길제 순으로 진행된다.[5] 유교의 상장례는 여말선초 시기에 『주자가례』가 유입되고 조선의 건국과 함께 정착되었으며, 16세기 말 이언적, 이황, 이이, 김장생 등에 의해서 조선에 완전히 정착되었다. 최기복은 『상례비요』와 『사례편람』을 중심으로 유교의 죽음 의례 과정을 분석했는데, 사별에 대한 생자의 심정 변화를 기준으로 소생을 기원하는 초종 의례 단계(임종~대렴), 비애와 죄의식으로 금욕의 거상 생활을 하는 장송 의례 단계(성복~안장), 심리적으로 사자를 내재화하여 상례를 완성하는 상제 의례 단계(우제~길제)로 분류했다. 또한 정종수는 초종 의례(임종~대렴), 장송 의례(성복~안장), 상제 의례(우제~담제)의 세 단계로 분석하기도 했다.[6] 그리고 이용범은 아놀드 반 게넵(Arnold van-Gennep)의 통과의례 구분의 '분리-전이-통합' 과정 속에서 유교의 죽음 의례 과정을 분석했다.[7] 이를 좀 더 자세히 살펴보면 다음과 같다.

---

5) 주자, 유풍연 옮김, 『주자가례』(유교학술원, 2010).

6) 현승환, 「제주도의 상례와 무속. 도서(島嶼)의 상례(喪禮): 더 나은 삶을 향한 염원」, 『한국 전통상례문화 전승 및 세계화 방안 국제학술세미나 자료집』, 9(2022), p.52.

7) 이용범, 「한국 전통 죽음의례의 변화-유교 상장례와 무속의 죽음의례를 중심으로」, 『종교문화비평』, 16(한국종교문화연구소, 2009), pp.39~40.

① 분리: 혼과 육체의 분리를 확인하는 절차

→ 천거정침(遷居正寢)[8]-속굉(屬宏)[9]-고복(皐復)[10]-사자상(使者床) 차리기[11]-수시(收屍)[12]-습(襲)[13]-염(殮; 소렴-대렴)[14]-입관(入棺)[15]

② 전이: 혼이 빠져나간 육체(시신)을 처리하고(매장),

→ 성복(成服)[16]-발인(發靷)[17]-노제(路祭)[18]-산신제(山神祭)[19]-개토제(開土祭)[20]-하관(下棺)[21]-매장(埋葬)[22]-평토제(平土祭)[23]

혼을 모셔서 혼을 가진 존재로서 대하는 절차[상청(喪廳)에 모셔지는 기간]

---

8) 죽음이 임박했을 때, 임종할 차비를 하고 안방 아랫목에 모시는 행위.

9) 죽음에 임박한 사람의 코와 입 사이의 인중에 솜 따위를 놓아서 그 움직임의 여부로 죽음을 확인하는 행위(눈의 동공이 풀렸는지, 손발이 굳어 오는지 등도 살핌).

10) 죽은 사람의 넋(이름)을 부르는 행위로서 초혼(招魂)이라고도 한다. 고인의 속적삼이나 상의를 갖고 지붕에 올라가거나 마당에 나가, 왼손으로 옷깃을 잡고 오른손으로 옷 허리를 잡은 다음 죽은 이를 관장하는 신이 거하는 북쪽을 향해 옷을 휘두르면서 고인의 주소와 성명을 왼 다음, 큰 소리로 길게 "복(復)!"을 세 번 부르는 행위를 말한다. 이 행위는 죽음으로 분리된 혼이 다시 돌아와 몸과 합쳐져 살아나기를 기원하는 것이다(이렇게 해도 고인이 살아나지 않으면 비로소 죽은 것으로 인정한다).

11) 고인을 저승으로 인도할 사자에게 '잘 모셔 달라'는 의미로 쟁반 위에 메 세 그릇과 메 위에 동전을 한 닢씩 꽂아 놓고 고무신을 놓는 행위.

12) 고인의 얼굴이나 팔다리 등을 바로잡는 일로, 천시(遷屍)라고도 한다.

13) 고인에게 옷을 갈아입히는 절차로, 머리를 빗기고 목욕을 시킨 뒤 옷을 갈아입히는 행위.

14) 고인을 수의로 갈아입힌 다음, 베나 이불 따위로 싸는 행위. 소렴은 운명한 다음 날 고인이 다시 살아나기를 기다리는 의미로 행해지며, 대렴은 운명한 지 셋째 날에 소렴한 고인을 다시 옷과 이불로 묶어 관에 넣는 행위.

15) 대렴까지 마친 고인을 관에 넣는 행위. 입관 이후에는 관을 열 일이 없기 때문에 유족들이 마지막으로 고인을 볼 수 있는 시간이다.

16) 대렴을 한 다음 날 상제들이 복제에 따라 상복을 입는 절차.

17) 장례를 치르기 위해서 상여가 집을 떠나 장지(묘지)에 도착할 때까지 행하는 의례.

18) 길신에게 대접하여 좋은 일만 있도록 부탁하는 행위.

19) 산신에게 지내는 제사.

20) 묘를 조성하기 위해서 땅을 파기 전에 토지신에게 지내는 제사.

21) 고인을 묻기 위해서 관을 광중(壙中; 무덤의 구덩이 속)에 내리는 행위.

22) 고인을 땅에 묻는 행위.

23) 광중(壙中)의 흙이 평토가 되면 신주를 만들어 그 앞에 모셔 놓고 지내는 제사.

→ 반혼(返魂)[24]-우제(虞祭; 초우-재우-삼우)[25]-졸곡(卒哭)[26]-부제(祔祭)[27]-소상(小祥)[28]-
　대상(大祥)[29]-담제(禫祭)[30]

③ 통합: 조상으로서 완전히 자리 잡는 절차

→ 길제(吉祭)[31]

현재 유교의 죽음 의례는 『주자가례』의 전형과 비교할 때 형식이 간소화되었다. 그 이유는 전통 사회가 근대화와 산업화의 영향으로 주거 환경, 삶의 방식, 세계관의 변화를 겪었기 때문이다. (사)한국장례협회에 따르면, 특별한 경우가 아니면 일반인들은 삼일장을 기본으로 한다. 따라서 가정에서 사망한 경우, 당일로 수시(收屍)를 행하고, 사망한 다음 날 습(襲)이 끝나면 바로 소렴을 하고 입관까지 하여, 염습의 과정이 2일째 한꺼번에 진행된다. 마지막으로 3일째 발인을 한다. 한편, 장례식장에서는 가정에서의 죽음 의례와는 변화가 나타난다.

요컨대, 가정에서는 1일 차에 천거정침, 운명(殞命)·거애(擧哀), 복·초혼(復·招魂), 수시, 발상(發喪), 부고를, 2일 차에는 습, 반함(飯含), 소렴, 대렴, 입관, 성복, 치장(治葬)을, 3일 차에는 발인식, 운구, 매장/화장이 진행된다. 하지만 장례식장에서는 장례식장으로의 운구로부터 시작하여, 수시, 고인 안치, 빈소 설치, 부고, 상식 및 제사상을, 2일 차에는 염습, 반함, 입관, 성복, 성복제를, 3일 차에는 발인식, 운구, 매장/화장 순서로 진행된다.[32]

한편, 유교에서는 죽음을 정상적 죽음과 비정상적 죽음을 나누었다. 그 기준은 사람이라면

---

24) 장례 후, 신주를 모시고 집으로 돌아오는 행위로, '반우(返虞)', '흉제(凶祭)'라고도 함. 장례 후 만 2년이 되는 대상(大祥)까지의 모든 의례를 포함한다.

25) 장사를 지낸 뒤, 고인의 혼백이 평안하길 기원하는 제사. 우제에는 당일 지내는 초우(初虞), 초우를 지낸 뒤 첫 번째 유일에 지내는 재우(再虞), 그다음 날 지내는 삼우(三虞)가 있다.

26) 삼우(三虞)를 지낸 뒤, 무시애곡(無時哀哭)을 끝내기 위해서 죽은 지 석 달 안에 지내는 제사. 최근에는 초상으로부터 10일 내에 지내는 것이 통례이다.

27) 졸곡을 지낸 이튿날에 하는 의례로, 고인을 그의 할아버지에게 입묘시키기 위해서 행하는 제사. 3년상을 마친 뒤 신주를 태묘(太廟)에 모실 때 지내는 제사로 부묘제(祔廟祭)라고도 한다.

28) 고인이 사망한 날로부터 1년이 지난 뒤에 지내는 상례.

29) 고인이 사망한 날로부터 만 2년이 되는 두 번째 기일에 행하는 상례로, 3년상을 마치고 탈상하는 제사이다.

30) 3년의 상기(喪期)가 끝난 뒤, 상주가 평상으로 되돌아감을 알리는 제사.

31) 담제 다음다음 달에 지내는 제사. 고인이 죽은 지 27개월 만에 지내는 제사로, 신주를 모시어 사당에 모시는 제사이다.

32) (사)한국장례협회 홈페이지 참조(http://www.fta.or.kr/sub02_0103.php), 2023. 5. 10. 검색.

마땅히 거쳐야 하는 것으로 생각했던 통과의례를 제대로 거쳤는지, 죽음을 맞이한 공간이 집이었는지, 어떻게 죽었는지였다. 다시 말해, 사람이 태어나서 어른이 되어 결혼하고 자식을 낳고 적당한 나이에 맞이하게 되는 죽음을 정상적인 죽음으로 생각했다. 그래서 아주 어려서 죽거나 성인이 되어서 죽더라도 결혼을 하지 못하고 죽으면 그것은 비정상적인 죽음으로 여겨서, 유교의 죽음 의례를 행하지 않거나, 일반 상장례 절차의 많은 부분을 생략한 채로 행했다.[33] 그리고 죽음의 유형(익사한 경우나 미혼 상태의 죽음 등)에 따라서 관련된 무교의 죽음 의례가 보완되기도 했다.

2023년 5월 현재, 한국 사회에서 유교의 전통 죽음 의례를 실천하는 사람들은 많지 않다. 상례의 경우 유교를 종교로 믿지 않더라도 가족 또는 집안의 제사 분위기로 유교의 전통 죽음 의례를 실천하는 사람들이 많을 수는 있다. 하지만 장례의 경우, 전통 유교 죽음 의례를 실천하기가 물리적으로 힘들어졌기 때문에 실천하는 사람들이 상례를 지키는 사람들보다 적을 것이라고 어렵지 않게 추측할 수 있다. 그리고 집 밖에서 죽음을 맞이하는 경우가 집 안에서 자연사하는 경우보다 통계적으로 많은 상황이 되었다. 그러므로 농경 사회에서 만들어진 유교의 죽음 의례에서 '객사'를 비정상적 죽음으로 보는 것은 현재의 시대적 상황과 더 이상 맞지 않게 되었다.

3. 전망

근대 이전의 한국 사회에서는 죽음을 크게 정상적 죽음과 비정상적 죽음으로 인식했다. 그러나 1938년 일제강점기 때 제4차 개정 국제사인표(1929)를 채택하여 인구동태를 조사하면

---

33) 유교의 전통 죽음 의례에 따르면, 처녀와 총각을 위한 상장례에서는 먼저 초혼(招魂)을 하지 않는다. 또한 사자상 역시 차리지 않는다. 염습도 시신을 간단히 닦아 내는 것으로 마치며, 수의도 깨끗한 옷으로 대신한다. 가족들은 부고도 내지 않으며, 이웃들도 문상을 꺼린다. 매장 역시 바로 하는데, 날과 시를 가리지 않는다. 운구는 관과 상여조차 사용하지 않고 지게로 운반하는 경우가 대부분이어서 낮보다는 주로 저녁이나 밤에 매장한다. 시신은 선산이나 공동묘지에 묻거나 아니면 삼거리나 사거리에 매장을 하는 경우도 있다. 시신을 매장한 후에 이뤄지는 우제(虞祭)에서 길제(吉祭)까지의 일반 유교 상장례 절차는 행하지 않았다. (이용범(2009). 앞의 글, p.33.)

서 죽음(사망)을 이전과 다른 방식으로 분류하여 인식하게 되었다.[34] 하지만 현재 한국표준질병사인분류(Korean Standard Classification of Diseases, KCD)에서는 사망 원인을 22개의 대분류로 나누고 있는데 이 분류 중 'V01-Y98 XX. 질병이환 및 사망의 외인'을 비정상적 죽음으로 대응해서 말할 수 있다면, 현재까지도 죽음에 대한 인식을 정상적 죽음과 비정상적 죽음으로 나누어 인식하고 있다고 말할 수도 있겠다. 그렇다면 정상적 죽음과 비정상적 죽음의 동향은 어떻게 나타나고 있을까? 2022년 9월 말 기준 한국인의 사망자 수는 279,997명으로 집계되었는데, 이 중 'V01-Y98 XX. 질병이환 및 사망의 외인'으로 분류된 사망자의 수는 약 26,000명으로 파악되어, 현재 한국 사회에서 사망자 10명 중 1명꼴로 비정상적 죽음을 맞이하고 있다고 할 수 있다.[35] 그런데 이 분류 체계에는 죽음의 결과를 '자연사'로 판단할 수 있는 분류가 없다는 문제가 제기되고 있다.

죽음 또는 죽음 의례는 종교 연구에서 중요한 주제의 하나였다. 종교학계에서 이와 관련한 종합적 연구는 2009년에 (사)한국종교문화연구소가 한국 사회의 죽음 의례와 관련한 각 종교 전통별 죽음 의례의 변화 양상을 심포지엄에서 다룸으로써 시작되었고, 최근(2022. 11. 18.)에는 (사)나라얼연구소가 주관한 제9회 '한국 전통 상례 문화 전승 및 세계화 방안 국제 학술 세미나'를 통해서도 전통 종교의 죽음 의례에 대해서 다루었다. 그러나 전통 종교의 죽음 의례는 사회변화의 속도를 맞추지 못하는 듯하다. 물론 이러한 현상은 전통 종교뿐만 아니라 다른 종교에서도 비슷한 경향을 보인다. 의례는 한번 만들어지면 그것을 계속 유지하려는 보수성을 띠기 때문이다.

한편, 세계적인 팬데믹을 겪었던 지난 3년의 시간은 많은 것을 바꾸었는데, 이 기간 동안 전통 종교의 죽음 의례도 전환점을 맞았다. 모든 게 비대면이었던 상황에서 가족의 죽음을 처리하는 것이 타인에 의해서, 순식간에, 비접촉 방식으로 진행되는 것을 경험했던 것이다. 2023년 5월 현재, 팬데믹 상황이 해제되었지만 이전의 전통 방식의 죽음 의례로 전면 회귀할 수 있을지는 미지수이다. 이것은 마치 조선에 들어온 서양 선교사가 전통 유교식 장례 절차를 보면서, 조선인들의 위생 관념을 지적했던 사례(시신을 관에 넣어 병풍 뒤에 며칠 모셨던 것)를 떠

---

34) 질병분류 정보센터(KOICD) 한국표준질병사인분류(KCD) 소개(https://www.koicd.kr/kcd/kcds.do). 2022. 12. 20. 검색

35) 통계청, 「인구동향조사(보도자료), 2022년 9월 인구동향」 림그(http://www.kostat.go.kr). 2022. 12. 20. 검색.

올리게 한다. 우리는 위생 또는 감염병 예방과 같은 이유로, 그리고 자본주의의 세례를 받은 서구화된 합리적 판단으로 전통 종교의 죽음 의례를 우상숭배 또는 미신, 시대에 뒤처진 관습 등으로 치부하곤 한다. 이러한 상황에서 전통 종교의 죽음 의례가 무형문화재로서 박제화된 퍼포먼스로만 유지될지, 아니면 지금도 그 방식을 유지하면서 새로운 의례로 변형을 만들어 유지될지 귀추가 주목된다.

| 참고 문헌 및 자료 |

1. (사)한국장례협회, http://www.fta.or.kr/sub02_0103.php

2. 『디지털진도문화대전』, 「단골판」.

3. 노정용, 「[금휘궁(점집) 김금휘의 무속이야기] 출상 전날에 관 옆에서 하는 씻김굿 '곽머리씻김굿'」, 『글로벌이코
   노믹』(2018. 7. 4.).

4. 문화재청, 『국가문화유산포털』, 「진도씻김굿」 항목, www.heritage.go.kr

5. 이용범, 「한국 전통 죽음의례의 변화-유교 상장례와 무속의 죽음의례를 중심으로」, 『종교문화비평』, 16(한국종
   교문화연구소, 2009).

6. 주자, 유풍연 옮김, 『주자가례』(유교학술원, 2010).

7. 질병분류정보센터(KOICD) 한국표준질병사인분류(KCD) 소개, https://www.koicd.kr/kcd/kcds.do.

8. 통계청, 「인구동향조사(보도자료), 2022년 9월 인구동향」.

9. 한국학중앙연구원, 『디지털진도문화대전』, 「진도씻김굿」 항목, http://aks.ai/GC00501469.

10. 현승환, 「제주도의 상례와 무속. 도서(島嶼)의 상례(喪禮): 더 나은 삶을 향한 염원」, 『한국 전통상례문화 전승
    및 세계화 방안 국제학술세미나 자료집』, 9(2022).

인터뷰

당하는 죽음에서 맞이하는 죽음으로

- 한국 사회 웰다잉 문화운동의 대모, 홍양희

● 태정주

요즈음 '웰다잉'에 대한 관심이 뜨겁다. 웰다잉은 삶을 정리하고 죽음을 자연스럽게 맞이하는 행위이다. 최근 공론화되고 있는 안락사 등 다양한 사회문제를 통해 삶을 성찰하고, 존엄한 삶의 마무리에 관심이 높아졌기 때문이다. 하지만 아직도 죽음을 앞둔 당사자가 삶의 마지막 순간에 어떤 의료를 받고자 하는지 스스로 사전에 명확히 밝히기가 어려운 것이 우리 사회의 현실이다. 아직까지는 사회적으로 자기 결정권보다 가족 공동체를 더 중요하게 여기기 때문이다. 이러한 안타까운 현실에서 사전연명의료 의향서 쓰기 운동을 통해 '당하는 죽음에서 맞이하는 죽음으로' 웰다잉 문화를 이끌고 있는 '(사)사전의료 의향서 실천모임'의 홍양희 공동대표를 만나 한국 사회 웰다잉 문화운동에 관한 이야기를 들어 보았다.

1. 처음 만난 죽음의 기억

"저는 6.25전쟁을 경험한 세대로 대여섯 살 때 고향 벌교의 초등학교 운동장에 거적때기에 덮인 시체가 널려 있는 장면을 보았습니다. 어린 나이에 너무 무서워 가까이가 보지도 못했지만, 어른들이 지리산 빨갱이라고 수군대는 소리와 거적때기 시체의 공포는 지금까지도 뇌리에 선명하게 남아 있을 정도로 충격이 컸습니다. 제 생애처음 만난 죽음의 기억으로 한동안 화장실도 혼자 못 갈 정도로 공포스럽고 두려운 경험이었죠. 방학이면 시골의 외할머니 댁에 갔는데, 마을 어귀에 있던, 죽음과 연결된 상엿집은 지나가지도 못할 정도로 두려운 곳이었습니다. 초등학교 시절, 동네에 초상이 나면 상여가 나갔는데 소리꾼 요령잡이가 상여 위에 올라타 요령을 흔들며 "이제 가면 언제 오나, 북망산천 가는 길에" 하는 소리를 상여를 뒤따라가면서 들었던 기억이 납니다. 죽음에 대한 두려움이 옅어지던 시기였을까요? 1950년대만 해도 죽음은 두려움과 공포가 어우러진 일상이었습니다."

죽음을 두려워하는 그의 세대 대부분에게 보이는 죽음 인식의 단면이다. 이렇게 죽음을 두려움으로 기억하던 그는 40대에 죽음을 배웠고, 이제 웰다잉을 실천하며 죽음을 가르치는 현장 한가운데에 서 있다.

〈사진 1〉 웰다잉 문화를 이끌고 있는 '(사)사전의료 의향서 실천모임'의 홍양희 공동대표

2. 죽음의 공론화와 죽음 교육

우리 사회에 죽음을 공론화하는 첫 시도로 1991년 6월 각당복지재단 삶죽음회(김옥라 이사장)의 창립 강연회가 연세대 100주년 강당에서 열렸다. 주제는, '인간은 누구나 죽는데 그 죽음을 모르고 금기시하며 살고 있다. 그 죽음에 대해서 배우고 준비해야 한다'였다. "강당은 남녀노소 시민들로 넘쳐났지요. 연세대 김동길 교수의 '죽음의 의미, 철학, 나의 생사관' 강연에 있었고, 10월에는 일본에서 생사학을 가르치는 상지대학의 알폰스 디켄(Alfons Deeken) 신부를 초청하여 죽음학 세미나를 열었습니다. 이후 이 단체는 죽음 강연회를 정기적으로 열고 지도자 교육도 실시했지요." 그러나 홍양희 대표는 "우리 사회는 죽음을 금기시하고 불길하게 여기는 문화로, 죽음 교육을 받았음에도 자신의 것으로 내면화하지 못하였으며, 사회적 분위기도 죽음을 여전히 불길한 것으로 여겨 죽음에 대한 대화도 자연스럽지 못했다"라고 말한다.

> "죽음을 여전히 불길한 어떤 것으로 여기는 사람들이 참 많은 것 같아요. 그렇지만
> 또 죽음을 알고 싶어 하는 사람들도 많고요."

이런 생각을 하면서 삶죽음회에서는 2002년부터 '죽음 준비 교육 강좌'를 개설했으며 그는 이 단체의 부회장으로 '죽음 교육 지도자 과정'(2년 4학기제)을 이끌었다. 이때만 해도 죽음에 대해 제대로 공부한 강연자를 찾기가 어려웠다고 한다. 삶죽음회 부회장이었지만 죽음학 전문가도 교육학 전공자도 아니었기에 홍양희 대표는 전국적으로 죽음에 대해 글을 쓰고 사유의 깊이를 보여 준 학자와 전문가들을 찾아 나섰다. 정진홍, 박상철, 김열규, 유동식, 김수지, 이경식, 최준식, 허대석, 최재천, 이강백, 황애란, 정현채, 손명세, 고윤석, 박상은, 진중권, 오진탁, 윤영호, 신현호, 정극규 교수 등이 이때 강연회에 모셨던 분들이다. 이미 고인이 되신 분들도 있다.

> "죽음 이해를 어떻게 접근할지에 대한 시야가 트였습니다. 저는 이분들의 강의를 들
> 으며 감동했고 성장했습니다. 죽음 교육 주제를 확장하니 커리큘럼도 다양해져 깊
> 은 우물에서 신비로운 생수를 퍼 올렸다고 할 수 있지요!"

삶죽음회에서 강의를 한 정현채 교수는 어느 인터뷰에서 "어떻게 죽음 교육 강의를 하게 되

었느냐"는 질문에 "홍양희 회장이 강의를 요청하여 시작하게 되었다"고 말한 적이 있다. 이에 홍양희 대표에게 '죽음 교육 지도자 과정'에는 어떤 분들이 수강하셨는가를 물어보았다.

> "목회자, 스님, 수녀 등의 종교 지도자, 교직 은퇴자, 사회복지 노인복지 전공자 등 다양한 분야의 전문인들이 참여했습니다. 죽음을 성찰하고 배우려는 순수한 열의 가 대단했습니다. 저는 죽음 주제를 깊이 탐구하도록 지원하기 위해 2003년에 '메멘 토 모리 독서 모임'을 개설했습니다. 이 모임은 지금까지 200여 권이 넘는 죽음 주 제 전문서를 읽으며 지속되고 있습니다."

2006년 서울 시립 노원노인종합복지관 주관으로 열린 '아름다운 생애 마감을 위한 시니어 죽음 준비 학교'(주 강사: 유경 웰다잉 강사)는 어르신들에게 생소했지만, 1년 동안 1,400여 명 의 어르신들이 참여하여 웰다잉 대중화의 초석을 다졌다는 평가를 받았다. 인생 그래프, 나의 사망기, 유언장 쓰기, 존엄사 선언서(living will) 등의 교육은 전통적인 죽음 이해에서 현대의 죽음 이해를 통해 죽음의 속성을 탐구하고, 다양한 죽음 교육의 실제를 통해 삶을 성찰함으로 어르신들에게 큰 감동과 공감을 일으켰다.

〈사진 2〉 2007. 5. 14. 정동 프란치스코회관에서 웰다잉전문지도강사 수료 및 발대식에서 수료생과 함께

이렇게 시작된 죽음 준비 교육이 퍼져 나가면서 전문 강사 교육이 시급하고 절실해졌다. 2007년에 홍양희 대표는 서울시 사회복지 기금 지원을 받아 웰다잉 전문 강사 양성 과정으로 확대했다. 이로써 성당, 교회, 복지관 등 여러 곳의 강연 요청에 전문 강사를 파견할 수 있게 되었다. 이와 함께 죽음 교육에 대해 부정적 이미지를 가지고 있거나 죽음 이해를 거부하는 사람들을 위해 죽음을 주제로 한 연극을 만들고, 웰다잉 연극 극단을 창단했다. 전국 순회공연도 성사시켰다. 웰다잉 영화제를 출범시킨 것도 이때였다. 홍양희 대표는 2000년대 초반 이런 노력을 통해 서서히 웰다잉에 대한 우리 사회 인식에 변화가 일어났다고 믿는다.

"어떤 일이라도 관점을 가지고 뜻을 세우면 길이 열렸어요. '할 수 있을까'가 아니라
'해 보자'는 긍정 마인드로 일을 끌고 나갔습니다. 열정이 있었겠죠!"

그는 죽음 관련 세미나 강연회를 시간을 쪼개어 찾아다니며 듣고, 배우고, 지식을 얻고 성장했다. 죽음 교육을 조직화하면서 본인도 많은 배움과 깨달음을 얻었다. '죽음은 마지막 성장'이라는 생각, '삶 속에 죽음이 있다'는 인식 등도 이때 얻은 깨달음이다. 주변에서 그는 아이디어가 많고, 창의력이 뛰어나다고 하지만, 그는 필요가 생기면 그 필요를 채울 길을 생각하고, 그 길을 찾으면 바로 실행하고, 재원이 필요하면 외부 지원 사업을 통해 해결하며 나갔다고 한다.

죽음 교육이 또 한 차례 발전한 계기는 2012년과 2013년 교보생명의 지원을 받아 만든 웰다잉 교육 프로그램이었다. 이 지원을 통해 그는 전국적으로 웰다잉 교육 강사를 양성하고 이들을 통해 전국적 네트워크 조직으로 발전시킬 수 있었다. 연극 공연, 독서 모임, 지역별 교육 프로그램 등이 활성화되었다. 이렇게 일하는 죽음 교육 강사들을 각자 재능과 취향을 통해 창의적으로 죽음 교육을 할 수 있도록 했다.

"민요를 공부한 이에게는 민요 속의 죽음 이야기를, 음악 치료, 미술 치료 전문가들
은 그들의 재능을 강의안으로 살려 내게 하여 한 사람, 한 사람을 소중한 전문가로,
지도자로 세우는 일에 열성을 다했습니다."

3. (사)사전의료 의향서 실천모임(사실모)의 웰다잉 문화 실천

> "2011년 개설된 상담 전화를 통해 전국에서 사전의료 의향서 서식 상담과 서식 요청
> 이 폭발적으로 확산되었어요. 그래서 사회적으로 대표성을 확보하고, 안정적으로
> 유지하기 위한 사전의료 의향서 시민운동을 구체화할 필요성이 대두되었어요, 때
> 가 된 것이었죠."

이렇게 해서 2012년 9월에 '(사)사전의료 의향서 실천모임'(공동대표 회장 손명세, 공동대표 고윤석·최준식·홍양희)이 발족했다. 홍양희 대표는 이를 계기로 한국 사회 웰다잉 문화운동이 죽음의 의료화를 문제시하면서, 웰다잉의 의미를 성찰하고 죽음에 대한 인문학적 성찰, 죽음의 의미에 대한 질적 탐구로 나아가고 있다고 믿는다. '당하는 죽음에서 맞이하는 죽음으로' 죽음에 대한 인식에 조금씩 변화가 나타나고 있다는 것이다.

사실모가 활동을 시작한 뒤 가장 큰 변화는 「연명의료결정법」이 통과된 사건이다. 이것은 웰다잉 문화운동에 한 획을 그은 사건이라 할 수 있다. 이를 통해 품위 있는 죽음과 그것을 위한 자기 결정권의 개념을 사회적 공론의 장으로 올려놓을 수 있었다. 「연명의료결정법」 시행 이후 2022년까지 사전연명의료 의향서를 작성한 사례가 총 157만여 건에 이르렀다(국립연명의료관리기관, 2022. 12. 기준 1,570,336건).

사실모는 2018년 2월 보건복지부 등록기관으로 지정되어 사전연명의료 의향서 상담·작성 및 등록 활동을 수행하고 있다. 2016년 국립중앙의료원과 양해각서를 체결하고 의료원 내에 상담센터를 운영하던 사실모는 2018년 사무국 및 상담센터를 성북구 보문로로 이전하여 매일 4명의 상담사가 종일 근무하고 있다. (총 60~70명 상담사, 주 1회) 상담사는 국립연명의료관리기관에서 기본 교육을 받고 연명의료 정보처리 시스템에 등록된 후 활동하게 되는데 대부분 3~4년의 상담 경력자이며 웰다잉 강사이다.

의향서 작성이 이뤄지는 현장을 지켜보면서 홍양희 대표는 사전연명의료 의향서를 작성하는 일은 단순히 사전연명의료를 받지 않겠다는 의향을 표시하는 것에 그치지 않는다고 말한다. 우선 의향서가 어떤 의료적 처치를 받지 않는 것인지, 작성 당사자와 가족들이 임종에 다

가가면서 어떤 상황에 처하게 되는지를 돌아보는 계기가 되고, 죽음을 성찰하는 대화를 나누는 자리가 된다고 한다.

〈사진 3〉 (사)사전의료 의향서 실천모임(줄여서 사실모)은 사전연명의료 의향서
상담·작성 및 등록 활동을 통해 죽음에 대한 인식을 조금씩 바꾸어 가고 있다

4. 구술 자서전 쓰기 운동과 소원 노트 쓰기 프로그램

홍양희 대표는 웰다잉 문화운동을 '맞이하는 죽음으로' 확대하기 위해 2019년부터 구술 자서전 쓰기, 소원 노트 쓰기 프로그램을 시작했다. 4년째 이어지고 있는 구술 자서전 쓰기 운동은 2022년에는 30여 명의 구술 작가들이 참여해서 보통 사람들의 생애를 작성하고, 그것을 책으로 엮었다. 2019년『감사의 꽃으로 피어난 내 인생』, 2020년『뒷모습이 아름다운 사람들』, 2021년『세월이 쌓이니 인생이더라』, 2022년『모든 삶은 경이롭다』라는 그룹 자서전에 153명의 생애 구술을 담았다. 올해는 제5집 구술 자서전 발간을 준비하고 있다.

"사실모 공동대표는 명예직이면서 실무자 역할도 하고 있습니다. 소원 노트 강사와
구술 자서전 작가, 상담사를 세우고 성장하도록 지원하고 있지요. 이렇게 달려오면

서 한 번도 힘들다고, 못하겠다고 생각하지 않았습니다."

그는 각당복지재단 총무를 시작으로 삶죽음회, 사실모 활동 등을 꾸준히 이어 오고 있어, 웰다잉 운동의 산증인 중 한 사람이라 할 수 있다. 노년을 훌쩍 넘겼음에도 홍양희 대표는 실무 현장에서 실무자로서 상담사들과 함께 일할 수 있어 언제나 감사하다고 한다.

5. 웰다잉 문화운동 어디로 가야 할까?

홍양희 대표는 인터뷰를 마치면서도 자신의 일뿐만 아니라, 웰다잉 문화운동이 어디로 가야 하는가에 대한 주장을 멈추지 않았다.

> "독거노인, 어렵고 힘든 사람들, 특수한 취약 계층에 대한 웰다잉 활동이 정책적 지원과 호스피스·완화의료와 함께 확대되었으면 합니다. 우리 사회 많은 취약 계층은 웰빙도 힘들지만 웰다잉을 위한 여력이 없어 더욱 힘들기 때문이죠. 또한 죽음을 잘 받아들이는 웰다잉으로서의 죽음 교육은 공교육에서 어려서부터 자연스럽게 이루어져야 한다고 생각합니다. 아이들은 가족, 이웃이나 반려동물의 죽음을 경험하거나, 대중매체나 만화 등을 통해 죽음을 알게 됩니다. 그러나 어린이를 위한 죽음 교육이 이뤄지지 않아 죽음에 대한 그릇된 인식을 가질 수 있습니다. 죽음에 대한 건강한 인지를 위해 웰다잉을 소재로 담은 그림책으로 인형극을 제작해 보고 싶습니다. 어르신들께 웰다잉 연극단의 「춤추는 할머니」 공연을 통해 웰다잉에 대한 이해를 높였듯이 어린이 죽음 교육을 위한 웰다잉 인형 극단을 만들어 웰다잉 이해를 돕고 싶습니다."

처음 만난 죽음의 기억, 두려움! 죽음이 두렵다기보다는 죽어 가는 과정이 두려웠던 홍양희 대표는 많은 죽음 주제의 책을 읽고, 어떻게 살아야 좋은 마무리를 할 수 있는지 지혜를 얻고 실천해 왔다. "삶죽음회에서 죽음을 배우고 가르치는 10년이 있었다면, 사실모의 10년은 저의 죽음 사랑이라고 표현해도 좋을 것 같다."는 홍양희 대표는 '죽음 사랑'이야말로 바로 '생명 사랑'이며 웰다잉의 또 다른 표현이라고 이야기한다. 그는 '환자의 최선의 이익을 보장하고, 자기 결정을 존중하여 인간으로서의 존엄과 가치를 보호하는 것을 목적으로 하고 있다'는 사전연명의료 의향서의 목적이 웰다잉 문화의 출발점이 되어야 한다고 믿는다. 가족과 함께 죽음에 대해 이야기를 나누고 준비하는 계기이기 때문이다. 사회적 고립도가 심화되면서 관계와 유대가 사라졌다. 웰다잉을 위한 정책적 지원은 물론 사회 전반적으로 웰다잉을 위한 실천적 노력이 더 강조되어야 할 시점이다.

홍양희

1949년생, 전남 벌교가 고향이다. 순천여중과 광주여고를 나와 1971년 고려대학교 신문방송학과를 졸업했다. 지방신문사 기자 생활 2년 후, 결혼하여 전업주부로 있었다. 책을 좋아하여 성균관대학교 사서교육원에서 정사서 자격 과정을 공부했다. 이것이 인연이 되어 1983년부터 5년 동안 국회의원 보좌관으로 일했다. 1988년 하반기에 각당복지재단 초대 총무로 자원봉사자 교육과 자원봉사자들을 각 분야로 파견하는 일에 집중하였고, 이후 2002년~2013년 '삶과 죽음을 생각하는 회'를 이끌다 정년퇴직했다. 지금은 (사)사전의료 의향서 실천모임 공동대표로 있다.

의미 있는 삶과 아름다운 마무리를 위한 호스피스 · 완화의료

- 한국 호스피스에 헌신해 온 노유자 수녀

● 성민선

아직 호스피스 · 완화의료가 잘 알려지지 않았던 시기에 국내에 호스피스를 소개하고 발전시키는 데 큰 역할을 해 온 사람이 있다. 바로 샬트르 성 바오로 수녀회의 노유자 수녀다. 가톨릭대학교 성모병원 간호사를 거쳐 오랫동안 간호대학 교수와 성 바오로 가정 호스피스센터장으로 일해 온 그는 호스피스 · 완화의료야말로 안락사를 예방하기 위한 가장 이상적인 방법이라고 주장한다.

> "아프지 않고 고통스럽지 않다면 누가 스스로 목숨을 끊으려고 하겠어요? 생명의
> 존엄은 죽음에서도 해당됩니다. 죽음도 죽어 감도 생명 안에서 이루어지는 것이죠.
> 안락사를 허용한다면 인간의 존엄과 자기 결정권을 존중한다는 미명하에 왜곡된
> 죽음을 만드는 기회가 늘어날 수 있습니다."

치료의 가능성이 없는 말기환자를 사랑으로 돌보며 죽음에 초점을 두기보다는 의미 있는 삶의 완성에 초점을 두는 것, 죽음을 '어둠의 이야기'가 아닌 '사랑의 이야기'로 바꾸게 하는 것이 바로 그가 헌신해 온 호스피스 · 완화의료의 핵심 개념이다.

1. 수도자의 길을 가는 것이 너의 행복이라면

1943년 충청남도 서천에서 출생한 그는 성균관대학교 영문과 재학 시절 샬트르 성 바오로 수녀회에 입회한 독특한 이력이 있다. 문학도에서 수도자로, 또 간호사가 되어 호스피스에 입문하기까지 그는 어떤 삶을 살아왔을까?

> "저희 가족 중에 일찍 돌아가신 분이 많아서 어려서부터 죽음을 자주 경험했습니다. 그래서인지 삶과 죽음에 대한 생각을 일찍부터 한 것 같아요. 어린 시절 뒷동산에 오르면 금강이 내려다보였는데, 흰 돛단배가 강 위를 지나가는 모습을 볼 때마다 그 배가 어디서 와서 어디로 가는지 궁금했습니다. 지금 생각해 보면 그때부터 삶과 죽음에 대한 철학적인 질문을 던진 게 아닌가 싶습니다."

한 살 때 아버지를 여의고 어머니와 집안 어른들의 보살핌 속에 자란 그는 어린 시절 자신을 위해 희생한 어머니를 모시고 무의촌에 들어가 환자를 돌보는 의사가 되는 게 꿈이었다. 중학교 시절 독실한 가톨릭 신자였던 서용희 선생님을 만나며 종교에 관심을 갖게 되었고, 서울로 유학을 오면서 집 바로 뒤에 있던 신당동 성당의 종소리를 들으며 외로움을 달래던 중 신자였던 친구의 손에 이끌려 가톨릭의 세계로 입문하게 된다.

> "그곳에 계시던 샬트르 성 바오로 수녀회 수녀님들의 사랑을 받으며 행복했습니다. 저희 가족 중 제가 처음으로 세례를 받았고 수녀님들을 뵈면서 수도 생활에 관심을 갖게 되었지요."

고등학교를 마치고 그는 의대에 진학하기를 원했지만 집안 어른들의 반대로 성균관대학교 영어영문학과에 입학했다. 그 후 인생의 의미와 진로에 대해 고민하다가 수도자의 길을 걷는 것이 하느님을 위해 헌신하는 것이라는 믿음으로 재학 중에 수녀원에 입소하게 된다.

"그때 가장 고맙고 마음 아팠던 건 어머니의 마지막 말씀이셨습니다. 오로지 저의 행복만 바라보며 살아오신 어머니가 '수도자의 길을 가는 것이 너의 행복이라면 네 결정에 따르겠다'며 이제 어머니 걱정은 하지 말고 어떤 어려움이 있더라도 끝까지 그 길을 가라고 하셨지요."

일정 기간의 수련을 마친 후에도 계속 수도 생활에 정진하고 싶었지만 다시 공부를 하라는 수녀원의 권고로 그는 전공을 바꿔 가톨릭대학교 간호대학에 입학한다.

"영문학보다는 간호학이 더 이웃에 봉사할 수 있는 길이라고 생각했습니다. 1970년 에 졸업을 하고 간호사 생활을 시작했는데 치료가 어려운 말기암 환자들을 많이 만 났지요. 그때 얼마나 마음이 아팠는지 모릅니다. 수도자이자 간호사로서 제가 그들 을 위해 무엇을 어떻게 해야 할지 몰라 안타까웠지요."

2. 이상적인 호스피스팀이 호스피스의 성공으로

1980년 대학에서 학생들을 가르치던 노유자 수녀는 심장병 어린이 5명의 수술을 위해 미국 메트로폴리탄 의료원을 방문하면서 잠깐이지만 호스피스를 접할 기회를 얻는다. 그 후 국내 로 돌아온 이듬해 성모병원 간호과장을 하며 간호사, 간호 수녀, 의사, 원목 신부와 함께 호스 피스 모임을 시작했고, 가톨릭대학교 의과대학과 간호대학 학생들과도 모임을 이어 나갔다. 이러한 그의 노력은 1987년 강남성모병원 호스피스과 개설로 이어졌고, 모임의 일원이었던 종양의의 책임하에 1988년에는 호스피스 병동도 신설되었다.

호스피스 관련 교육, 연구, 집필, 협회와 학회 활동들을 이어 가며 1990년 가톨릭대학교 성 바오로병원장을 맡게 된 그는 호스피스 활동을 더욱 활성화하기 위해 노력했다. 그중 획기적 인 일은 1995년 가톨릭대학교 간호대학에 세계보건기구(WHO)가 지정한 호스피스 교육연구 소를 개설한 일이다.

"호스피스 모임을 국제적으로 연계하게 된 게 가장 큰 성과였죠. 영국, 미국, 호주 등지의 유명한 호스피스계 연사들을 초청해서 국제 학술 세미나를 개최했는데 그 때마다 호스피스에 관심 있는 분들이 수백 명씩 참여하곤 했습니다. 그러면서 자연스럽게 호스피스에 대한 학문적 관심도 높아졌지요. 1996년 미국호스피스협회 (NHO, 현재 NHPCO)를 방문했을 때는 그곳의 회장단을 만나 미국 호스피스의 역사와 운영에 대해 배우기도 했습니다."

1980년 미국에서 잠깐 호스피스를 접한 후 1990년부터 2015년까지 노유자 수녀는 미국, 호주, 아일랜드, 스코틀랜드, 태국, 말레이시아 등 11개국 45개 호스피스 기관에서 견학 및 연수를 이어 갔다.

"그중 2002년부터 2년 동안 유럽 5개국 15개 호스피스 기관에서 본격적인 호스피스 연수를 받은 일이 가장 기억에 남습니다. 한 호스피스 기관에서 짧게는 1~2주, 길게는 두 달 동안 훈련을 받았는데 특히 영국 성 크리스토퍼 호스피스센터에서 시슬리 손더스 박사(Cicely Saunders, 1918~2005)를 만난 일은 잊을 수 없지요. 1997년 유럽 호스피스 학회에서 손더스 박사를 처음 만났는데, 2003년 성 크리스토퍼의 국제 호스피스 전문가 훈련 프로그램에 참여하면서 다시 만나 그와 많은 이야기를 나누었지요. 간호사와 사회복지사를 거쳐 의사가 된 손더스 박사는 영국 호스피스의 창시자로 불리는 인물이기도 합니다. 그는 호스피스 성공의 성패는 무엇보다 이상적인 호스피스팀에 달려 있다고 강조하지요. 지식과 경험, 사랑과 총체적 돌봄을 기본으로 하는 호스피스 철학과 봉사의 마음을 지닌 팀원들이 있어야 하고, 팀원 간의 원활한 소통 역시 중요합니다."

호스피스의 목적과 정신을 실현하기 위한 이상적인 팀의 활동과 호스피스 전달 체계를 보고 배우며 그는 우리나라에서도 꼭 실현해 보고 싶다는 꿈을 키웠다.

그러나 유럽 연수를 받고 돌아와 호스피스센터를 운영해 보라는 수녀회의 권유로 교수직까

〈사진 1〉
성 크리스토퍼 호스피스센터 입구

〈사진 2〉
성 크리스토퍼 호스피스센터 전경

〈사진 3〉
시슬리 손더스 박사와 함께

지 그만두며 유럽 연수를 떠났던 것인데 국내에서 호스피스센터를 건립하는 것은 쉽지 않았다. 여건이 마련될 때까지 수녀회가 운영하는 논산 쌘뿔요양원의 간호 책임자로 일하면서 그는 마침 호스피스학과를 개설한 충남대학교 간호대학원의 겸임 교수로 재직하게 되었고 지역 사회 호스피스에도 관심을 갖기 시작했다.

> "당시 논산 시장님이 시민들에게 호스피스를 알려 달라고 직접 부탁하셨습니다. 주변 보건소는 물론 논산 백제병원에서도 호스피스 교육을 했지요. 열심히 했던 시절이었습니다."

3. 죽음은 환자와 남겨진 가족의 몫

그 후 경기도 남양주시 불암동에 있는 수녀원 분원의 한 건물에서 마침내 평소의 꿈을 실현할 기회가 마련되었다. 2007년 수녀원의 첫 호스피스 기관인 '성 바오로 가정호스피스센터'가 문을 열었다.

> "의사, 간호사, 사회복지사, 물리치료사, 자원봉사자로 구성된 호스피스팀이 함께 움직였습니다. 말기환자를 중심으로 가정방문을 하고, 환자의 몸과 마음은 물론 영

혼까지 살피며 가족 간의 화해와 이별 준비를 도왔지요. 죽음은 환자만의 사건이 아니라 남겨진 가족의 몫이기도 합니다. 상처를 지닌 채 떠나면 가족들에게도 상처가 남아요. 자칫 환자의 죽음이 분노로 번진다면 건강한 사회가 될 수 없지요. 삶의 마지막 시간은 환자뿐 아니라 가족에게도 중요합니다.”

환자가 떠난 후 장례 절차는 물론 사별 가족까지 챙기며 노유자 수녀가 8년간 돌본 환자만 해도 200여 명이 넘는다. 환자의 가족들 중에는 아직도 전화를 걸어 오거나 연락을 하며 고맙다는 인사를 전하는 사람들이 있다.

〈사진 4〉 성 바오로 가정호스피스센터 대문 - 가을

〈사진 5〉 호스피스 가정방문

〈사진 6〉 호스피스 자원봉사자 교육

〈사진 7〉 호스피스 후원회 모임

〈사진 8〉 노유자 수녀

"항상 환자 옆에 있을 수 있던 그 시절이 가장 행복했습니다. 오랫동안 교수 생활을 하면서 간호과장도 하고 병원장도 했지만 무엇보다 저의 본분은 환자를 돌보는 것 이지요."

가장 어려웠던 건 역시 재정 문제였다. 비영리 시설이고 무료로 운영하다 보니 개인의 후원 금과 자원봉사자들의 헌신 없이는 이뤄 낼 수 없는 구조였다. 그는 호스피스 활동에서 아직은 자원봉사자의 역할이 크다고 말한다. 그렇다면 그들은 어떤 계기로 봉사에 나서는 것일까?

"가족이 임종 과정을 거치는 동안 호스피스를 통해 도움을 받은 분들이 많이 오십니 다. 물론 호스피스 관련 교육 홍보나 봉사자들의 소개로 오시는 분들도 있고 종교적인 사랑을 실천하기 위해 오시는 분들도 많이 계시지요. 중요한 것은 봉사를 시작하는 동기나 철학이 아무리 훌륭해도 개인적 여건이 받쳐 주지 않으면 봉사를 계속할 수가 없다는 겁니다. 그러면 환자에게도 영향이 가지요."

그 역시 봉사자를 선발할 때는 철저한 준비를 통해 면접을 실시했다. 실제로 노유자 수녀가 유럽 연수 중에 참여했던 스코틀랜드 성 골롬바 호스피스의 자원봉사자 선발 면접은 우리나라 학교 면접 시험만큼이나 어려워 보였다고 한다.

"여러 곳에서 봉사를 하는 분들에겐 봉사의 우선순위를 단계적으로 배열해 보도록 하는 것도 좋은 방법입니다. 지속적인 봉사를 위해서는 다양한 교육 프로그램은 물론, 봉사자 간의 정보 공유와 친교도 중요하지요. 정부 지정 호스피스 기관은 국고 보조금의 일부를 자원봉사자 활동을 위해 사용할 수 있도록 지원받는데 이를 좀 더 확대한다면 큰 도움이 되겠지요."

4. 부자든 가난하든 임종기에 제대로 된 돌봄 필요

그러나 현재 우리나라 호스피스·완화의료의 상황은 열악하다. 2018년 「호스피스·완화의료 및 임종 과정에 있는 환자의 연명의료 결정에 관한 법」이 시행되면서 호스피스에 대한 관심과 함께 관련 기관 역시 늘어나고 있지만 여전히 많은 사람들이 이용하기에는 호스피스가 부족한 실정이다. 2022년 기준 암 환자 중 호스피스 이용률은 21.3%밖에 되지 않으며 그나마 3~4주 정도의 대기 기간까지 거쳐야 한다. 입원 대기가 너무 길어 기다리다가 사망하는 경우가 많은 것도 문제다.

그는 미국과 유럽처럼 호스피스 병동과 가정 호스피스가 유기적으로 연결되는 지역 거점 시설로서의 독립형 호스피스가 필요하다고 주장한다. 호스피스·완화의료의 유형별로 환자와 가족이 중심이 되는 가정 호스피스와 지역별 독립 호스피스시설을 확충하고 이들을 공공의료 서비스로 네트워크화를 해야 한다는 것이다.

> "그래야 부자든 가난하든 모든 국민이 임종기에 제대로 된 돌봄을 받으면서 죽음을
> 맞을 수 있어요. 평생 가난하고 힘들게 살았어도 죽을 때만은 다른 사람과 똑같이
> 제대로 된 돌봄을 받으며 죽을 수 있게 해야 합니다."

수도자로서 평생 호스피스에 헌신해 온 노유자 수녀가 안락사를 반대하는 것은 당연해 보인다. 최근에 대두되고 있는 간병 살인이나 환자와 가족의 동반 자살, 아버지의 간병비를 위해 학업을 포기하는 청년 등 안타까운 문제들에 대해서도 그는 왜 이들이 적절한 돌봄을 받지 못하는지 그 원인을 파악하고 대책부터 마련해야 한다고 주장한다.

> "늘 죽을 준비가 돼 있다고 말하던 말기암 환자분이 계셨습니다. 그런데 어느 날 그
> 분이 저에게 사실은 좀 더 살고 싶다고 털어놓더군요. 그래서 왜 사람들 앞에서는
> 반대로 말했냐고 물었더니 사람들이 자신을 보고 하도 안타까워해서 그렇게 말할
> 수밖에 없었다는 겁니다. 즉 고통을 경험하며 불안해하는 사람들도 실제로 자신의
> 죽음을 앞당겨 달라거나 안락사를 요구하는 비율은 우리가 생각하는 것만큼 높지
> 않습니다. 오히려 그분들은 자신에게 남겨진 삶에 감사하며 가족, 지인들과 의미 있
> 는 이별을 준비하고 싶어 하지요."

5. 평생 이루지 못한 꿈을 임종을 앞두고 이뤄 내

스스로 목숨을 끊기보다는 끝까지 삶을 마주하며 능동적으로 죽음을 맞이해야 한다는 게 노유자 수녀의 생각이다. 죽음을 잘 수용하는 사람은 평소에도 죽음을 준비하면서 사는 사람들이라며 그는 초등학교 교육에서부터 삶과 죽음에 대한 교육이 이루어져야 한다고 말한다.

"삶을 절대 후회하지 마라. 좋았다면 멋진 것이고 나빴다면 경험인 것이다(Never regret. If

it's good, it's wonderful, If it's bad, it's experience)"라는 영국 작가 빅토리아 홀트(Victoria Holt, 1906~1993)의 경구를 인용하며 그는 버킷 리스트를 작성하고 실천하는 것도 한 방법이라고 이야기한다.

> "평생에 오래 걸렸어도 못 했던 것을 임종 준비 과정에서도 얼마든지 할 수 있으니까요. 가족이나 이웃, 특히 호스피스·완화의료팀의 도움으로 할 수 있다는 것을 알았으면 합니다."

실제로 환자들이 평생 이루지 못한 꿈을 임종을 앞두고 이뤄 낸 다양한 사례들이 있다. 한 번도 사랑한다는 말을 들어 보지 못했다는 아내에게 유행가 "사랑해 당신을 정말로 사랑해"를 혼신의 힘을 다해 부르며 마지막으로 사랑을 고백하고 떠난 50대 간암 환자, 병원 로비에서 평생소원이던 사진전을 열고 이제 죽어도 여한이 없다고 말하던 환자, 죽음의 마지막 문턱에서 "딸의 결혼식만 보게 해 달라"며 애원하는 환자에게 성당에서 치러지는 결혼식을 병상에서 영상으로 참여하게 했던 일. 결혼식이 끝나자마자 바로 병원으로 달려온 딸과 사위는 호스피스팀이 병실에 마련한 꽃돗자리 위에서 절을 올렸고 환자는 환한 미소를 지으며 며칠 후 세상을 떠났다. 이 외에도 언어장애가 있는 환우가 언어치료사의 도움을 받아 처음이자 마지막으로 "엄마, 아빠"를 부르고 떠나간 사례, 웃으면서 죽고 싶다며 병실에서 링거주사를 꽂은 채 함께 춤추던 환우…. 노유자 수녀의 가슴속에는 아직도 환자와 가족들의 이야기가 생생하게 살아 있다.

> "호스피스야말로 말기환자와 가족들이 원 없이 여생을 살 수 있도록 돕는 한 편의 드라마이자 예술이지요. 살아생전에 이루지 못했던 꿈을 임종 과정에서 이루고 환자와 가족이 감사하고 기뻐하는 모습을 보면 안락사에 대한 생각이 달라질 겁니다."

죽음을 눈앞에 두고도 끝까지 잘 살아 낸 후 복된 죽음을 맞이하는 것. 삶의 마지막 순간까지 좌절하지 않고 희망과 빛을 찾도록 하는 것이 바로 호스피스라고 그는 이야기한다.

"다시 말하지만 안락사를 예방하기 위한 방법은 바로 호스피스·완화의료를 제도화하고 활성화하는 것입니다. 한마디로 웰빙(Well being)과 웰다잉(Well dying)을 모두 충족해 주는 가장 중요한 활동이 바로 호스피스지요."

6. 당신을 향하는 디딤돌

8년간 해 온 호스피스센터 운영을 후배 수녀에게 넘긴 지금도 그는 호스피스 프리랜서로 최선을 다하고 있다. 몇 해 전 노인심리상담사와 노인미술심리상담사 자격을 취득했고 최근에는 그가 쓴 시(詩)가 아시아태평양 호스피스·완화의료네트워크(APHN)에서 선정되기도 하였다. 또한 윤리, 신학, 인문, 사회, 의학, 간호학, 사회복지 등 각 분야의 전문가 25명이 함께 참여한 저서『호스피스·완화의료 - 의미 있는 삶의 완성』도 출간했다.

〈사진 9〉 호스피스·완화의료 - 의미 있는 삶의 완성

"그동안 저에게 많은 도움을 준 수녀회와 대학, 그리고 국내외의 여러 지인들을 생각하면 감사한 마음으로 가슴이 뭉클해집니다. 죽음을 맞이하며 떠나는 분들을 돌보았다고 하지만 오히려 제가 많은 것을 배웠지요. 그분들은 저에게 삶과 죽음의 선배요 멘토였습니다."

그들 모두에게 보답하는 의미로 요즘도 요청이 있을 때면 노유자 수녀는 어디든 달려가 강의와 자문을 하는 것은 물론 환자 상담에도 적극 임한다. 우리 모두 언젠가는 호스피스·완화의료의 대상이 될 수 있다. 그 역시 자신이 쓴 시[1]처럼 인생 열차가 종착역에 가까워짐을 느끼지만 그럴수록 그의 시간은 남겨진 소명으로 채워진다. 돌아보면 수녀가 되기를 잘했다는 생각이 든다. 늘 하느님의 뜻을 헤아리며 매 순간 최선을 다하는 삶. 어렵고 힘든 일도 많았고 때로 걸림돌도 있었지만 이제 그는 알고 있다. 모든 것이 '당신을 향하는 디딤돌[2]'이었음을.

노유자

1943년생
1970년~1971년 가톨릭대학교 성모병원 간호사
1971년~2002년 가톨릭대학교 간호대학 조교~교수
1990년~1996년 가톨릭대학교 성 바오로병원장
1995년~2001년 WHO지정 가톨릭대학교 간호대학 호스피스 교육연구소 교육연구부장 및 연구소장
2007년~2015년 성 바오로 가정호스피스센터장
2015년 호스피스·완화의료 국민본부 대표발기인 및 고문
현재 서울대학교 생명윤리위원회(IRB)위원, 한국죽음교육협회 감사

---

1) 그의 시, 「아름다운 마무리」, Asia Pacific Hospice Palliative Care Network (APHN), To Let the Light in, *An ANTHOLOGY OF LIFE AND DEATH*, 2021.
2) 노유자, 「당신을 향하는 디딤돌」, 『바오로의 뜨락』 여름-156(샬트르 성 바오로 수녀회, 2021), p.91.

준비하는 죽음
웰다잉 동향

| 저자 소개 |

강명구

서울대학교에서 언론정보학에 몸담고 학생들을 가르쳤다. 저서로『가족과 미디어』(공저),『한중일 청년을 말하다』(공편) 등이 있다. 지금은 (사)웰다잉 문화운동의 웰다잉연구소를 운영하면서 '준비된 죽음과 존엄한 죽음'에 관한 다양한 시민운동을 펼치고 있다. 데스카페에서 닉네임 '아차'로 활동 중이다.

김경숙

고려대학교 죽음교육 연구센터 책임연구원과 (사)사전의료 의향서 실천모임의 상담사로 활동 중이다. 국제공인 죽음교육 전문가이다. 저서로『죽음학 교본』(공저)이 있다.

김시호

영락고등학교에서 24년, 영락중학교에서 3년째 우리 사회의 다양한 문제들에 대해 청소년들과 함께 고민하면서 교학상장(敎學相長)을 하고 있다. 지구공동체의 일원으로서 기후 문제에도 관심이 많다. 세계문화 체험을 위해 틈나는 대로 여행을 한다.

박종수

대구대학교 성산교양대학에서 근무하고 있다. 전공은 종교학이고 관심 분야는 종교, 다문화사회, 문화 콘텐츠 등이다. 저서로『한국 다문화사회와 종교』,『한국 종교교단 연구 9 조상의례 편』(공저) 등이 있다.

성민선

첫아이를 낳기 위해 산통을 겪다가 전신마취에서 깨어나 소설을 쓰기로 결심했다.『평화신문』

신춘문예에 당선되었고, 한국소설 신인상, 문학사상 신인상, 5.18문학상을 수상했다. 현재 (사)웰다잉 문화운동과 (사)사전의료 의향서 실천모임에서 생애보 작가로 활동하고 있다.

손주완

장로회신학대학교와 연세대학교 연합신학대학원에서 공부하였다. 현재 자연숲 요양원 대표이자 고려대학교 죽음교육 연구센터 연구원이다. 죽음교육 전문가로서 죽음학에 대한 강의를 하고 있다. 저서로『죽음학 교본』(공저)이 있다.

양두석

손해보험협회 상무이사와 보험연수원 부원장 시절에 대국민 교통사고 예방 의식 고취와 교통사고 예방 사업을 적극 추진하였다. 가천대학교 교수와 안전생활실천시민연합 자살예방센터장, 한국생명운동연대 공동대표를 맡은 이후 국민들의 생명 존중 의식 고취와 자살 예방 사업을 전개하고 있다.

윤서희

웰다잉 통합예술교육협회와 (사)사전의료 의향서 실천모임에 몸담고 있다. 회상 중심 예술 치유 활동으로 웰다잉 수업을 진행하며, 그림책 자서전 만들기 지도사, 구술작가, 사전연명의료 의향서 상담사 등으로 웰다잉 활동을 펼치고 있다.
마음별 블로그 운영 : https://m.blog.naver.com/say2sky

이석주

중·고등학교에서 35년째 근무 중이다. 한국싸나톨로지협회에서 죽음학을 공부하고 있으며, 국제공인 죽음교육 전문가 자격증을 갖고 있다. 저서로『죽음학 교본』(공저)이 있다.

정영숙

20년간 책을 기획하고 만들어 온 편집자이다. 회사를 그만둔 뒤 아픈 시어머니를 돌보다가 '잘

늙고 잘 죽는 문제(well aging and well dying)'에 관심이 생겼다. 뜻이 같은 사람들과 데스카페를 운영하고 있으며, 닉네임은 '숙부인'이다. 생애보 작가들과 함께 매달 독서 모임을 하고 있다.

정은주

공교육 교사를 그만두고 (사)사전의료 의향서 실천모임의 웰다잉 강사, 전국입양가족연대 팀장으로 활동 중이다. 『아이를 학대하는 사회, 존중하는 사회』(공저)와, 부모의 품을 떠난 아이들의 새로운 보금자리 이야기를 담은 『그렇게 가족이 된다』를 썼다.

주영중

대구대학교 교수이자 시인이다. 2007년 『현대시』를 통해 시인으로 등단했다. 시집으로 『결코 안녕인 세계』, 『생환하라, 음화』, 『몽상가의 팝업스토어』가 있다.

태정주

생명사랑 실천연구회 '숨'에서 자살 예방 교육과 생명 존중 문화 확산을 위해 활동하고 있고, (사)안양과천군포의왕 YWCA에서 생명 살림과 생명 존중을 위한 다양한 시민 활동을 실천하고 있다. (사)사전의료 의향서 실천모임의 구술 자서전 작가 및 상담사이자, (사)웰다잉 문화운동 생애보 작가이다.

한수연

웰다잉 문화운동에 참여하는 활동가이다. 미국 메디컬센터에서 10여 년간 사회복지사로 일했다. 노인과 가족 대상 사회심리치료 전문가(Licensed Clinical Social Worker)로 'Grief & Loss Therapy'를 사용한다. 한국에 돌아와 남서울대학교 교수로 일했다. 현재는 인하대학교 정책대학원에서 강의와 연구를 한다.

관련 단체 홈페이지

- (사)웰다잉 문화운동
  https://welldyingplus.org/
- 데스카페_아름다운 삶의 마무리!
  https://cafe.naver.com/beautifulendoflife

준비하는 죽음
웰다잉 동향

ⓒ 강명구 외 · (사)웰다잉 문화운동, 2023

초판 1쇄 발행 2023년 11월 1일

지은이   강명구 외 · (사)웰다잉 문화운동
펴낸이   이기봉
편집   좋은땅 편집팀
펴낸곳   도서출판 좋은땅
주소   서울특별시 마포구 양화로12길 26 지월드빌딩 (서교동 395-7)
전화   02)374-8616~7
팩스   02)374-8614
이메일   gworldbook@naver.com
홈페이지   www.g-world.co.kr

ISBN   979-11-388-2436-1 (03330)